Gudrun Leyendecker

Als der Ätna Feuer spie

2. Auflage 2019

Bilder: mit freundlicher Erlaubnis des Künstlers Salvatore Messina
Lektorat: Friederike Ramin

Biografische Information der deutschen Nationalbibliothek: Die Deutsche Nationalbibliothek verzeichnet diese Publikation in der Deutschen Nationalbibliografie; detaillierte biografische Daten sind im Internet über http://dnb.dnb.de abrufbar.

Herstellung und Verlag: BoD – Books on Demand, Norderstedt.
ISBN: 9783734780770

ALS DER ÄTNA FEUER SPIE

Liebe und mehr

Band 5

Gudrun Leyendecker

1. Kapitel

Die kleine Dachwohnung im Schloss des italienischen Malers Moro Rossini war inzwischen meine zweite Heimat geworden. Eigentlich hatte sie der Schlossbesitzer meinem Verlobten Rolf vermietet, aber seine Arbeit als Fotograf führte ihn ständig an andere, oft auch weit entfernte Orte, sodass ich seine Räume auch verschiedentlich allein bewohnte, aber mich an manchen Tagen auch gern in die Gesellschaft der anderen Schlossbewohner begab.

In der Dachwohnung neben mir bereiteten sich der Grieche Alexis und Cordula auf ihre Hochzeit vor, die schon in wenigen Tagen im Schlossgarten und im großen Ballsaal stattfinden würde, die Aufregung war den beiden Verliebten deutlich anzumerken. Der Satzteil, den die hübsche Braut mehrmals am Tag genervt von sich gab, lautete: „Oh, ich darf um Himmels Willen nicht vergessen, ...“

Von Alexis sonst sehr feurigem Temperament war momentan wenig zu spüren, gelassen nahm er Cordula jedes Mal in den Arm und beruhigte sie. „Du wirst sehen, wir schaffen das alles, wir sind doch ein gutes Team.“

Tag für Tag schleppten sie große Tüten und Kartons an und deponierten sie im Flur zwischen den beiden Wohnungen. Ohne Eile nahm ich den immer schmaler werdenden Korridor in Kauf und versuchte, mich an die Hochzeit mit meinem Exmann zu erinnern. War ich damals auch so aufgeregt gewesen?

Ich dachte nach, aber es war wohl schon zu lange her, denn ich fand nicht einmal ein bisschen Lampenfieber in meiner Erinnerung.

Möglicherweise hatte ich aber auch einiges aus der Vergangenheit verdrängt.

Für Rolf und mich gab es noch keinen Hochzeitstermin, für uns gab es momentan keinen Grund, an der Art der Verbindung etwas zu ändern. Wir genossen die wenige freie Zeit, die uns zwischen unseren Arbeitsaufträgen gemeinsam blieb und freuten uns über jede gemeinsame Minute.

Telefonate und Kurznachrichten mussten uns momentan häufig genügen, hier und da gönnten wir uns ein kleinen Urlaub.

Seit seiner letzten Abreise genoss ich oft den sommerlichen Schlossgarten, in dem zahlreiche Rosenarten und italienische Sommersträucher blühten.

Solange ich mir hier die Arbeit als Journalistin einteilen konnte, hatte es sich in den letzten Tagen so ergeben, dass ich mich auch öfters mit Ada, der deutschen Frau des Malers Rossini in den Mittagsstunden zu einem Tee in ihrem kleinen Salon traf, während ihr Mann aufgrund seines hohen Alters während der Mittagspause ruhte.

Heute klopfte sie an meine Tür und brachte ein Tablett mit Erdbeerkuchen.

„Das waren die letzten Erdbeeren vom Bauernhof", berichtete sie mir. „Moro ist gerade eingeschlafen. Er braucht im Moment sehr viel Ruhe, man merkt es ihm an, dass er schon über 80 Jahre alt und leider nicht mehr gesund ist."

„Ja, das tut mir leid", gab ich ihr zu verstehen. „Immerhin bist du erst Anfang 70, dieser Altersunterschied macht viel aus. Ich hoffe, du bleibst noch recht lange gesund."

Wir entschlossen uns zu einem Kaffee zum Kuchen, schnell hatte ich das heiße Getränk zubereitet, dessen Duft sich im Wohnzimmer verbreitete.

Ada deckte das Geschirr auf den Wohnzimmertisch, und wir nahmen in der Couchecke Platz.

„Ist der neue Gast schon im Rosenturm von Sankt Augustine?" erkundigte sich Ada. „Und hat dir dein nerviger Chef wieder umständliche und unnötige Instruktionen gegeben?"

Ich lachte. „Du kennst ihn auch schon recht gut. Ich weiß noch, wie er im letzten Frühling dauernd hier aufkreuzte und mich bei fast jedem Bürger persönlich ankündigte. Zum Glück war er zur Vergabe dieses Auftrags nicht wieder persönlich hier, sondern hat mit mir telefoniert. Diese Theresa hat er mir als ganz komplizierte Person avisiert, ich solle sie mir noch schlimmer vorstellen als Laura oder Leila Macintosh. Leila war damals nicht nur kompliziert, sondern auch völlig hohlköpfig und oberflächlich, sodass ich meine liebe Mühe hatte, aus dem Interview etwas Lesenswertes zu fabrizieren. Wieland hatte mir Theresa als Allroundgenie beschrieben, was auch immer das in diesem Fall heißen soll. Als Beruf hat sie Autorin und Projektleiterin angegeben, was in meinen Ohren eigentlich ganz vernünftig klingt. Ich werde mich wohl überraschen lassen. Gleich heute Nachmittag habe ich meinen ersten Termin bei ihr. Du kannst dir denken, dass ich ungeheuer gespannt bin."

„Ich bin nur froh, dass du diesmal nicht in irgendeine kriminelle Geschichte verwickelt bist", freute sich Ada. „Bei deiner letzten Aufgabe war dein Chef nicht zimperlich, dich in einen Mordfall zu verwickeln, der sich nachher auch sehr gefährlich für dich darstellte. Ich hoffe, dass diese Theresa eine weiße Weste hat, und ihre Umgebung ehrlich und durchschaubar ist."

„Das hoffe ich auch. Ich habe nämlich langsam auch genug von gefährlichen Situationen, aus denen mich jemand retten muss."

„Hast du eigentlich noch Kontakt mit deinem Lebensretter, dem Ermanno? Er war so verliebt in dich, Abigail."

„Nein. Nachdem er zurück ist nach Italien, habe ich ihm noch einmal einen Brief geschickt, in dem ich mich für alles bedankt habe. Es ist besser so, dass wir keinen Kontakt mehr haben. Ich bin mit Rolf verlobt, und ich liebe ihn. Da gibt es nur Komplikationen. Aber ich gebe ehrlich zu, dass er ein besonderer Mensch war, zu dem ich mich auch hingezogen fühlte."

Ada lächelte. „Schlechtes Timing, würde man sagen. Er war ganz schön mutig, als er sich vor dich warf und dich vor der Pistolenkugel dieses Verbrechers rettete."

„Ich bin froh, dass dieser gewalttätige Peter nicht mehr frei herumläuft, aber ob man es fertig bringt, aus ihm einen Menschen zu machen, der nicht mehr ausländerfeindlich ist, das bezweifle ich. Er kennt keine Grenzen in seiner Aggressivität. Und ich hoffe, dass sich jemand um all seine kriminellen Kumpel kümmert, die immer noch frei herumlaufen."

Ada nickte. „Es ist schade, dass sie schon so alt sind, dass sie sich nicht mehr beeinflussen lassen. Es ist schwierig, sie in das soziale Gefüge zurückzuholen und sie zu humanen Menschen erziehen. Sie lassen leider niemanden an sich heran. Ich hoffe nur für dich, dass du nicht mehr mit ihnen in Kontakt kommen musst. Wann kommt Rolf zurück? Ihr wollt euch doch endlich einmal einen Urlaub gönnen."

Ich seufzte. „Du hast Recht, das hatten wir schon längst vor. Aber sein Chef und meiner scheinen der Ansicht zu sein, dass wir auch ohne Urlaub fit bleiben. Sie haben uns erst einmal wieder mit Arbeit überhäuft, die zu Ende gebracht werden muss. Und bevor ich dieses Interview mit Theresa nicht fertig habe, kann ich gar nicht an Urlaub denken."

„Dann werde ich dich jetzt auch nicht länger daran hindern. Ich werde für Moro noch eine Pizza zubereiten. Er liebt es, wenn ich italienisch koche, weil er dann immer etwas zu lachen hat. Man kann tun, was man will, aber selbst mit all meinen italienischen Rezepten, schaffe ich es nicht, so zu kochen und zu backen wie die Italiener selbst. Es ist wie verhext, weiß der Kuckuck, woran es liegt."

Ich lachte. „Dabei bist du doch immer schon eine halbe Italienerin gewesen. Als du die Haare noch dunkel hattest, sahst du immer ein bisschen aus wie eine Italienerin. Und du hast mir selbst erzählt, wie oft dich alle Menschen in Venedig angesprochen haben, damit du ihnen den Weg durch die Stadt weist."

„Vermutlich ist es die italienische Luft, die hier fehlt. Und die ganze Umgebung", scherzte sie. „Aber jetzt wünsche ich dir viel Spaß mit deiner neuen Klientin, mit der du dich vermutlich nicht langweilen wirst, wenn sie so ein Allroundgenie ist, wie man sie dir angekündigt hat."

Sie ließ mir den restlichen Erdbeerkuchen da und verabschiedete sich.

***

2. Kapitel

Die dunkelroten Rosen vor dem Turm standen in voller Blüte, sie dufteten mir entgegen, als ich an der Glocke läutete.

Eine junge Frau mit langem, blonden Haar öffnete mir die Tür. Sie stellte sich als Theresa Mansfeld vor und führte mich nach oben in das gemütlich eingerichtete Wohnzimmer, das mit verschiedenen Blumensträußen für den Gast festlich geschmückt war. Nachdem sie mir ein Glas Wasser gereicht hatte, setzte sie sich mir gegenüber an den Esstisch, wo ich meinen Notizblock und mein Aufnahmegerät niedergelegt hatte.

Sie sah mich kess an. „Sie möchten etwas über mich wissen? Ich fange einmal mit einer kurzen Biografie an. Vor 35 Jahren wurde ich geboren mitten in einer großen Stadt in einem sehr konservativen Elternhaus. Meine Eltern waren beide Lehrer und durchgehend berufstätig. Für mich engagierten sie Tagesmütter, die häufig wechselten, weil meine Eltern viel an ihnen zu nörgeln und auszusetzen hatten. Es waren einige sehr interessante Frauen dabei, aus verschiedenem Milieu mit den unterschiedlichsten Talenten und Qualifikationen. Das hat auch mich sehr vielseitig gemacht, es war sozusagen ideal für mich."

„Es war also amüsant und gut für sie?" erkundigte ich mich, um noch einmal nachzuhaken.

Theresa nickte. „Ich habe meine Eltern nicht vermisst. Sie waren viel zu langweilig für mich. Meine erste Kinderfrau sang und spielte und tanzte mit mir bis ich in die Schule kam. Dann wechselten die Kinderfrauen alle zwei Jahre, aber jede hatte ihr eigenes Talent. Eine war Schauspielerin, die kein Engagement hatte, eine andere Schriftstellerin, deren Romane nie gedruckt wurden. Die nächste war Tänzerin ohne Arbeit, und die letzte war eine Zauberin. Sie blieb bis ich aus der Schule kam, die ich nur mit Mühe durchlief. Meine erste Kinderfrau vermittelte mir auch die Liebe zur Natur und die zweite, die Schauspielerin öffnete in mir mehr als nur sieben Sinne für alles, was es im Leben gibt."

„Wie hat sie das gemacht?"

„Wenn sie mir Obst zum Essen gab, verband sie mir zuerst die Augen. Dann reichte sie mir einen Apfel zum Betasten und ließ mich daran riechen, ich musste ihr den Duft beschreiben. Mit verbundenen Augen bat sie mich, von dieser Frucht abzubeißen und ihr wieder zu beschreiben, was ich schmeckte. Wenn wir draußen in der Natur waren, setzte sie sich mit mir auf eine Wiese und verband mir ebenfalls die Augen. Dann forderte sie mich auf, tief einzuatmen und ihr zu beschreiben, was ich rieche. Anschließend ließ sie mich genau hinhören. Ich sollte ihr erzählen, was ich höre und was ich dabei empfinde. Fast alles, was sie mir zum Kennenlernen gab, entdeckte ich zuerst mit verbundenen Augen beim Berühren. Sie werden es nicht glauben, aber so handele ich oft heute noch. Ich schließe oft die Augen und nehme die Dinge auch mit meinen anderen Sinnen wahr."

„Das ist interessant", fand ich. „Damit lernt man sicher, intensiv zu spüren."

„Die Schauspielerin war auch sehr musikalisch. Sie sang viel mit mir. Aber nicht nur Lieder, sondern auch ganz gewöhnliche Sätze. Sie machte aus allem eine Melodie. Ging ich eine Treppe hinauf oder hinunter, so ließ sie mich hinhören, wie der Takt war, und sie bat mich, etwas darauf zu singen. Jeder Ton, jedes Geräusch war für sie Musik."

„Oh ja, ich erinnere mich auch an so etwas in dieser Art, Frau Mansfeld. Es gibt einen Film von einem kleinen Jungen, der schon als Baby von seinen Eltern getrennt wurde. seine Eltern waren Musiker, er komponierte auch aus allen Geräuschen eine Rhapsodie."

„Sie lehrte mich auch, in stummen Dingen Melodien zu finden, indem ich meine Fantasie anstrengte und nach der Seele der Dinge suchte."

Ich sah sie groß an. „Das hört sich nicht einfach an. Haben Sie denn an all diesen Dingen Spaß gehabt?"

Theresa nickte. „Ich hatte schon damals das Gefühl, dass all diese Frauen in Wirklichkeit besonders gute Feen waren, die aus irgendeiner anderen glücklichen Welt in mein Leben kamen, um in mir alle Talente zu wecken, die tief in mir schlummerten. Es gab ganz viele Leute damals, die meine Kinderfrauen für verrückt hielten. Und es gibt auch Leute heute, die mich für verrückt halten. Aber wenn sie sich dieses Wort „verrückt" einmal genauer betrachten, so werden Sie entdecken, dass es gar kein schlimmes Wort ist. Es bedeutet nur, dass man etwas von einer Stelle an eine andere gerückt hat. Und ich bin ganz sicher, dass ich mich an die richtige Stelle gerückt fühle und glaube oft, dass andere Menschen an der falschen Stelle stehen."

„Vielleicht haben ja auch beide Stellen eine Berechtigung", fand ich. „Die Welt und die Menschen sind vielseitig. Ich nehme an, dass Sie durch und durch eine Künstlerin sind."

Wieder nickte sie. „So fühle ich mich auch. Und mein besonderes Thema ist die Liebe."

„Sie sind verliebt, Theresa?"

„Nein. Das kann ich nicht. Ich kann mich nicht auf einen Menschen beschränken. Ich finde an jedem Menschen irgendetwas Wunderbares. Grundsätzlich an Frauen und an Männern. Aber in der Liebe, in der Erotik, fühle ich mich von Männern angezogen. Und da fängt mein Problem an: Bei dem Einen liebe ich die Augen, bei dem Anderen die Stimme, beim Dritten seinen Duft, beim Vierten seine Hände, beim Fünften seine Art zu kommunizieren, beim Sechsten seinen schönen Körper. Was soll ich da machen?"

„Habe ich Sie jetzt richtig verstanden, Sie haben im Moment keinen Freund oder Ehemann und finden einfach nur an fast jedem Menschen etwas Ansprechendes?"

„Oh, ich war früher jeden Tag aufs Neue verliebt, weil ich an fast jedem Mann irgendetwas Anziehendes fand. Deswegen nehme ich mich momentan etwas zurück und beschäftige mich hauptsächlich mit der Kunst. Da gibt es auch so schöne Dinge, die Spaß machen. Im Moment habe ich mich in eine Skulptur verliebt, die ich selber geschaffen habe. Wollen Sie sie einmal sehen?"

Ich nickte. „Gern. Ich liebe Kunst. Sie wissen bestimmt, dass ich auf dem Schloss des Malers Moro Rossini lebe. Er hat auch schon sehr viele Skulpturen erschaffen und versteht es, seine Gefühle in Bildern und Figuren auszudrücken. Er ist jetzt über 80 Jahre alt und hat so viel geschaffen, dass es kaum einen Raum im Schloss gibt, den nicht ein Werk von ihm schmückt. Ich bewundere ihn sehr, denn auch seine Sinne sind total offen. Deshalb war er früher auch oft in schöne Frauen verliebt, dennoch ist er imstande, eine einzige Frau zu lieben, mehr als alle anderen."

Theresa strahlte. „Ich muss ihn unbedingt einmal kennen lernen. Das wird für mich ein Ereignis sein. Aber bei mir ist es doch noch etwas anderes. Die Objekte meiner Verliebtheit müssen nicht immer wirklich total schön sein, vielleicht ist es bei mir auch eine Empfänglichkeit für das Gute in einem Menschen, und fast jeder hat etwas Gutes in sich. Und wirklich lieben? Was ist das überhaupt? Ein warmes Gefühl? In der Brust? Im Bauch?"

„Ehrlich gesagt, ich kann es Ihnen auch nicht sagen. Ich weiß nur, dass ich glaube, meinen Verlobten zu lieben, weil ich den Wunsch habe, so oft wie möglich mit ihm zusammen zu sein, und weil er mir sehr wichtig ist. Ich habe auch das Bedürfnis, ihm oft etwas mitzuteilen und manchmal sorge ich mich um ihn. Aber ist das schon Liebe?"

„Sehen Sie, Frau Mühlberg, ich weiß auch nicht, was Liebe ist. Ich liebe niemanden, es ist mir noch keiner begegnet, von dem ich sagen könnte, er ist mir lieber als all die anderen. Aber warten Sie einmal, ich hole Ihnen jetzt meinen Bronzo. Dann werden Sie staunen."

Sie lächelte mich geheimnisvoll an, stand auf und verschwand im Nebenraum.

Ich wartete gespannt. Wer mochte das wohl sein, ein Bronzo? Vielleicht die Skulptur eines Elefanten oder eines kleinen Dinosauriers?

Wenige Augenblicke später erschien sie mit einer weiß glänzenden, etwa 50 cm hohen Figur. Vom Material her sah sie auf den ersten Blick aus wie Marmor. Theresa trug diese schwer aussehende Skulptur mit Leichtigkeit, daher konnte meine Vermutung, was das Material betraf, nicht zutreffen. Sie hielt mir Bronzo entgegen, und ich erkannte eine Art Engel mit winzigen Flügeln in unschuldigem Weiß. Den Blick hielt er unschuldig gesenkt, aber um den Mund spielte ein geheimnisvolles, ein wenig spöttisches Lächeln.

„Das ist Bronzo, ein gefallener Engel. Das Material sieht aus wie Marmor, aber es ist nur eine leichte, besondere Knetmasse, die nach dem Erhärten wie Marmor aussieht. Ist er nicht wundervoll?!" Zärtlich strichen ihre Finger über den glatten Körper.

„Es ist ein sehr hübscher Engel", bestätigte ich ihr. „Sie sind eine große Künstlerin. Aber warum hat er den seltsamen Namen Bronzo? Und warum ist er ein gefallener Engel? Hat er eine Geschichte?"

Sie sah mir aufmerksam in die Augen. „Oh, ja, er hat eine Geschichte, und sie ist mit meiner Lebensgeschichte verbunden. Er soll meinen Exfreund beschützen, in den ich auch einmal ein wenig verliebt war. Aber nachdem er seine Frau ermordet hat, bin ich geflohen, weit, weit weg von ihm. Und er flieht jetzt vermutlich vor sich selbst."

Ich erschrak. Theresa sah so glücklich aus, war sie tatsächlich in einen Mordfall verwickelt oder entstammte das ihrer großen Fantasie? Bildete sie sich da vielleicht etwas ein?

„Können Sie mir da ein wenig mehr erzählen, Theresa?"

Sie nickte. „Bis vor kurzem habe ich auf Sizilien gelebt, ganz in der Nähe von Catania. Dort kannte ich zwei Männer. Der eine hieß Giuseppe und hat mich mit den schönsten Materialien versorgt, zauberhaften Farben zum Malen und Ton und Knetmasse für meine Skulpturen, wir waren befreundet. Der andere hieß Giorgio und war schon seit zwölf Jahren verheiratet, bei diesem Paar hatte ich ein Zimmer gemietet, in dem ich nachts schlief. Tagsüber wanderte ich mit meiner Staffelei umher oder streifte durch die Gegend auf der Suche nach Modellen. Es ist zauberhaft dort."

Ich stimmte ihr zu. „Ich war auch einmal dort, aber es ist schon ein paar Jahre her. Und Moro Rossini, der Maler im Schloss, ist dort geboren im Jahr 1939. Er hat dort seine Kindheit verbracht und wird sich bestimmt gern mit Ihnen darüber unterhalten. Ich kann mir vorstellen, dass es Ihnen dort gefallen hat, ich finde Sizilien auch zauberhaft. Aber wie kam es zu dem Mord? Und warum ist der Mörder in Gefahr? Sitzt er etwa nicht im Gefängnis?"

„Giorgio wurde von der Polizei verdächtigt, aber er behauptete, dass er nicht der Täter ist. Verdächtig machte ihn, dass er behauptete, mich unsterblich zu lieben, und er wollte sich von seiner Frau scheiden lassen. Ich dagegen war nur verliebt in ihn. Alle Leute wussten darüber Bescheid. Seine Frau war sehr wütend und wollte nicht in die Scheidung einwilligen. Gerade in dieser einen Nacht, in der der Mord geschah, war ich nicht dort, sondern in einem Hotel in Messina, weil ich mich dort mit einem Kunstsammler getroffen hatte, der nicht nur ein Bild von mir kaufen wollte, sondern auch den Auftrag für eine Skulptur bereit hielt. Giorgio und Luciana waren allein zu Haus in dieser Nacht, und es gab keine Einbruchspuren. Als man die Ermordete am anderen Tag fand, war Giorgio schon geflohen. Er behauptete, aus Angst, dass man ihn für den Mörder hielt. Keine Ahnung wo er sich jetzt herumtreibt."

„Aber woher wussten Sie denn, dass er aus Angst geflohen war. Er war doch dann schon weg, als sie wieder zurück in das Haus kamen, oder?"

„Ich kam erst zwei Tage später, am Vortag hatte eine Freundin Luciana gefunden. Aber unter meinem Kopfkissen in meinem Zimmer fand ich einen Brief von Giorgio, den hatte er in Eile hingekritzelt. Er schrieb mir, dass er unschuldig sei, dass irgendjemand vermutlich mit einem Nachschlüssel ins Haus gelangt sein müsse, und dann seine Frau ermordet habe, während er schlief."

„Das hört sich alles sehr merkwürdig an, Theresa. Gut, seine Frau wollte sich nicht scheiden lassen, und er wollte die Scheidung. Aber wenn Sie nur verliebt in ihn waren, und Sie ihn nicht geliebt haben, dann hatte er doch sowieso keine Chance, Sie zu heiraten. Warum sollte er seine Frau dann umbringen?"

„Oh, er hat immer gesagt, er würde auf mich warten, bis ich soweit bin. Er sagte, ich sei sein Schicksal, und eines Tages würde ich ihn heiraten. Ich habe ihm gesagt, du spinnst. Ich werde dich niemals heiraten. Auch nicht, wenn du geschieden bist. Aber er hat es mir nicht geglaubt. Alle Nachbarn und Freunde haben gesagt, er muss es gewesen sein. Giorgio muss der

Täter gewesen sein. Es war niemand anderes im Haus. Und auch die Polizei ist davon überzeugt."

„Wie ist denn der Mord vor sich gegangen?"

„Sie wurde erschossen, wahrscheinlich mit Schalldämpfer, denn niemand hat etwas gehört. Aber die Waffe hat man nie gefunden. Nun ja, ich denke, sie war am Meer leicht zu entsorgen. Und so nah an der Mafia konnte der Mörder schon eine Waffe bekommen, wenn er sich ein wenig umschaute."

„Vielleicht hat die Mafia etwas mit dem Mord zu tun?" überlegte ich.

„Das kann ich mir nicht vorstellen. Luciana war eine brave Frau. Und auch Giorgio hat sich immer so verhalten, dass er der Mafia nicht im Wege war, unauffällig und ordentlich, und auch sehr bescheiden."

„Sucht die Polizei denn auch in andere Richtungen, oder wird nur nach Giorgio gefahndet?" wollte ich wissen.

„Er ist der Hauptverdächtige, und deswegen soll ihn mein Freund Bronzo auch beschützen. Auch wenn ich ihn nicht liebe, möchte ich nicht, dass er unschuldig ins Gefängnis kommt. Und solch eine Suche, eine Verfolgungsjagd kann auch einmal tödlich enden. Und wenn er sich immer verstecken muss, gerät er sicher auch in die eine oder andere Gefahr."

„Haben Sie denn schon einmal an einen Detektiv gedacht, Theresa?"

„Nicht wirklich. Hier kenne ich keinen und glaube auch nicht, dass von hier aus einer den weiten Weg nach Sizilien machen würde. Und bisher ist mir in Catania und in der Umgebung auch noch kein Detektiv begegnet. Aber was sollte der auch schon ausrichten? Um den Mörder zu finden, muss man dort Land und Leute kennen. Luciana kann nicht mehr sprechen und Giorgio versteckt sich."

„Aber vielleicht könnte Ihnen dieser Giuseppe etwas helfen, er war doch sonst auch so hilfsbereit", überlegte ich.

Theresa strich sanft mit der Hand über den Rücken des Engels. „Ich habe ihn schon gefragt, aber er glaubt fest daran, dass es Giorgio war, und er meinte, es sei verlorene Zeit, nach einem anderen Mörder zu suchen."

„Könnte Giuseppe denn etwas mit dem Mord zu tun haben?"

Theresa schüttelte energisch den Kopf. „Oh nein! Dieser ältere Mann ist fromm wie ein Lamm und kann keiner Fliege etwas zuleide tun. Und ein Motiv hat er auch nicht."

„Und wenn er nun Giorgio als Nebenbuhler aus dem Weg räumen wollte?"

„Ach, nein. Das glaube ich nicht. Giuseppe ist alt und wusste, dass ich Giorgio nicht liebe. Er kennt alle meine Probleme in punkto Liebe. Da gab es wirklich keinen Grund für ihn, Luciana zu töten."

Ich überlegte. „Zufällig kenne ich einen sehr guten Detektiv, er heißt Rüdiger von Ambergs und hat mir in den vergangenen Monaten oft dabei geholfen, Kriminalfälle aufzudecken. Er hat allerdings seinen Wohnort von Deutschland auf Frankreich verlegt, weil dort seine Freundin wohnt. Trotzdem reist er auch sehr viel in Europa umher. Ich werde ihn auf jeden Fall einmal fragen."

Theresa legte ihre Lippen auf die Wangen des Engels und küsste sie. „Ich habe nicht so viel Geld für einen Detektiv. Das wären doch bestimmt unheimlich hohe Spesen. Sizilien ist weit und das Fliegen ist nicht billig."

„Im Norden Italiens kenne ich auch noch einen Hobbydetektiv. Ich glaube mich daran zu erinnern, dass er Verwandte auf Sizilien hat. Es gibt aber einen ganz großen Haken bei der Sache."

Ihre wunderschönen, großen Augen weiteten sich. „Und der wäre?"

„Dieser schöne italienische Hochschullehrer hat erstens eine Arbeit, die ihm nur in den Ferien große Ausflüge erlaubt, und zweitens hat er mir vor nicht allzu langer Zeit seine Liebe gestanden. Daher werde ich wohl nur im Notfall mit ihm Kontakt aufnehmen, wie Sie bestimmt nachvollziehen können. Ich möchte ihn nicht unnötig wieder verletzen. Ich glaube aber zu wissen, dass er einen sehr intelligenten Cousin besitzt, der in der Nähe von Messina auf Sizilien wohnt. Aber entschuldigen Sie bitte meine Frage, mein Chef hat mir berichtet, dass Sie mit Ihrer Kunst sehr viel Geld verdienen. Ist es Ihnen da nicht möglich, einen Detektiv zu bezahlen?"

Sie lächelte. „Sie haben wirklich gar keine Ahnung. Ich vermute, die Kriminalfälle, die Sie gelöst haben, bezogen sich alle auf dieses Land. Hier mag das ja alles mit einem normalen Detektiv gehen, aber dort nicht. Man muss sich wirklich da auskennen."

„Aber könnten Sie denn nicht mit einem Detektiv dorthin fahren und ein bisschen bei der Aufklärung helfen? Falls Sie davon überzeugt sind, dass Giorgio nicht der Mörder ist, dann müsste Ihnen doch daran gelegen sein, dass der Fall aufgeklärt wird."

„Im Prinzip schon, aber im Moment ist es für mich auch nicht ungefährlich, wenn ich mich dort sehen lasse. Die Schwester von Luciana, Maria und ihre Tochter, Anna, sie sind beide sehr böse auf mich, weil sie denken, ich habe Schuld am Tod der Ermordeten. Außerdem ist dort auch noch der sehr aufdringliche Gianni, der so gierig ist auf meine Werke und immer mehr haben möchte. Momentan bin ich gar nicht in der

Verfassung, mich gegen solche Leute zu wehren. Hier im Rosenturm finde ich gerade etwas Ruhe und Muße, etwas auszuspannen und wieder neu Atem zu holen."

„Oh ja, Theresa, das kann ich gut verstehen. Aber wenn Sie trotzdem einmal den Wunsch haben, alles aufzuklären, dann sagen Sie mir bitte Bescheid, ich werde Ihnen dann möglicherweise mithilfe der Detektive ein Angebot machen. Und dieser Giuseppe? Hat er vielleicht ein anderes Motiv?"

„Nein, soweit ich weiß, nicht. Ich bin nicht einmal sicher, ob er Giorgio und Luciana überhaupt kennt. Er hat mich nämlich nie dort in dem Haus besucht, sondern immer in sein riesiges Atelier bestellt. Aber darüber möchte ich jetzt nicht mehr sprechen. Ich mag es nicht, in solch dunklen Dingen herumzuwühlen. Was geschehen ist, ist geschehen. Damit muss man sich abfinden. Ich muss nach vorn schauen, wenn ich produktiv sein möchte."

Ich überlegte. „Das unterscheidet Sie von Rossini. Einige seiner besten Werke wurden aus Ärger und Wut und Schmerzen geboren. So macht er aufmerksam auf das Unrecht in dieser Welt."

Sie verzog den Mund. „Ja, vielleicht muss es auch solche Menschen geben. Ich gehöre nicht dazu. Ich bin wählerisch, ich suche die Sonne und das Licht. Ich suche die Liebe, ich bin auf dem Weg zur Liebe." Sie liebkoste die Figur.

„Sie lieben diesen Bronzo, wie ist das, wenn man eine Figur liebt?"

Sie lächelte mich mitleidig an. „Es gibt Menschen, die lieben ihr Auto, ihre Handtasche oder ihre Schuhe, manche ein Schmuckstück. Aber ich habe in diesem gefallenen Engel etwas Besonderes gefunden. Er ist wie ein Freund."

„Aber er spricht nicht mit Ihnen, und er kann Ihnen auch sonst keine Freundschaft zeigen. Was gibt er Ihnen denn sonst?"

Jetzt sah sie mich verächtlich an. „So kann auch nur ein Mensch sprechen, der gar keine Ahnung hat. Wenn ich Bronzo berühre, spüre ich, dass er auf seine Art und Weise lebt. Haben Sie schon einmal einen besonderen Stein angefasst? Man kann seine Energie spüren. Ein Rosenquarz fühlt sich anders an als ein Tigerauge. Wenn man hellfühlig ist, spürt man ein Vibrieren der Energien. Bronzos Haut fühlt sich glatt und seidig an. Wenn ich ihn in den Arm nehme, fühle ich mich wohl und angenommen. Und wenn ich zu ihm spreche, so öffnet er selbst nicht seinen Mund. Aber er gibt mir die Antwort direkt in meinen Kopf. Er ist ein echter Freund, denn er diskutiert mit mir."

Ich staunte. „Aber wie geht denn das? Sie sprechen etwas und hören dann in Ihrem Kopf eine Antwort. Woher wissen Sie, dass diese Antwort von Bronzo kommt?"

„Also, zuerst einmal müssen wir unbedingt dieses dumme Siezen sein lassen, es macht mich ganz nervös. So viel älter sind Sie ja schließlich auch nicht als ich. Ich weiß, nach den Höflichkeitsregeln muss eine ältere Person der jüngeren zuerst das „Du" anbieten. Aber in dem Fall hier habe ich eine Sonderstellung, weil ich mich bei Ihrem Chef für dieses Interview bereit erklärt habe. Daher darf ich auch Wünsche ausdrücken. Ist das so in Ordnung?"

Ich lächelte. „Ich habe kein Problem damit. Dass ich Abigail bin, das weißt du ja." Ich reichte ihr die Hand.

„Ist mir nicht entgangen, meinen Namen weißt du auch. Wir müssen also keine Sondervorstellung daraus machen. Und nun zu deiner Frage: Es ist ganz einfach. Bronzo hat eine ganz eigene Meinung. Wenn ich ihn frage, ob etwas gut ist, das mir gefällt, dann sagte er mir oft in den Kopf, es könnte besser sein oder es sei schlecht. Man kann gut Zwiegespräche mit ihm führen. Es ist unglaublich, aber wahr."

Ich bohrte weiter. „Kann nicht jeder Mensch in sich solche Zwiegespräche führen?"

Sie lachte mich aus. „Unser Interview wird wohl eine ganze Zeit lang dauern. Ich sehe schon, du bist gar nicht auf meiner Wellenlänge. Vielleicht sprechen manche Leute mit sich selbst und überlegen hin und her. Aber ich fühle Bronzo in meinem Kopf. Er ist witzig und intelligent. Aber vor allen Dingen ist er ein Meister der Erotik."

Ich zwinkerte mit den Augen. „Wie bitte?"

„Er ist der Engel der Sinnlichkeit und der flüstert mir ständig schöne Worte ins Ohr."

„Kannst du mir da mal ein Beispiel sagen?"

„Sieh dich nur einmal um, hier im Raum! Hier gibt es unzählige Gegenstände, die zart, erotisch und begehrenswert aussehen."

Meinte sie das ernst? „Meinst du damit einfach die Dinge, die beispielsweise den weiblichen Rundungen gleichen?"

Sie lächelte. „Ja, zum Beispiel. Schau dir doch diese Löwenmäulchen in der Blumenvase an! Haben sie nicht besonders sinnliche Lippen an ihren kleinen geöffneten Mäulchen?"

Ich überlegte fieberhaft, was ich davon in meinen Text über die Künstlerin hineinnehmen könnte. Wie könnte ich über sie schreiben, ohne dass sie vom Leser für verrückt erklärt würde?

Ich betrachtete die Blumen genauer. „Ich finde die Blumen sehr ausdrucksvoll, ja. Ihre rote Farbe lockt sicher nicht nur die Insekten an, und ihre Form ist sehr eigenwillig. Möglicherweise reicht meine Fantasie zu mehr aus."

Jetzt zeigte sie ein geheimnisvolles Lächeln. „Vielleicht bist du auch nur etwas zu sehr gehemmt. Möglicherweise hältst du Erotik für etwas Unanständiges. Erotik ist ein Geschenk der Natur und des Himmels. Die Blumen, die Menschen sagen damit: Hab mich lieb, ich bin auf meine Art und Weise schön. Ist das nicht der innerste Wunsch eines jeden Menschen: Beachte mich! Hab mich lieb!? Die ganze Schöpfung sagt das mit Farben, Formen und Düften."

„Ja, die Evolutionsgeschichte ist ja auf Vermehrung und Verbreitung aufgebaut. Ich liebe die Natur und Gottes Schöpfung genauso wie du. Aber ich habe nicht diesen erotischen Blickwinkel wie du. Ich fühle mich nicht von allem erotisch angesprochen."

Sie lachte. „Vielleicht willst du es nur nicht, weil du dich oft auf anderes fokussierst. Zum Beispiel jetzt auf die Arbeit. Meine guten Lehrerinnen in der Kinderzeit haben mich geöffnet für alles, was mir auf dieser Welt und in diesem Leben begegnet. Ich sehe es dir schon an, wie dein Kopf raucht. Ja, das alles kannst du ruhig über mich schreiben. Das bin ich, durch und durch offen für alle Sinnesreize, und ich genieße es, denn es macht das Leben schön."

„Ich werde es aufschreiben. Du darfst auch gern den Text zum Korrigieren lesen. Gibt es für den Anfang noch etwas, das dir so am Herzen liegt, Theresa?"

„Na ja, ich denke, du hast für heute genug zum Nachdenken und zum Schreiben. Beim nächsten Mal zeige ich dir, was ich unter Tanzen verstehe. Vielleicht gebe ich eine Kostprobe meiner Schauspielkunst. Dein Chef hat mir erzählt, dass du schon viel über Schauspieler geschrieben hast."

Ich nickte. „Eine meiner Freundinnen ist Laura Camissoll, ihr Vater ist der berühmte Hollywood-Regisseur Johnny Deep. Sie ist eine sehr schöne Frau, und soviel ich weiß, hat sie auch eine große Begabung. Ihre Mutter war auch Schauspielerin, da hat sie wohl auch Talente geerbt. Außerdem gastierte hier im letzten Jahr die berühmte Schauspieltruppe des Puppenspielers Jérôme Tessier. In seiner Truppe lernte ich auch einige begabte Schauspieltalente kennen."

„Ehrlich gesagt, habe ich von all denen noch nie etwas gehört. Aber ich bewege mich auch nicht in solchen Kreisen. Ich hasse die Aktivitäten beim Film, obwohl manches Mal für die Menschen, die den Film anschauen, oft etwas recht Passables herauskommt. Für den Schauspieler selbst ist das Ganze eine Qual mit den einzelnen Szenen. Es ist ja alles aus zusammengehackten Einzelteilen angestückelt. Da wird eine Szene zig Male gespielt aus dem Zusammenhang heraus bis die Schauspieler gar nicht mehr in Trance sind. Es ist ein Stückwerk für die armen Akteure. Beim Schauspiel ist das anders, man spielt alles hintereinander weg, sofern man dann seine Rolle kann. Man kann von Anfang bis Ende in der Geschichte, im Schauspiel bleiben. In Italien habe ich viel auf den Bühnen gespielt, am liebsten allerdings in Improvisationstheatern, die viel Freiraum für die Fantasie lassen. Da kann sich wahre Schauspielkunst entfalten."

Ich staunte. „Darüber muss ich erst einmal nachdenken. Aus dieser Sicht heraus habe ich das Ganze noch nie betrachtet. Du hast Recht, es war ein intensives Gespräch heute. Ich danke Dir für Deine Offenheit. Gib mir bitte Bescheid, wann du bereit bist für das nächste Interview."

Sie versprach es, geleitete mich freundlich hinunter bis an das kleine, alte Ausgangstor und verabschiedete sich mit einer angedeuteten Umarmung.

***

3. Kapitel

Im Schloss angekommen empfing mich der Maler Moro Rossini.

„Ciao Piccolina! Du siehst heute etwas nachdenklich aus. Hast du ein Problem?"

Er war schon seit ein paar Monaten zum persönlichen Du übergegangen, während ich es immer noch angemessen fand, den berühmten 80-jährigen zu Sietzen. „Es geht um Theresa, die junge Künstlerin aus dem Rosenturm. Hat Ihnen Ada schon von ihr berichtet?"

„Komm, trinkt mit mir einen Schluck Wein", bat er mich. „Ein guter Freund hat mir gerade wieder einige Flaschen aus meiner Heimat geschickt."

Ich folgte ihm ins Atelier und setzte mich auf das kleine Sofa vor der Staffelei. Er füllte zwei Gläser mit Wein, reichte mir eins davon und setzte sich mir gegenüber in den bequemen Ohrensessel.

„Sie hat mich gerade selbst angerufen", begann er. „Anscheinend eine berühmte und begabte Künstlerin. Natürlich wollte sie mich sofort besuchen und sich hier einmal umschauen. Ich habe sie für morgen eingeladen, und weil ich nicht so gut laufen kann, wollte ich dich bitten, ob du sie vielleicht herumführst. So kannst du dir vielleicht auch einen Weg zum Turm sparen und sie hier ein bisschen interviewen. Passt das dir?"

„Eine gute Idee. Aber sie ist auch eine sehr interessante Frau, morgen können Sie sich selbst ein Urteil darüber bilden."

„Ein paar Minuten werde ich schon für sie abzweigen, Abigail. Aber was hat dich so tief in Gedanken gestürzt?"

„Vermutlich hat sie Ihnen auch erzählt, dass sie eine längere Zeit auf Sizilien gelebt hat, und zwar in Catania."

Moro nickte. „Ja, und so klein, wie die Welt immer ist, hat sie sogar ganz in der Nähe meines Elternhauses gewohnt."

„Hat sie Ihnen auch von dem Mord an der Frau ihres Freundes erzählt?"

„Nein, so weit kam sie nicht. Als ich merkte, dass sie mir ihre ganze Lebensgeschichte erzählen wollte, habe ich ihr geraten, damit zu warten, bis wir uns persönlich kennen gelernt haben. Offenbar setzte sie voraus, dass sich Künstler immer blind verstehen."

Ich lächelte. „Oh, Theresa möchte sich mit allen immer gut verstehen. Sie liebt die Harmonie über alles, sie möchte sich am liebsten nur auf der Sonnenseite des Lebens aufhalten. Bis jetzt ist ihr das allerdings noch nicht so gut gelungen."

Moro nickte. „Das gelingt den Wenigsten. Aber worüber hast du dir dann solche Gedanken gemacht? Wenn sie so fröhlich ist, hat sie dieser Mordfall offensichtlich nicht sehr erschüttert."

„Sie behauptet das jedenfalls. Aber ich kann nicht gut in sie hineinsehen. Ist schon ungewöhnlich, diese Heiterkeit. Der Freund Giorgio steht unter Mordverdacht, soll sich irgendwo verstecken. Theresa hat ein Alibi, sie war zu dieser Zeit nachweisbar in Messina."

Ich erzählte ihm alles, was mir Theresa berichtet hatte, auch von Giuseppe und von der Schwester der Ermordeten, und auch von Bronzo, der Figur mit der Schutzengelfunktion.

„Ich kann mir schon vorstellen, dass man diese Frau dort nicht gern sieht. Die Ermordete wird außer ihrer Familie auch noch Freunde gehabt haben und Nachbarn. Und alle werden denken, dass Theresa mit daran schuld ist an der Zerstörung dieser Ehe. Da hat der eine oder andere schon auch Rachegedanken."

„Das kann gut sein", stimmte ich zu. „Was ich aber auch noch nicht verstehen kann, ist, dass beide, Giorgio und Luciana einen sehr tiefen Schlaf gehabt haben müssen, wenn sie beide nicht gemerkt haben, dass jemand zu ihnen ins Schlafzimmer kam. Und ich weiß auch nicht recht, wie sich so ein Schuss mit Schalldämpfer anhört. Müsste Giorgio nicht sofort davon wach geworden sein? Und wenn keiner von beiden den Täter hereingelassen hat, hatte er dann einen Nachschlüssel für die Wohnung? Aber steckt nicht jeder seinen Schlüssel nachts von innen ins Schloss?"

Moro dachte nach. „Es gibt auch Schlösser, die kann man von außen öffnen, wenn drinnen der Schlüssel steckt. Und wenn Giorgio einen tiefen Schlaf hat, dann muss er nicht unbedingt aufgewacht sein. Seine Reaktion ist allerdings etwas merkwürdig. Wer seine Frau morgens neben sich tot im Bett findet, der ruft normalerweise den Rettungswagen und in diesem Fall auch die Polizei."

„Ja, das macht man wohl so im Normalfall. Bei ihm soll die Angst davor, dass er für den Mörder gehalten wird, so groß gewesen sein, dass er sich zur Flucht entschloss."

„Auch merkwürdig", fand Moro. „Anstelle einen Schock über den Mord an seiner Frau zu haben, checkte er blitzschnell, welche Indizien für ihn als Mörder sprachen. Er sah also, dass es keine Einbruchsspuren gab und muss sofort erkannt haben, dass Luciana keines natürlichen Todes gestorben war. Das Letztere setzt auch einige Kenntnisse voraus. Weißt du denn, welchen Beruf er hatte?"

„Nein, keine Ahnung. Theresa kann ich erst einmal nicht fragen, denn sie will nicht mehr darüber sprechen. Sie will sich nur noch mit schönen Dingen abgeben. Aber ich sehe schon, dass auch Ihr Interesse an dem Fall geweckt ist. Eigentlich kein Wunder, da Sie ja früher selbst in Norditalien als Carabinieri tätig waren."

„Ja, das waren noch Zeiten, Abigail. Und wie du weißt, waren es auch schlimme Jahre, als es dort vermehrt die Attentate gab. Wenn ich nicht schon so alt und gebrechlich wäre, setzte ich mich sofort ins Flugzeug und schaute mich dort einmal um. Ein paar Verwandte von mir wohnen auch noch dort in der Gegend, die würden vielleicht helfen."

„Das hört sich gut an. Wenn Theresa ihre Meinung ändert und den Fall geklärt haben möchte, dann fliege ich einfach nach Sizilien. Von meinem Chef Jens Wieland bekomme ich bestimmt die Erlaubnis, mich dort ein bisschen umzuschauen und zu fotografieren. Schließlich ist Catania als Hintergrund für Theresas Schaffen sehr wichtig gewesen. Diese Zusatzinformationen von dort ergeben dann ein rundes Bild für das Interview."

„Sehr gut. Schließlich kann sich dieser Giorgio auch nicht immer weiter verstecken, selbst auf Sizilien schafft das so keiner mehr."

„Und noch eins macht mir Gedanken: Theresa gibt an, kein Motiv für den Mord zu haben, und ich traue es ihr auch eigentlich nicht zu in ihrer Süße, aber selbst wenn sie in der Nacht in Messina war, hätte sie doch heimlich mit dem Auto schnell nach Catania fahren können, um den Mord zu verüben. Zeitlich hätte sie das geschafft, hin- und herzufahren."

„Wahrscheinlich hat man das nachgeprüft, Abigail. Es sind zwar nicht viel mehr als zwei Stunden Autofahrt, aber die Straße hat Mautstellen, und da wird man überprüft haben, ob sie jemand dort gesehen hat. Und vielleicht konnte sie es auch glaubhaft versichern, dass sie Giorgio nicht geliebt hat. Also fehlt ihr ein Motiv."

In meinem Kopf rotierten die Gedanken. „Es sei denn, Luciana war eine widerliche Hexe, und Theresa wollte ihren Freund von dieser Plage befreien. Aber sie sieht wirklich sehr lieb aus, diese Theresa, ich traue ihr keinen Mord zu. Bisher konnte ich mich immer auf mein Bauchgefühl verlassen. Sie ist sehr liebevoll, das werden Sie morgen sicher selber sehen."

„Aber ich hoffe, nicht zu liebevoll", ertönte Adelaides sanfte Stimme vom Eingang her. „Dann bin ich auch einmal sehr gespannt auf den Besuch der sagenhaften Künstlerin." Sie stellte sich neben Moro, der sie zärtlich ansah und streichelte ihm sanft den Arm. „Darf ich dich zu Pasta einladen, liebe Abigail?"

„Ich danke dir, liebe Ada, aber ich habe noch von gestern etwas übrig, das ich heute aufessen muss. Es ist immer so ein Problem, so wenig zu kochen. Wenn Rolf nicht da ist, habe ich da immer meine Schwierigkeiten. Ich werfe ungern Essen fort."

„Das kann ich gut verstehen." Adelaide lächelte verständnisvoll. „Und wahrscheinlich brennst du auch darauf, deinem Verlobten die neuesten Nachrichten am Telefon zu übermitteln, stimmt's?"

„Oh ja, das ist dringend nötig, denn in Gedanken sehe ich mich schon auf der herrlichen Insel im sonnigen Süden. Das Meer dort ist unvergleichlich, auch mit seinen Stränden, der Ätna und seine Umgebung sind faszinierend. Ich habe schon oben gestanden am Rand des Feuer spuckenden Giganten."

Moros Augen leuchten. „Das ist mein Berg, an dessen Hängen ich mich verwurzelt fühle. Vielleicht geht es mir doch eines Tages noch einmal ein bisschen besser, sodass ich eine Reise dorthin wagen kann."

„Das hoffe ich für Sie! Mit Ihrer Frau werden Sie das bestimmt wieder schaffen." Ich wünschte den beiden einen guten Appetit für ihre Pasta und für später eine gute Nacht.

In Rolfs Wohnung angekommen machte ich es mir auf dem Sofa bequem.

In diesem Augenblick meldete sich das Telefon, es war mein Verlobter, der mich anrief.

„Ich habe gerade an dich gedacht", teilte ich ihm mit.

„Was für ein Zufall! Ich habe dir nämlich eine ganze Menge zu erzählen."

Es dauerte eine ganze Weile, bis ich ihm das Gehörte und Erlebte mitgeteilt hatte.

„Solltest du tatsächlich nach Catania fahren, ist es besser, wenn du dich dann wirklich an Moros Verwandte wendest, damit du dort nicht allein bist" riet er mir. „Aber ich bitte dich, mach nur die Fotos für das Interview! Mische dich bitte nicht in den Mordfall ein. Du weißt, was du für ein Glück hattest, als du die mysteriöse Geschichte mit dem Wanderfalken aufgeklärt hast. Solch ein Glück darf man nicht strapazieren."

„Aber natürlich, mein Schatz. Ich hatte sehr liebe und brave Schutzengel und auch noch den Detektiv Ermanno, der mir das Leben gerettet hat. Aber so wie es aussieht, hat Theresa momentan gar kein Interesse daran, den Mordfall aufzuklären. Sie glaubt an ihren Bronzo, der Giorgio auf der Flucht beschützen soll.

Hättest du vielleicht auch Interesse an solch einem Engel?" scherzte ich.

„Wag dich", drohte er, „so einen möchte ich nicht in meiner Wohnung haben. Außerdem bist du mein Schutzengel."

Damit hatte er die Überleitung gefunden zu unseren zärtlichen Abschiedsworten, mit denen wir uns etwa drei Minuten lang eine gute Nacht wünschten.

***

4. Kapitel

Als sich Theresa am anderen Morgen im Schloss meldete, saßen Moro und Adelaide noch am Frühstückstisch. Ich führte die Künstlerin zu ihnen in den kleinen Salon.

Theresa stellte sich vor, reichte Ada die Hand und schenkte ihr einen unschuldigen Augenaufschlag. „Ich freue mich sehr, Sie kennenzulernen. Sie sind bestimmt sehr stolz, einen so berühmten Mann zu haben."

Adelaide nickte. „Oh ja, das bin ich, sehr sogar. Als wir uns kennenlernten, war ich 17 und er 26. Aber da war er noch nicht berühmt, sondern ein einfacher Carabiniere bei der italienischen Polizei. Darf ich Sie zum Frühstück einladen, Frau Mansfeld? Einen Kaffee, Tee oder eine heiße Schokolade vielleicht?"

„Hätten Sie vielleicht einen frisch gepressten Orangensaft für mich?" ertönte es aus Theresas sanft geschwungenen Lippen.

„Aber gern. Nehmen Sie ruhig schon Platz! Ich werde Ihnen in der Küche geschwind einen Saft zubereiten." Ada wandte sich an mich. „Und du, Abigail, bist auch ganz herzlich eingeladen. Für dich wie immer die heiße Schokolade?"

Ich nickte. „Danke, ja gern. Kann ich dir etwas helfen?"
Beim Hinausgehen zwinkerte sie mir lächelnd zu. „Das
schaffe schon allein. Vielleicht leistest du inzwischen
Moro und unserem Gast etwas Gesellschaft?"
Theresa wandte sich an Moro: „Wunderbar, Sie kennen
zu lernen! Sicher sind wir verwandte Seelen. Ich habe
schon so viel von Ihnen gehört, da wird es nun endlich
Zeit, einen persönlichen Kontakt zu knüpfen." Sie
erfasste mit ihrer linken Hand ganz zart Moros rechte
und hauchte einen zärtlichen Kuss auf seinen
Handrücken.
Erstaunt sah er sie an. „Ich freue mich auch, Sie
kennenzulernen. Sie sollen eine sehr begabte Künstlerin
sein, da bin ich sehr neugierig."
Sie schenkte ihm ein strahlendes Lächeln. „Ich
verspreche Ihnen, Sie nicht zu enttäuschen. Ich bin aber
ein wenig von Ihnen enttäuscht, allerdings positiv. Man
hat mir erzählt, dass Sie schon über 80 Jahre alt seien.
Das kann unmöglich stimmen! Sie haben noch so ein
jugendliches Feuer in Ihren Augen. Nein, ich sehe es:
Sie sind noch genauso jung wie vor 30 Jahren."
Ich kannte Moro und seine Lebensgeschichte, das
ganze Leben lang hatten ihn schöne Frauen verehrt,
angebetet und geliebt. Was für ein schöner Mann war er
doch früher gewesen, Adelaide hatte mir viele Fotos
von ihm gezeigt. Rossini hatte schon immer schöne
Frauen beachtet, verehrt, gemalt, fotografiert und sich
viele Male verliebt. Erst als sich Ada und er im Alter
wiedergefunden hatten, war sein Interesse an anderen
zurückgegangen. Wie würde er jetzt auf diese
kapriziöse und sehr attraktive Künstlerin reagieren?
Moro lachte verhalten, dennoch sah ich ihm an, dass er
sich geschmeichelt fühlte. Seine Verlegenheit war ihm
deutlich anzumerken: „Nein, sehen Sie mich ruhig an:
Jetzt bin ich ein alter Mann. Schade, dass Sie mich

nicht 30 Jahre früher kennengelernt haben. Ja, leider hat auch meine künstlerische Schaffenskraft nachgelassen, aber glücklicherweise bin ich im Kopf noch ganz fit."

Theresa nahm erneut seine Hand. „Nein, ich glaube nicht, dass Sie ein alter Mann sind. Sie sind ein begnadeter Künstler, hochsensibel und sinnlich, mit dieser Konstellation können Sie nicht wirklich altern." Mit ihrem Daumen massierte sie sanft seinen Handrücken. „Und was für zarte Haut Sie haben! Verraten Sie mir doch ihr wahres Alter!"

„Soll ich Ihnen seine Geburts-Urkunde zeigen?" meldete sich Adelaide, die aus der Küche zurückgekehrt war. „Für Sie, extra frisch gepresst", wandte sie sich an Theresa und reichte ihr den Orangensaft.

Die Künstlerin ließ Moros Hand los und nahm das Glas entgegen. „Das ist aber lieb von Ihnen, Frau Rossini. Sie sind wirklich sehr gastfreundlich. Und ich habe gleich bemerkt, was für ein wundervolles Paar Sie beide sind."

Sie setzte sich auf dem freien Platz neben Moro und spielte mit dem Glas in ihren Händen. Langsam hob sie es hoch, roch daran, führte es an die Lippen und sog einen winzigen Schluck ein. Mit geschlossenen Augen ließ sie ihn im Mund zergehen. Als sie die Augen wieder öffnete, sah sie Moro mit großen leuchtenden Augen an. „Oh, der Geschmack erinnert mich an Taormina, genauso schmeckt dort die Luft in dieser besonderen Mischung aus Meer, Ginsterbüschen und Zitronenbäumen. Finden Sie das nicht auch, Signore Rossini?"

Moro überlegte. „Tatsächlich kann ich mich an diesen Geruch nicht erinnern. Die Farbe dagegen, ja, mit ihr kann ich schon etwas anfangen. Es ist fast ein sizilianisches Goldgelb."

„Fast", meinte Theresa. „Es ist von der Farbe her nicht luftig und leuchtend genug, das sizilianische Gelb ist sonniger. Und ich hoffe, dass ich es in Ihren Werken gleich wiederentdecke. Werden Sie mir gleich einige davon zeigen?"

Moro lächelte bedauernd. „Das würde ich liebend gern, aber meine Gesundheit lässt das leider nicht zu. Meine Beine sind heute besonders schwach. Ich habe schon mit Abigail gesprochen. Sie ist so nett und wird Ihnen meine Bilder und Skulpturen zeigen."

Theresa zeigte sich enttäuscht. „Oh, das ist aber schade. Da bin ich untröstlich. Kann ich Sie denn nicht vielleicht in einem Rollstuhl durch die Räume schieben?"

Adelaide mischte sich ein. „Mein Mann hasst Rollstühle. Er sagt, diese Zeit käme noch früh genug, in der er sich so fortbewegen müsste. Zum Glück kann er noch ein paar Schritte an meinem Arm oder an einem Stock gehen. Das empfindet er als würdig für sich. Vielleicht können Sie das ja verstehen?!"

„Aber natürlich", beeilte sich Theresa zu sagen. „Das kann ich sehr gut verstehen. Ich selbst habe einmal nach einer Krankheit eine Weile im Rollstuhl gesessen. Man fühlt sich so hilflos darin, so in die Ecke gestellt." Sie wandte sich wieder an Moro. „Darf ich mich nach der Besichtigung mit Ihnen über Ihre Werke unterhalten? Sie sind doch sicher interessiert an einem Feedback, oder?"

Rossini nickte. „Aber natürlich. Mich interessiert nicht nur die Meinung der Menschen, die meine Werke betrachten, sondern auch die der Kollegen und Kolleginnen. Seien Sie aber nicht zu streng mit mir!" kokettierte er.

Ich wandte mich an Moro und Ada. „Wenn ihr nichts dagegen habt, möchte ich jetzt mit der Führung beginnen. Es sind einige Räume und sehr viele Werke, da werden wir einige Zeit brauchen."

Die beiden nickten zustimmend.

Theresa erhob sich zögernd. „Schade, hier war gerade eine so angenehme Stimmung. Aber ich komme wieder. Und versprechen Sie mir, lieber Signore Rossini, dass Sie nicht inzwischen mein sizilianisches Lebenselixier austrinken." Sie schenkte Moro einen verführerischen Blick.

„Nein", sagte er, „der Orangensaft bleibt für Sie so da stehen."

„Wir haben noch mehr davon", beeilte sich Adelaide zu sagen. „Mein Mann kann sich jederzeit etwas bestellen, ganz frisch gepresst."

Ich führte Theresa eilig aus dem Zimmer. Was war nur in diese Frau gefahren? Wollte sie sich bei Moro einschmeicheln und lieb Kind machen? Hatte sie sich etwa in ihn verliebt? Oder wollte sie seine Frau eifersüchtig machen? Vielleicht wollte sie einfach nur zeigen, welche Macht sie über die Männer besaß.

Im Atelier zeigte ich Theresa die neueren Gemälde, die aus den letzten Jahren stammten. Sie zeigte kein großes Interesse, flüchtig überblickte sie alles.

Dann runzelte sie leicht die Stirn. „Er ist ein ziemlicher Pedant, finde ich. Wahrscheinlich ein Ordnungsfanatiker. Diese Werke sind irgendwie sehr mathematisch, nicht aus dem Bauch heraus. Zu konstruiert." Sie zeigte auf einige seiner Farbkompositionen. „Sie stammen bestimmt aus einer besonderen Periode seines Lebens."

Ich nickte. „Sie stammen aus der Zeit, als er noch mit seiner ersten Frau zusammenlebte, als sich Ada und er noch nicht wieder getroffen hatten, als er glaubte, sie für immer verloren zu haben. Gott sei Dank hat sie das Schicksal im Jahr 2003 zusammengeführt. Aber auch danach hat es noch eine ganze Weile gedauert, bis sie zusammenleben durften."

„Zeigst du mir jetzt seine anderen Werke, Abigail? Die sind ja hier total langweilig."

Ich führte sie in die obere Etage und öffnete ihr dort zuerst die Tür des Fotozimmers. Die vielen Fotos von den schönen Frauen fanden ihr Interesse, sie begutachtete, und sie lobte sie. Die mahnenden Fotos an den anderen Wänden ließ sie unbeachtet.

„Magst du sie nicht, diese Fotos vom Leid und Unrecht dieser Welt, mit denen Moro Menschen ansprechen, zum Nachdenken anregen und sie ermahnen möchte?"

„Ich bin sicher, das nutzt sowieso nichts. Die guten Menschen, die diese Fotos sehen, tun sowieso nichts Böses. Und die schlechten Menschen tun weiter ihr Schlechtes und lassen sich von so ein paar Fotos nicht abhalten."

„Oh, da bin ich aber nicht deiner Meinung, Theresa. Man muss Menschen immer wieder sensibilisieren. Die brutalen Menschen haben sich im Zuge der Zeit, der Evolution sozial entwickelt, und dafür sind solche Konfrontationen gut. Solche Fotos wecken Mitgefühl und Mitleid und den Wunsch nach einer besseren Welt. Da darf man nicht fatalistisch denken. Jeder Versuch ist es wert, gestartet zu werden."

Sie verzog den Mund. „Wenn du meinst! Aber jetzt will ich unbedingt die Skulpturen sehen. Vielleicht halten die ja das, was dieser erotische Mann verspricht."

Einen Moment lang war ich sprachlos. Hatte sie wirklich ein besonderes Interesse an Moro als Mann?

„Was willst du von ihm?" konnte ich es mir nicht verkneifen. „Ich dachte, du interessierst dich für seine Kunst."

Sie lächelte geheimnisvoll. „In seinen Werken kannst du den Künstler erkennen. Rossini hat eine besondere

Ausstrahlung, aber seine Werke haben mir bisher davon nichts gezeigt, höchstens, ja vielleicht die Aktfotos. Die waren ganz gut."

„Also was nun?" bohrte ich weiter. „Was willst du von ihm wirklich?"

„Das weiß ich noch nicht. Ich finde ihn erotisch und hochinteressant und möchte ihn näher kennen lernen. Ich habe keinen Plan, aber er interessiert mich."

„Er ist verheiratet und liebt seine Frau, und außerdem ist er über 80 Jahre alt, ist krank und kann sich kaum noch bewegen", erinnerte ich sie. „Was erwartest du also?"

„Na und? Dachtest du vielleicht, es gibt nur Sex? Weißt du, wie sinnlich und erotisch es sein kann, wenn man sich an den Händen berührt? Ich glaube, du bist wirklich total verklemmt wie die meisten Menschen auf der Welt. Beobachte doch mal die Tiere! Da gibt es welche, die sind total zärtlich und berühren sich, weil sie das schön finden. Beobachte doch mal ein paar Pferde oder Kühe auf den Weiden, selbst da wirst du Zärtlichkeiten finden."

Ich führte sie in den großen Saal, wo seine Skulpturen in Regalen und Vitrinen standen, die besonders großen auf Sockeln im Raum verteilt.

Obwohl ich Theresa bat, nichts zu berühren, strich sie mit den Händen über jede einzelne, die nicht in einem verschlossenen Schrank stand.

Als sie trotz meiner Bitten und Ermahnungen nicht damit aufhörte, schob ich sie zur Tür hinaus und schloss die Tür ab.

Sie sah mich traurig an. „Du bist ein Spielverderber, ich habe mir doch die Hände gewaschen. Ich mache nichts schmutzig oder kaputt. Skulpturen darf man nicht nur mit den Augen anschauen, man muss sie mit den Händen fühlen, um sie richtig zu verstehen. Man muss

Ecken betasten, und die Hände um Rundungen legen, mit den Fingern über glatten oder rauen Stein fahren. Wofür ist eine Skulptur sonst da, wenn man sie nicht erfassen kann?"

„Es geht einfach nicht. Das musst du doch verstehen, dass nicht jeder alles hier anfassen kann. Wie schnell kann da etwas kaputt gehen oder vom ewigen Befassen schmutzig werden. Rossinis Werke sind für die Ewigkeit geschaffen, da muss man sich schon ein bisschen in Acht nehmen."

Theresas Handy klingelte, sie blieb stehen und öffnete die Verbindung.

Ich ging bis ans andere Ende des langen Flurs und wartete, bis sie nach Beendigung des Gesprächs auf mich zukam. An ihrem schnellen Schritt erkannte ich, dass sie aufgeregt war.

„Steht das Angebot mit Sizilien noch?" fragte sie mich aufgeregt.

Ich nickte. „Warum? Was ist passiert?"

„Giorgio! Antonio ist hinter ihm her, er hat sein Versteck entdeckt."

„Wer ist Antonio? Und was bedeutet das jetzt?"

„Antonio ist sein Schwager, Marias Mann. Er will ihn umbringen."

„Das verstehe ich nicht. Wenn er ihn entdeckt hat, warum hat er ihn dann nicht schon längst umgebracht?"

„Ich habe dir doch gesagt, dass du das Ganze nicht verstehen kannst, wie das dort zugeht. Du hast wirklich keine Ahnung, Abigail. Antonio wollte ihn erst einmal festnehmen und in ein eigenes Versteck bringen. Dort wollte er ihn so lange festhalten, bis Giorgio zugegeben hat, dass er Luciana umgebracht hat. Und dann will er ihn natürlich aus Rache töten."

„Aber du hast doch gesagt, dass die ganze Sache nichts mit der Mafia zu tun hat. Das sind aber doch Mafia-

Methoden. Giorgio müsste zur Polizei gebracht werden, die kann dann herausfinden, ob er schuldig ist oder nicht."

„Giorgio hat nichts mit der Mafia zu tun, aber vielleicht Antonio. Oder er hat von der Mafia gelernt. Das weiß ich auch nicht so genau."

„Dann ist es besser, du gehst zur Polizei. Sie werden die Sache schon in die Hand nehmen. Es ist viel zu gefährlich, sich da einzumischen. Du wolltest dich doch auch von dunklen Sachen fernhalten." erinnerte ich sie.

„Ach, Unsinn! Wenn er sich in Haft bei der Polizei befindet, ist er doch nicht sicher. Zu denen kann Antonio seine Leute auch hinschleusen, sogar in die Untersuchungshaft. Nein, das würde auch seinen Tod bedeuten. Und das kann ich nicht zulassen. Also, wie sieht es jetzt aus mit deinen Detektiven? Wir müssen heute noch abreisen. Es eilt."

„Ich weiß nicht, ob wir für heute noch einen Flug bekommen. Und so kurzfristig werde ich auch keinen Detektiv auftreiben können, Rüdiger und Ermanno sind bestimmt nicht gerade heute frei. So etwas sollte man auch in Ruhe planen, Theresa."

Sie schüttelte den Kopf. „Da gibt es nichts zu planen. Wir haben keine Zeit. Sag den beiden Rossinis Bescheid. Ich fahre schon mal zum Rosenturm und packe die Koffer. Sieh zu, dass du die Detektive auftreibst, und dann komm zu mir! Ich werde mir inzwischen noch schnell die Haare rot färben."

***

5. Kapitel

Gegen Mittag landeten wir am anderen Tag auf dem Flughafen Fontanarossa in Catania.

Theresa sammelte ihre Koffer wieder ein. „Das finde ich großartig, dass uns Rossinis Neffe Roberto hier abholt. Überhaupt sehr nett von dem großen Künstler, dass er sich so um eine Unterkunft für uns bemüht hat."

„Ja, sie sind wirklich immer sehr freundlich, Moro und Adelaide, total hilfsbereit. Ich freue mich auch, dass mein Chef mir diese Reise sofort ermöglicht hat, trotz des teuren Flugs. Aber glücklicherweise muss er nicht für die Unterkunft aufkommen, weil Roberto das Fremdenzimmer für uns bereit hat. Jetzt bin ich wirklich nur noch neugierig, ob es einer von den beiden Detektiven schafft, hierher zu kommen und uns zu helfen."

„Wir werden das schon auch allein schaffen, Abigail. Ich habe Giorgio unsere neue Adresse bei Roberto angegeben. Er hat mir versprochen, sich sofort zu melden, wenn er sich wieder ein neues Handy besorgt hat. Zum Glück scheint er an alles zu denken und vorsichtig zu sein."

Hinter der Stadt tauchte die Silhouette des gigantischen Ätna vor uns auf. Ich freute mich an dem Anblick. „Wenn man ihn ansieht, kann man verstehen, dass die Leute früher an Götter geglaubt haben. Er erinnert mich an Hephaistos aus der griechischen Mythologie. Vielleicht haben die alten Griechen ja mehr als nur ein paar Säulen hier gelassen. Eine sehr dramatische Kulisse, die zu der Geschichte Siziliens passt. Und auch zu dieser Mordgeschichte. Hast du denn irgendeine Ahnung, wo sich Giorgio versteckt haben könnte?"

Theresa schüttelte den Kopf. „Ich habe wirklich keine Ahnung. So gut kenne ich ihn ja auch nicht. Er war mein Vermieter und hat dafür gesorgt, dass meine Wohnung in Ordnung war. Er hat sich für meine Kunst interessiert und mich öfter einmal zum Essen eingeladen in verschiedene kleine Restaurants, ansonsten gab es da nichts. Die Wohnung habe ich sofort schriftlich gekündigt, als ich nach Deutschland fuhr. Aber dieses Schreiben hat Giorgio dann gar nicht mehr bekommen, da er ja sofort nach der Tat geflohen ist. Vermutlich ist das Haus als Tatort noch versiegelt. Ich weiß es aber nicht genau, ich bin ja auch kurz nach den Verhören nach Deutschland gefahren. Als man merkte, dass ich nicht einmal als Zeugin infrage komme, hat man mich reisen lassen. Allerdings habe ich der Polizei dort für alle Fälle meinen Aufenthaltsort genannt."

Ich seufzte. „Da hast du nun alles hinter dir lassen wollen, und nun holt dich die Vergangenheit doch wieder ein. Das tut mir leid, denn schließlich wolltest du etwas Abstand haben und dich erholen."

„Ja, gern bin ich wirklich jetzt nicht wieder hier, ich habe keine Lust auf Marias und Antonios Rache wegen meiner angeblichen Mitschuld. Andererseits kann ich Giorgio nicht im Stich lassen, wenn er meine Hilfe braucht. Wir müssen unbedingt den Mordfall so schnell wie möglich aufklären."

Roberto erwartete uns wie verabredet auf den Parkplätzen für Kurzparker. Ich schätzte den kleinen, schwarzhaarigen Mann auf etwa 40 Jahre und entdeckte eine minimale Ähnlichkeit mit Rossini. Die Nasen glichen in der gebogenen Form einander, Robertos war jedoch um einiges kleiner. Sein Gesicht verlor dadurch etwas an Ausdruck.

Rossinis Neffe begrüßte uns mit einer herzlichen Umarmung und hielt uns die Wagentüren auf. Sein Deutsch war fast perfekt und auf der Fahrt durch die Stadt verriet er uns, dass er diese Sprache während seines mehrjährigen Aufenthalts in Köln gelernt hatte und sich sehr für Sprachen interressierte.

Ich hatte Theresa den Platz vorn neben Roberto überlassen und konnte von hinten beobachten, wie sich die junge Frau neben Rossinis Neffen verhielt.

Ihre Stimme wurde eine Spur samtiger, und wenn sie den Kopf zur Seite drehte, leuchteten ihre Augen.

Im Vorbeifahren sahen wir die Piazza Del Duomo, den Domplatz und den Elefantenbrunnen, das Wahrzeichen der Stadt Catania.

Die beiden Insassen vorn hatten dafür momentan keinen Blick übrig.

Roberto wandte sich an Theresa. „Mein Onkel hat mir alles erzählt, jedenfalls alles, was er wusste. Ich biete dir ganz privat meine Hilfe an, und du kannst sicher sein, dass ich nichts an andere verrate, von dem, was du mir anvertraust."

„Das musst du mir auch versprechen, Roberto. Es steht alles auf dem Spiel: das Leben von Giorgio und vielleicht auch mein Leben. Ich habe mir extra die Haare rot gefärbt, damit man mich nicht wiedererkennen kann. Mit den blonden Haaren sah ich völlig anders aus. Auch mit einer anderen Schminke habe ich mein Aussehen total verändert. Ich muss hier unbedingt unentdeckt bleiben."

Roberto nickte. „Dafür werde ich schon sorgen. Ich wohne etwas außerhalb, und keiner kann sehen, wen ich in mein Haus lasse. Auch ist mein Garten von einer kleinen Mauer umgeben, sodass man nicht hineinsehen kann. Er ist also das ideale Versteck. Aber ich habe auch eine Bitte an dich: Ich hätte gerne eine Liste von allen Personen, die in irgendeiner Weise verdächtig sind."

Theresa dachte nach. „Leider kannte ich auch nicht alle Leute aus dem Kreis von Luciana und Giorgio. Aber ein paar fallen mir doch ein. Da gibt es zum Beispiel einen Briefträger, der muss mehrmals Post unterschlagen haben, und Luciana wollte ihn, glaube ich, anzeigen. Antonio, der Mann von Lucianas Schwester Maria war auch immer mehr als freundlich zu seiner Schwägerin. Möglicherweise wollte er doch mehr von ihr, und sie hat ihn vielleicht abgewiesen. Falls das sein Stolz nicht vertragen konnte, hätte er auch ein Motiv gehabt. Und dann gab es da noch den Rechtsanwalt Gianni, mit dem sie wegen einer Erbsache Streit hatte. Den würde ich auch nicht ausschließen."

Roberto nickte anerkennend. „Da hast du ja schon eine schöne Liste zusammengestellt. Weißt du auch, was das für eine Erbangelegenheit war?"

Theresa schien zu überlegen. „Ich glaube, sie hat mal eine alte Dame gepflegt, die ihr etwas vermachen wollte. Das stand wohl auch in einem Testament. Nach dem Tod dieser alten Dame, war dieses Testament allerdings verschwunden, und die Nichte hat alles geerbt. Sie war dann bei diesem Gianni, der ihr helfen sollte. Er muss sich aber auf die Seite dieser Nichte geschlagen haben, die ihn offenbar gut belohnt hat. Daraufhin hat sie, Luciana, Giannis Frau verraten, wer seine Geliebte war, und ich glaube, dass ist bei Gianni nicht so gut angekommen."

„Oh, das ist aber alles sehr aufschlussreich. Kennt die Polizei denn all diese Verdächtigen?"

„Ja, ich denke schon. Ich selbst habe ihnen auch ein paar Namen genannt. Aber wie es scheint, haben alle ein Alibi."

„Alibis kann man auch kaufen", wusste Roberto.

Er lenkte den Wagen in westlicher Richtung aus der Stadt. Kleine, weiße Häuser säumten die Straße, sie reflektierten das Licht in einer zauberhaften Weise, so wie ich es von einigen Bildern von Rossini kannte.

„Du hast einen wunderbaren Fahrstil, Roberto", lobte ihn Theresa. „Nicht so rasant und gefährlich, wie ich ihn von meinen übrigen italienischen Freunden kenne."
„Mit Damen im Auto bremse ich mich immer etwas", meinte er grinsend.

Mehrmals bog er in Seitengassen ein, bis er vor einem kleinen gelblichen Gebäude mit einem hellroten, heruntergezogenen Dach anhielt.

„Wir sind da." Er reichte Theresa den Schlüssel. „Geht schon einmal rein, ich fahre den Wagen gerade noch in die Garage." Höflich half er uns beim Aussteigen und lud das Gepäck aus.

Nachdem er meinen Koffer aus dem Wagen gehoben hatte, sah er mich freundlich an mit Rossinis dunklen Augen. „Mein Onkel hat mir erzählt, dass ihr euch alle so gut versteht, lass uns Du zueinander sagen. Theresa und ich haben das schon ganz automatisch getan. Wenn man sich sympathisch ist, dann sollte man das gute Verständnis damit unterstützen."

Ich nickte. „Das können wir gern tun, ich habe schon einige Ähnlichkeiten zwischen dir und Rossini entdeckt. Du hast seine Augen und in etwa seine Nase."

Roberto grinste. „Die Nase ist das Markenzeichen in unserer Familie, eine schöne große, fast indianische Nase. Wir haben alle einen guten Riecher", scherzte er und stieg in das Auto, um es in die Garage zu fahren.

Aus der Wärme heraus traten Theresa und ich in den kühlen Hausflur.

„Die Wände sind in diesen alten Häusern sehr dick, da sind sie im Innenraum angenehm erfrischend", bemerkte meine Mitreisende.

„Man sieht diesen Häusern gar nicht an, dass sie schon alt sind. Eigenartig", wunderte ich mich.

„Das liegt an der Farbe", wusste Theresa. „Deswegen bekomme ich meine Farben zum Malen auch immer von ganz besonderen Herstellern. Kaum bin ich hier auf Sizilien, fühle ich schon wieder in mir eine Lust zum Malen."

„Das freut mich. Dann hat unsere Reise auch noch diesen guten Zweck erfüllt. Der Süden inspiriert viele Künstler."

Nach wenigen Augenblicken hatten sich meine Augen an das Halbdunkel des großen Raumes gewöhnt. Er war einfach, aber geschmackvoll eingerichtet. Vor den weißen Wänden standen dunkle, antike Möbel, in der Mitte des Raumes deckte ein großer in Rottönen gehaltener Teppich den Boden. Eine helle Sesselgruppe vor einem Kamin lud zum Entspannen ein. Theresa betrachtete ein Landschaftsbild, das neben dem Kamin hing.

„Das ist aber nicht von Rossini gemalt", vermutete sie.

„Da hast du ganz Recht", stimmte ihr Roberto zu. „Es ist ein altes Erbstück von meinen Urgroßeltern. Das Malen liegt wohl in unserer Familie."

Er bat uns, erst einmal Platz zu nehmen. „Auspacken könnt ihr später, jetzt müsst ihr euch erst einmal etwas erfrischen."

Dazu servierte er uns frische Zitronenlimonade, die er selbst hergestellt hatte.

„Bevor ihr dann irgendetwas unternehmt, müssen wir einen Plan machen. Und vor allen Dingen macht bitte nichts ohne mich. Das wäre zu gefährlich."

Ich hatte eine Idee. „Theresa sollte sich besser, so weit wie möglich, im Hintergrund halten. Man erkennt sie zwar nicht auf den ersten Blick, aber es gibt auch Menschen, die hinter solche Verkleidungen schauen können, beim zweiten Blick. Die Kontakte mit den Verdächtigen sollte ich am besten herstellen. Mich kennt hier keiner. Eine Verbindung zu dem Rechtsanwalt könnte ich leicht knüpfen, ich kann ihn um Rat fragen wegen irgendeines fingierten Rechtsfalles, da fällt mir schon etwas ein."

Theresa hob das Glas und atmete den Duft der Limonade ein. „Wundervoll", schwärmte sie. Dann nahm sie einen kleinen Schluck und verdrehte die Augen. „Wahrhaft ein Gedicht, dieses Getränk! Man hat das Gefühl, in eine süße Zitrone zu beißen." Sie befeuchtete ihre Lippen mit der Zunge. „Was für ein Genuss!"

Roberto beobachtete sie überrascht und aufmerksam. „Danke für das Kompliment. So mache ich sie schon immer. Es ist ein altes Familienrezept."

Theresa schlürfte einen zweiten Schluck. „Man spürt beim Trinken, dass man etwas zu sich nimmt, das einem gut tut."

Robertos Interesse an ihr schien nun endgültig geweckt zu sein. Sein Blick glitt vom Gesicht aus über ihren ganzen Körper, seinem lächelnden Gesichtsausdruck nach schien ihm zu gefallen, was er sah.

„Dann wünsche ich dir „Salute", lass es dir schmecken! Ich habe noch genug davon, du musst nicht sparen."

Sie lächelte ihn an. „Oh, nein, das ist kein Sparen. Ich genieße diese Limonade. Ich nehme kleine Schlucke, damit ich mehr davon habe. Alles das, was man isst und trinkt, kann Balsam für die Seele sein, wenn es gut ist. Ich hoffe, ich langweile dich damit nicht so sehr. Tut mir leid, aber ich habe meine eigenen Anschauungen. Ich lebe ganz intensiv, weil ich möglichst oft versuche, mit all meinen Sinnen zu leben."

„Das ist doch nicht langweilig", ergriff er für sie Partei. „Eigentlich sollte jeder Mensch so leben. Mach es dir nur hier richtig bequem in der Zeit, während du hier bist!"

„Sie ist wirklich gut, deine Limonade, Roberto", mischte ich mich ein. „Meinst du, ich kann mir gleich schon einmal das Haus ansehen, in dem der Mord geschah? Es gibt da so eine Theorie von den Tätern, die an den Ort ihrer Tat zurückkehren. Ich würde mir gern ein Bild von allem machen, damit ich möglichst bald mit den Recherchen loslegen kann."

„Das hat Zeit bis morgen", beruhigte mich Rossinis Neffe. „Jetzt könnt ihr euch erst einmal ausruhen von eurer Reise."

Mit einem Summton meldete sich Theresas Handy. „Es ist eine Kurznachricht", teilte sie uns mit. „Von Giorgio. Er hat Antonio erst einmal abgehängt. Es ist übrigens ein anderer Antonio. Nicht Lucianas Schwager, sondern irgendein Cousin. Aber natürlich ist er dennoch nicht in Sicherheit. Ich soll erst einmal nichts unternehmen, er will sich wieder melden."

„Na siehst du", wandte sich Roberto an mich. „Du musst dir keine Hektik machen. Wir können alles in Ruhe überlegen und planen. Wir dürfen da keine Fehler machen. Ja, die Idee, den Rechtsanwalt um Rat zu fragen, ist gut. Wie wir uns an den Briefträger heran machen sollen, weiß ich im Moment noch gar nicht. Wie wir an Maria herankommen können, da ist mir schon etwas eingefallen. Sie könnte zu dem Kreis der Frauen gehören, die sich dort in dem Viertel immer zu einem Frauennachmittag treffen. Davon habe ich nämlich gehört, das hat eine Lehrerin dort eingeführt. Und es stand einmal etwas in der Zeitung darüber. Wenn du, Abigail, als Journalistin in diese Gruppe gehst und behauptest, etwas über sie in der Zeitung schreiben zu wollen, dann heißen sie dich bestimmt Willkommen. Ich werde also versuchen bis morgen herauszubekommen, ob Maria in dieser Gruppe ist."

„Das ist eine super Idee. Bist du aber sicher, dass sie mich als Fremde einfach in die Gruppe hineinsehen lassen? Ich bin Ausländerin."

„Keine Sorge! Diese Lehrerin ist eine sehr fortschrittliche und emanzipierte Frau. Sie ist offen und tolerant. Sie weiß, was sie will und hat die ganze Gruppe schon zu außergewöhnlichen Hobbys motiviert. Sie ist bestimmt daran interessiert, dass über ihre Tätigkeit geschrieben wird."

Ich freute mich. „Fein, dann haben wir da schon einen Ansatzpunkt. Sollte ich mich in das Vertrauen von Maria einschleichen können, sind wir dort natürlich an der Quelle. Sie weiß sicherlich über das Leben ihrer Schwester sehr viel und kann mir noch Informationen geben über andere Menschen, die eventuell verdächtig sind."

„Ich bin müde", verkündete Theresa. „Ich werde mich jetzt ein Stündchen hinlegen und ausruhen. Kannst du mir bitte mein Zimmer zeigen, Roberto?"

Sofort sprang er auf, packte ihre Koffer und bat uns, ihm in das Seitenhaus zu folgen, in das eine schmale, sehr niedrige Tür führte.

„Ein Anbau", erklärte er uns. „Und lass bitte dein Gepäck noch stehen, Abigail. Ich hole es gleich nach."

Er führte uns zu zwei kleinen Zimmern, in denen lediglich ein einfaches Bett, ein kleiner Schrank und ein Tisch mit einem Stuhl standen. Die winzigen Fenster waren vergittert.

„Hat diese Maßnahme an den Fenstern eine tiefere Bedeutung?" fragte ich Roberto.

Er nickte. „Ja, meine Schwester wohnte vorher auch mit hier. Ihre beiden wilden Kinder haben oft versucht, nachts durch die Fenster hinauszuklettern. Da haben wir sie kurzerhand vergittern lassen. Inzwischen sind sie aber groß und selbstständig und müssen nicht mehr unter Aufsicht stehen. Später wohnte noch einmal meine Schulfreundin Marisa in diesem Zimmern. Ihr werdet sie auch noch kennen lernen. Keine Angst, sie ist total verschwiegen und ich vertraue ihr blind. Sie wohnt jetzt nebenan."

„Und warum wohnt sie jetzt nicht mehr hier bei dir?" erkundigte sich Theresa.

„Es war zu kompliziert. Sie ist für mich nur eine gute Freundin aus Kinderzeit, so wie eine Schwester. Aber von ihrer Seite aus war es mehr. Sie glaubte, ich sei ihre große Liebe, aber ich glaube, sie bildete sich das nur ein. Jedenfalls konnten wir nach ihrem Geständnis nicht mehr unbefangen in einem Haus wohnen, da zog sie dann nach nebenan zu ihrer Schwester, die aber inzwischen verstorben ist. Da hat sich nun unser Verhältnis wieder normalisiert, sie hat mir jedenfalls versichert, dass sie mich nur noch als guten Freund sieht."

„Hast du ihr von mir erzählt?" wollte Theresa wissen.

„Ich habe ihr nur erzählt, dass ich Besuch bekomme von zwei netten jungen Freundinnen meines Onkels Moro. Mehr habe ich noch nicht verraten. Ich wollte das erst mit euch absprechen, denn falls wir noch Hilfe brauchen, wie gesagt, sie ist sehr verschwiegen."

„Gut, Roberto. Dann bin ich hier auf Sizilien offiziell nur noch die Susi. Aber bevor wir dieser Marisa irgendetwas erzählen, werde ich sie mir erst einmal gründlich ansehen. Ich habe eine gute Menschenkenntnis und ein Gespür für das, was echt ist und was nicht. Und falls ich grünes Licht gebe, können wir sie einweihen. Aber jetzt brauche ich dringend etwas Ruhe und Entspannung für mich. Wir sehen uns dann später."

Sie schenkte Roberto noch einen langen, verheißungsvollen Blick.

***

6. Kapitel

Die Gelegenheit, Marisa kennen zu lernen, ergab sich schon am Nachmittag, nachdem wir mit Roberto einen kleinen Imbiss eingenommen hatten. Zu einer Pasta mit Meeresfrüchten hatte er uns sizilianischen Rotwein serviert, von dem wir nur wenige Schlucke genossen, da er Theresa und mir sehr stark erschien.

Wir hatten gerade das Geschirr abgeräumt, als wir von der Tür her ein Klopfzeichen hörten.

„Das ist Marisa", erkannte Roberto das Klopfsignal und öffnete die Tür für eine sehr hübsche, schwarzgelockte Italienerin, die sich uns freundlich näherte.

Er stellte uns gegenseitig vor und verschwand in der Küche, um einen Espresso zuzubereiten.

„Entschuldigung, mein Deutsch ist nicht besonders gut. Ich war früher einmal zwei Jahre bei einer Tante in München, da habe ich es ein wenig gelernt", teilte uns Marisa mit.

Wir versicherten ihr, dass ihr Deutsch sehr gut sei und wir sie gut verstünden.

Sie nahm neben uns in einem der hellen Sessel Platz.

„Es war sehr schön in München. Ich hätte auch dort bleiben können, aber ich hatte Heimweh, ich bin sehr verwurzelt mit dieser Stadt."

„Das kann ich sehr gut verstehen", versicherte ich ihr.

„Ich war zwar noch nicht oft auf Sizilien, aber es hat mich gleich von Anfang an fasziniert."

„Ich finde es überall auf der Welt schön", verriet uns Theresa, alias Susi. „Diese Atmosphäre hier hat viel Intuition, aber auf Dauer wäre mir die Nähe des Ätna doch zu bedrohlich."

Um keinen Fehler zu begehen, beschloss ich, Theresa auch in Gedanken nur noch Susi zu nennen, obwohl dieser Name, wie ich fand, nicht im Geringsten zu ihr passte.

„Ach, so gefährlich ist er doch auch nicht mehr, jedenfalls nicht für die Menschen von Catania", glaubte ich.

Marisa wusste es besser. „Der Ätna ist völlig unberechenbar. Und er bricht öfters aus, als man denkt, das ist dann auch meist mit Erdbeben verbunden, die viel Schaden anrichten. Das letzte Mal ist er ausgebrochen am 24. Dezember 2018. Der Flugverkehr hier musste gestoppt werden und die Erdbeben hielten auch noch am 26. Dezember an. Da gab es wieder einige Schäden."

„Solche Tage können für sensible Menschen sehr intensiv sein, und auch Tiere werden unruhig", meldete sich Susi. „Haben Sie etwas davon gespürt, Marisa?"

„Ach, ich bin daran gewöhnt. Wenn Sie hier länger bleiben, werden Sie sich auch daran gewöhnen", vermutete sie. „Ich schlage vor, dass wir Du zueinander sagen."

„Gern", stimmte ihr Susi zu, und ich nickte.

Roberto brachte den Espresso in kleinen Tassen und eine Schale mit Gebäck, die er auf den Tisch stellte.

„Wie ich sehe, habt ihr euch schon miteinander angefreundet. Das ist schön, dann können wir einiges gemeinsam unternehmen, und Marisa kann euch ein wenig unterhalten, denn ich muss gleich zum Dienst. Bei der Polizei scheint man mich noch eine ganze Weile zu brauchen."

„Ich werde mich schon um deine Gäste kümmern, Roberto", versprach Marisa.

Nachdem wir ihn an der Tür verabschiedet hatten, machten wir es uns wieder in der Sitzecke bequem.

„Als ich in München war, habe ich gehört, dass sehr viele Polizistenehen geschieden werden. Hier ist das noch nicht so", teilte uns Marisa mit.

„Bist du wegen Roberto wieder nach Catania gekommen?" erkundigte sich Susi geradeheraus.

Verlegen schwieg sie einen Augenblick. „Ja, zu der Zeit war ich noch sehr in ihn verliebt. Aber ich weiß inzwischen, dass das nicht auf Gegenseitigkeit beruht. Und jetzt bin ich froh, ihn als guten Freund zu haben. Das ist doch sehr viel wert."

Susi beobachtete Marisas Gesichtsausdruck. „Das stelle ich mir sehr schwer vor, in jemanden verliebt zu sein, und dann alles auf Freundschaft herunterzuschrauben. Wie hast du das geschafft?"

„Roberto ist ein besonderer Mensch. Er ist für mich sehr wichtig, da möchte ich ihn nicht verlieren. Also musste ich hart zu mir selbst sein, aber es geht, wenn man will. Ich will ihm auch keine Scherereien machen. Schließlich ist es stressig und gefährlich bei ihm im Dienst. Was da so alles passiert! Er darf mir ja nichts erzählen, aber manchmal bekommt man doch einiges mit. Man liest es in der Zeitung, man hört es auf der Straße, dann unterhalte ich mich mit ihm, und manchmal höre ich dann doch noch etwas mehr aus seiner Stimme heraus."

„Passiert denn hier sehr viel? Ist die Kriminalitätsrate hier sehr hoch?" erkundigte sich Susi. „Weißt du, dass du wunderschöne Hände hast, Marisa?"

Sie beugte zu ihr herüber, nahm ihre rechte Hand in ihre linke und strich vorsichtig mit dem Zeigefinger ihrer rechten Hand über Marisas Handrücken. „Schau nur, du hast die Hände eines Engels."

Marisa sah sie irritiert an. „Da habe ich noch nie so drauf geachtet, ob meine Hände schön sind. Ja, also, es passiert hier nicht mehr und nicht weniger, als in anderen Großstädten, denke ich. In die Zeitung kommen ja nur die bedeutenden Kriminalfälle. Was sonst so alles geschieht, darüber bin ich gar nicht gut informiert. Roberto kennt die Statistiken besser als ich."

Susi hielt Marisas Hand immer noch fest. „Und Mordfälle der Mafia? Ist so was hier noch üblich?"

„Ich weiß nicht so recht. Davon habe ich bis jetzt noch nicht viel mitbekommen. Ich erinnere mich nur an den letzten Mordfall, der hier vor sechs Wochen geschah. Da hat einer nachts im Schlaf seine Frau erschossen und ist bis heute noch auf der Flucht."

„Da haben wir ja Glück, dass unsere Fenster hier vergittert sind", scherzte Susi. „War der Fall auch in der Zeitung? Oder hat er sich so im Ort herumgesprochen?" Sie ließ Marisas Hand los.

„Solch ein Fall steht doch sicher in der Zeitung", mischte ich mich ein. „Das ist doch etwas für die Klatschpresse. Und in so einem Fall scheint es mir auch sinnvoll zu sein, dass man in der Zeitung etwas darüber berichtet. Vielleicht hat manch ein Leser nützliche Gedanken oder Informationen dazu."

Marisa nahm ein Plätzchen aus der Schale und knabberte daran. „Ich lese nicht so viel Zeitung, eine Arbeitskollegin im Kindergarten hat mir davon erzählt. Ich hoffe, dass die Polizei den Mörder bald schnappt. Wie hinterhältig, seine Frau im Schlaf zu ermorden, nur, weil er eine Geliebte hat! Viele Männer haben eine Geliebte neben ihrer Frau. Da muss er schon ein ganz krimineller Typ sein, wenn er sie nicht nur betrügt, sondern sie auch umbringt."

„Sind solche Geschichten nicht schon öfters passiert? Ein Mann will seine Frau loswerden, weil er eine Geliebte hat?" warf ich in den Raum.

Marisa schüttelte den Kopf. „Aber nein. Wenn ein Mann sich für eine Frau entschieden hat, dann übernimmt er für sie Verantwortung. Eine Geliebte nebenbei zu haben, das ist nichts Besonderes, es gehört in manchen Ländern sogar zum guten Ton. Aber eine Geliebte heiraten zu wollen, ist oft dumm. Denn sobald sie zur Ehefrau wird, kann sie auch recht schnell langweilig werden. Wozu also dann das ganze Theater?"

Ich staunte. „Aus der Sicht habe ich das Ganze noch gar nicht betrachtet. Da ist etwas Wahres dran. Aber wenn er sie natürlich unbedingt heiraten wollte, aus was für einem Grund auch immer, dann war ihm die Ehefrau natürlich im Weg. Besonders, wenn sie nicht in die Scheidung einwilligte."

„Und wenn nun irgend ein anderer einen Hass auf diese Frau gehabt hat?" wandte sich Susi an Marisa.

Wieder schüttelte die hübsche Italienerin den Kopf. „Das kann ich mir nicht vorstellen. Wer sollte das gewesen sein? Sie soll eine sehr nette Frau gewesen sein, und keiner weiß etwas von Feinden. Ich bin froh, wenn sie den Mörder endlich gefasst haben. Denn wer so etwas einmal tut, schreckt auch beim zweiten Mal nicht davor zurück."

„Aber wenn es eine Beziehungstat war, und diese Frau vielleicht ihren Mann so lange gequält hat, bis er durchdrehte, dann besteht kein Grund, warum er es ein zweites Mal tun sollte", meinte Susi.

Auch mir fiel dazu etwas ein: „Wer einmal die Hemmschwelle überschreitet, der kann es auch ein zweites Mal. Und wer einmal ein Problem mit Gewalt gelöst hat, schreckt auch vielleicht beim zweiten Mal nicht davor zurück, Gewalt anzuwenden."

Marisa griff erneut zu einem Keks. „Ich halte jedenfalls die Augen auf. Sein Steckbrief ist ja überall zu sehen.

Er gehört so schnell wie möglich hinter Gitter. Aber jetzt lasst uns das Thema wechseln, ihr seid ja schließlich nicht hier, um euch Angst zu machen. Sagt mir lieber, was ich euch für heute Abend kochen soll. Denn Roberto kommt erst ziemlich spät von seinem Dienst. Da schlaft ihr sicher schon."

„Du bist ein Engel!" Susi sah die Italienerin liebevoll an. „Aber du musst dir nicht solche Arbeit für uns machen! Wir sind doch schon große Mädchen und können uns selbst etwas kochen."

„Das kommt gar nicht infrage", wehrte sich Marisa. „Meine Pizza ist weltberühmt. Mögt ihr Pizza?"

Wir nickten beide. „Ich liebe diesen Duft", fügte Susi hinzu. „Aber dann wollen wir dir unbedingt helfen. Gibt es dabei irgendein Gemüse, das man zuschnippeln kann?"

Marisa lachte. „Nein, hier ist die Pizza nicht so wie in Deutschland. Bei uns kommt kein Gemüse drauf. Käse und Tomate und vielleicht etwas Wurst und ein paar Oliven. Aber ihr werdet sehen, sie schmeckt viel besser als in Deutschland. Ich brauche eure Hilfe aber wirklich nicht. Ihr solltet ein bisschen spazieren gehen und euch die Gegend angucken."

Susi verzog das Gesicht. „Ich habe ein bisschen Hautprobleme im Augenblick, da wollte ich nicht gleich in die pralle Sonne. Ich gewöhne mich lieber langsam an dieses Licht. Vielleicht kann ich mich ja sonst irgendwie nützlich machen. Irgendetwas hast du doch bestimmt für mich zu tun."

Marisa lachte. „Da muss ich etwas für dich suchen. Und wie steht es mit dir, Abigail? Willst du dir wenigstens ein bisschen die Gegend ansehen?"

„Wenn ich dir nichts helfen kann. Was meinst du dazu, Susi? Brauchst du mich hier?" wandte ich mich an die Künstlerin.

„Nein. Ich fühle mich hier bei unserer netten Gastgeberin sehr wohl. Es schadet nichts, wenn du schon mal etwas von der Gegend siehst. So etwas sieht man schließlich nicht alle Tage. Genieße also den Blick auf den geheimnisvollen Ätna und die wilde Landschaft um ihn herum."

„Du kannst mein Auto nehmen, wenn du willst", schlug mir Marisa vor.

„Willst du es mir wirklich anvertrauen?" staunte ich.

Sie lachte. „Wenn euch Roberto hier aufnimmt, dann seid ihr schon in Ordnung. Und außerdem ist es eine alte Karre, die fast schon zusammenfällt. Wenn du damit irgendwo aneckst, fällt das gar nicht auf."

Sie holte den Schlüssel aus ihrer Handtasche und reichte ihn mir.

„Dann ab in die Nachmittagssonne mit dir", riet sie mir fröhlich. „Du wirst alles hier lieben lernen."

***

7. Kapitel

Ich steuerte den alten Fiat über Paternò und Biancavilla nach Adrano an die Grenze des Parco del Ätna, dem Naturschutzgebiet, das die Krater des Vulkans umgab. Hier parkte ich den Wagen in einer kleinen Seitenstraße und wanderte zu Fuß eine Weile am Hang des Berges entlang.

Ich versuchte, mich an Susis Betrachtungsweise zu erinnern, schloss kurz die Augen und atmete die Luft ein. Sie duftete nach einer Mischung aus Meeresbrisen und den Schwefelgasen des Vulkans. Mit geöffneten Augen hob ich ein paar Steine auf, ließ sie dann mit geschlossenen Augen durch meine Finger gleiten. Die braunen Stückchen fühlten sich an wie trocken gewordener Kuchen. Als sie in meiner warmen Hand lagen, schienen sie lebendig zu werden und das Blut in meiner Hand zu beleben. Was für ein Gestein!

Was für ein eigenartiges Gefühl, dicht unter sich das heiße Magma zu wissen, hier pulsierte die Erde. Meine Gedanken schweiften ab zu der Mordgeschichte. Ob sich die Unruhen eines Ausbruchs tatsächlich auch auf Menschen auswirkten? Merkwürdig, der letzte Ausbruch war am 24. Dezember gewesen, der Mord in Catania aber erst am 24. Juni 2019. Was sollte es da für einen Zusammenhang geben?! Sicher war das ein Aberglaube, der nicht durch die Realität unterstützt wurde.

Ich betrachtete den Gipfel, hinter dem die Krater steckten: Feiner gelber Rauch zog wie ein schmales Band hoch in den Himmel. Wie ein lauernder Riese baute sich das Gestein über mir auf. Wann holte er wieder aus zum nächsten Schlag? Wie würde man seinen Zustand im heutigen Computerzeitalter nennen? Ganz eindeutig: Er lag im „Stand by", wartend und drohend.

Hier am Fuß des Ungeheuers brauchte man wohl eine ganze Menge von Schutzengeln. War es da ein Wunder, dass es hier so viele gläubige Menschen gab?

Ich drehte um und ging nachdenklich zurück. Marisas Auto hatte brav gewartet und trug mich zurück nach Paternò, wo ich das Castello Normanno besichtigte, das mich wegen seiner Schlichtheit beeindruckte.

Ich fuhr einen kleinen Schlenker durch die Stadt, hielt in der Nähe der Kirche Madonna del Riposo den Wagen an. Sie lag versteckt zwischen unscheinbaren Häusern, betörte mich ebenfalls durch ihre Schlichtheit. Einige Minuten verweilte ich im Inneren des Gebäudes und genoss die kühle Atmosphäre um mich herum. Nachdem ich eine Kerze angezündet und mich eine

Weile entspannt und ausgeruht hatte, machte ich mich auf den Rückweg.

Ich fühlte eine Zuversicht in mir, die mir sagte, alles im Leben hat seinen Sinn, alles fügt sich, und hoffte, auf dem richtigen Weg zu sein.

Susi und Marisa erwarteten mich bereits.

„Gut, dass du kommst", begrüßte mich die hübsche Italienerin. „Ich weiß doch, dass ihr in Deutschland immer so früh zu Abend esst, deshalb habe ich die Pizza schon in den Ofen geschoben."

Ich lachte. „Das wusste ich schon, es duftet durch das ganze Haus. Schon als ich hereinkam, habe ich es bemerkt. Ratet einmal, wo ich gewesen bin!"

Marisa überlegte. „Die meisten Touristen beginnen mit einem Ausflug an den Strand oder zu unseren berühmten Elefantenbrunnen. Liege ich da richtig?"

Susi dachte ebenfalls nach. „Kann es sein, dass du einen Rechtsanwalt aufgesucht hast, weil du ja vorhast, dir hier ein Ferienappartement zu kaufen?" Sie zwinkerte mir bedeutungsvoll zu.

„Ihr liegt beide weit daneben. Das Meer ist an einem anderen Tag dran, und auch den Rechtsanwalt, der mir ein paar Ratschläge geben soll, den werde ich an einem anderen Tag aufsuchen. Heute hat mich der Berg gerufen, und ich finde ihn sehr beeindruckend und majestätisch."

„Nicht wahr?" freute sich Marisa. „Es geht eine magische Ausstrahlung von ihm aus, wie von der Station einer Fernsteuerung. Ich war erst neulich mit meiner Gruppe aus dem Kindergarten dort. Die kleinen Kinder haben da noch ein besonderes Gespür dafür. Mehrere Kinder haben zu dem Berg gesprochen wie zu einem Menschen. Wir sind eben ganz klein in der Natur."

„Es klingt wie Aberglaube, aber ich weiß, wie du es meinst", gab ich ihr zu verstehen.

„Ja, das hat nichts mit meinem Glauben zu tun. Ich glaube an Gott, und ich glaube an die Engel. Dennoch hat uns Gott in die Hand der Natur gegeben, das spürt man nirgends mehr als auf dem Meer und in den Bergen, und besonders in der Nähe eines Vulkans."

„Mir gefällt es überall", fügte Susi hinzu.

Gemeinsam deckten wir den Tisch, Marisa brachte die Pizza, Wein und Wasser dazu, und kurze Zeit später nahmen wir Platz und widmeten uns dem Abendessen.

Inzwischen kannte ich schon dieses Ritual, das Susi beim Essen vollzog: erst die Augen schließen und den Duft einatmen, dann einen kleinen Bissen vom Essen in den Mund nehmen und mit geschlossenen Augen auf der Zunge zergehen lassen, probieren und noch einmal probieren. Und jeden Bissen bis zuletzt langsam genießen.

Marisa freute sich. „So macht das Kochen noch mal so viel Spaß, wenn man für jemanden kocht, der es auch zu schätzen weiß, der nicht alles einfach herunterschlingt, der nicht nur isst, um satt zu werden."

„Es schmeckt fantastisch", beeilte ich mich zu sagen.

„Hast du schon einen bestimmten Anwalt gefunden?" erkundigte sich die attraktive Italienerin.

Susi gab mir mit dem Fuß unter dem Tisch einen Warnstubser. „Ach ja", verkündete sie fröhlich, „da haben wir uns vorneweg schon erkundigt und uns auf Empfehlungen einen Gianni Pozzo ausgesucht. Der scheint ganz gut zu sein."

„Dann ist es ja gut", freute sich Marisa. „Sonst hätte ich euch einen empfohlen. Ich kenne nämlich auch einen sehr guten hier in Catania. Ich dachte nur, weil ihr nicht von hier seid, ihr wüsstet noch keinen."

„Oh, das ist lieb von dir, danke! Ich hätte mich auch sonst ganz bestimmt an dich gewandt", versicherte ich ihr.

Als ich vom Wein probierte, ertappte ich mich dabei, mit geschlossenen Augen den Geschmack im Mund zu überprüfen und stellte fest, dass es sich lohnte, sich dem Essen und dem Trinken mit mehr Ruhe hinzugeben.

Marisa hatte bald ein Gesprächsthema gefunden, bei dem ihre Augen leuchteten. Sie erzählte kleine Geschichten aus ihrer Tätigkeit mit den Kindern des Hortes, in dem sie an fünf Tagen in der Woche arbeitete. Es machte ihr sichtlich Spaß, die Kleinen in den ersten Jahren ihres Lebens zu begleiten und sie ein wenig vorzubereiten auf den Ernst des Lebens.

Als es dämmrig wurde, verabschiedete sie sich von uns und versprach uns, am nächsten Nachmittag wieder zu kommen.

„Geht ruhig schon schlafen", empfahl sie uns noch einmal an der Tür. „Bei Roberto wird es spät. Schlaft gut, und bei meiner Tante habe ich gelernt: Was man in seiner ersten Nacht an einem fremden Ort träumt, das wird wahr."

Mit ihrer ersten Behauptung hatte sie nicht Recht, Roberto erschien schon eine Stunde später in unserer neuen Herberge.

„Ich habe mit einem Kollegen getauscht und schon jetzt Feierabend gemacht.

Schließlich kann ich euch beide nicht den ersten Abend hier allein lassen. Ich möchte außerdem nicht unbedingt ein größeres Risiko eingehen als nötig. Ich will so oft wie möglich hier sein. Auch morgen werde ich nur nachmittags ein paar Stunden fort sein. Und ich arbeite noch an einer besseren Lösung."

Susi umarmte ihn und küsste ihn auf die Wange. „Das ist total lieb von dir. Wie soll ich dir das nur danken? Ich glaube aber, du machst dir zu viel Sorgen um uns. Ich gehe nicht raus, ohne es dir vorher zu sagen, das verspreche ich dir. Hier drinnen sieht mich keiner und Abigail kennt keiner. Sie sieht aus wie eine ganz normale Touristin, davon gibt es hier massenhaft."

Nachdem sich Roberto in der Küche an Marisas Pizza bedient hatte, öffnete er eine neue Flasche Wein und setzte sich zu uns an den Kamin.

„Ich habe noch einmal mit einem Kollegen von der Kripo über den Mordfall gesprochen. Es sind sich dort alle sicher, dass es Giorgio gewesen sein muss. Es gibt keine fremden Fingerabdrücke, nirgends und auch keine anderen Spuren. Natürlich, der Mörder könnte Handschuhe getragen haben. Aber es gibt auch keine Einbruchspuren. Wenn die beiden im Bett schliefen, wer hat dann dem Mörder die Tür aufgemacht? So ist der augenblickliche Stand der Ermittlungen bei der Kriminalpolizei. Als ich sie auf die anderen Personen ansprach, die eventuell ein Motiv gehabt hätten, Luciana umzubringen, meinten sie, ihre Alibis seien absolut hieb- und stichfest. Wir stehen also mit unseren Recherchen erst einmal allein auf weiter Flur. Aber ich werde euch helfen. Hat sich Giorgio noch einmal gemeldet, Susi?"

Sie schüttelte den Kopf. „Leider nicht. Aber er kann sich auch nicht zu oft melden, damit lockt er auch seine Verfolger an. Ich habe auch nicht die geringste Ahnung, wo er sich im Augenblick befindet. Bei einem früheren Anruf hatte er mir erklärt, dass er nicht aus Sizilien herauskomme, die Häfen würden kontrolliert, die Fähren, die Flughäfen und sogar die Züge. Und zum Schwimmen sei die Straße von Messina zu breit."

„Für ganz unmöglich halte ich das nicht", überlegte Roberto. „Wenn er sich irgendwo ein kleines Motorboot klaut und damit vielleicht erst mal nach Stromboli oder zu einer anderen Insel fährt, dann könnte ihm eine Flucht gelingen."

„Er hasst das Meer", wusste Susi. „Einer seiner Brüder ist im Meer ertrunken. Natürlich überwindet man seine Ängste in der größten Not. Aber ich finde es unwahrscheinlich."

„Genau genommen kann er überall sein", überlegte Roberto. „Er könnte schon längst per Anhalter in einem Touristenauto aufs Festland gefahren sein. Er kann sich in ein Transportauto hineingeschmuggelt haben. Wirklich, es ist alles möglich. Deswegen dürfen wir jetzt keine Zeit verschwenden und nach ihm suchen. Wenn wir ihm wirklich helfen wollen, dann fangen wir nach Plan hier mit den Recherchen bei den Verdächtigen an. Das hätte ich doch beinahe vergessen, euch zu sagen. Diese Maria, also Luciano Schwester ist tatsächlich in der Gruppe der Frauen, die sich regelmäßig treffen. Ich werde morgen mit Anna, der Lehrerin sprechen und ihr sagen, dass du eine gute Freundin von meinem Onkel Moro Rossini bist. Und das ist noch nicht einmal gelogen. Dann kann sie dich als Journalistin in die Gruppe einführen und du kannst dich mit Maria befreunden."

Ich freute mich. „Das hört sich gut an. Hast du auch schon eine Idee, wie ich bei dem Rechtsanwalt eine Überleitung zu Luciana finden kann?"

„Du könntest ihm sagen, dass du von diesem Mordfall hier gehört hast und fragst ihn dann ganz beiläufig nach seiner Meinung dazu. Einen Kontakt zu dem Briefträger wirst du wahrscheinlich nicht unauffällig herstellen können. Ich glaube, ich werde mich selbst einmal um ihn kümmern. Vielleicht sogar in einer

Zeugenbefragung in meiner Funktion als Polizist. Aber möglicherweise fällt mir noch etwas Besseres ein."

Ich überlegte. „Wenn er in diesem Viertel die Post austrägt, kann es dann nicht auch sein, dass er eine Frau hat, die zu diesen Nachmittagen geht? Vielleicht hilft uns der Zufall. Bitte versuch doch einmal den vollständigen Namen dieses Briefträgers herauszubekommen."

„Keine schlechte Idee", meinte er. „Ich kümmere mich darum."

Susi mischte sich ein. „Für heute haben wir genug geplant, mehr können wir jetzt nicht tun. Es ist wichtig, dass man den Abend in einer angenehmen Weise ausklingen lässt, damit man keine Albträume bekommt. Kannst du vielleicht etwas romantische Musik hervorzaubern?" wandte sie sich an Roberto.

Er begann mit dem Intermezzo aus Cavalleria Rusticana, dessen Töne geheimnisvoll durch den Raum schwebten.

Susi erhob sich und tanzte durch den Raum, wie eine Elfe so leicht, biegsam wie eine Katze. Ganz mit der Musik verwoben zeigte sie fantasievolle Bewegungen und Schritte.

Roberto sah sie bewundernd an, keine Sekunde ließ er sie aus den Augen, bis die Musik verklungen war.

Als nächstes legte er einen Walzer von Leonard Cohen ein, und als Susi sich drehte, stand er ebenfalls auf und ergänzte seine Schritte zu ihren. Mutig fasste er ihre Taille und drehte sie durch den Raum, sanft und samtweich schmiegte sie sich an ihn.

Ich hatte das Gefühl, dass sich zwischen den beiden etwas anspann.

Wie schön, wenn sich Susi nun endlich wirklich verliebte, vielleicht sogar die große Liebe erleben durfte! Sie waren beide frei und hatten nach niemandem etwas zu fragen, obwohl mir Marisa dabei etwas leid tat. Ich nahm ihr die reine Freundschaft mit Roberto nicht so ganz ab. Vielleicht hatte sie im Geheimen doch noch Hoffnungen.

Aber die beiden vor mir tanzten harmonisch im Einklang mit der Musik, ein schönes Paar, fand ich.

Vielleicht war es besser, die beiden jetzt allein zu lassen. Leise stand ich auf und wollte ungesehen den Raum verlassen, aber Susi rief mich zurück.

„Oh, nein, Abigail!" Sie löste sich aus der Umarmung und sah mich mit großen Augen an. „Bitte warte doch auf mich. Ich nehme an, du wolltest uns jetzt nicht stören. Aber das hast du nicht. Ich tanze jeden Abend, in der Regel allein, bevor ich ins Bett gehe. Das entspannt nämlich. Ich hoffe, es hat auch dich etwas entspannt, Roberto."

Die Enttäuschung stand ihm ins Gesicht geschrieben. „Schade, dass der Tanz schon zu Ende ist. Es war wirklich sehr schön mit dir, Susi."

„Wenn ihr noch tanzen möchtet, ich bleibe auch gern noch etwas hier", bot ich den beiden etwas verunsichert an.

Susi schüttelte den Kopf. „Nein, ich bin total müde. Es war ein sehr langer Tag heute, und auch ziemlich aufregend. Jetzt braucht die Seele eine friedliche Atmosphäre und etwas Erholung. Aber falls du ein andermal noch mit mir tanzen möchtest, Roberto, das war nicht mein letzter Tanz." Sie lächelte ihn verführerisch an und hauchte ihm einen Kuss auf die Wange. Man konnte es ihm förmlich ansehen, wie er dahinschmolz, aber bevor er reagieren konnte, eilte sie zur Tür und mahnte mich, ihr zu folgen.

Ich begleitete sie bis zu ihrem Zimmer und wünschte ihr eine gute Nacht. „Schade, dass du Bronzo nicht im

Flugzeug mitnehmen konntest, ein zusätzlicher Schutzengel könnte hier nicht schaden."

Ein kleiner Blitz aus ihren sonst so sanften Augen überraschte mich. „Ich bin froh, dass er in Deutschland gut aufgehoben ist. Da kann ihm nichts passieren. Es wäre schrecklich, wenn ihm irgendetwas passierte."

„Wo hast du denn momentan alle deine selbstgeschaffenen Schätze, Liebes?"

„Bei Giuseppe, der gut darauf aufpasst." Sie hatte sich wieder gefasst. „Von dem habe ich dir schon erzählt, das ist der, der mir immer besondere Farben besorgt. Ein wundervoller Freund, so wie Roberto."

Wir wünschten uns eine gute Nacht, nachdenklich ging ich in mein Zimmer. Sie sah also in Roberto nur einen guten Freund. Aber natürlich konnte auch noch mehr daraus werden, wenn sich die beiden näher kennenlernten.

Ich nahm mir vor, mich als Kupplerin zurückzuhalten. Das Leben geht doch seine eigenen Wege, wusste ich.

***

8, Kapitel

Während uns am anderen Morgen schon früh Marisa zu einem Bad im Meer einlud und uns zu einem einsamen Strand chauffierte, blieb Roberto daheim, beschäftigt mit den Akten, um zu recherchieren.

Das Meer zeigte sich uns heute in seinen sanften Farben, smaragdgrün lockte uns das klare Wasser und erfrischte uns für den Tag.

Susi planschte ausgelassen wie ein Kind, sie spielte mit den Wellen und freute sich an glitzernden Tropfen, die sie in die Höhe wirbelte.

Marisa beobachtete sie fasziniert. „Sie ist die Lebensfreude pur. So müsste jeder Mensch jeden Tag seine Stunden genießen können. Sie gewinnt dem Leben wirklich alles an Freude ab, was möglich ist."

Ich nickte. „Sie hat das Talent, zu genießen, und selbst wenn es um Materielles geht, sieht sie dahinter und sucht etwas Beseeltes. Bei uns in Sankt Augustine hat sie eine wunderschöne Skulptur. Diesen Engel liebt sie sehr, aber ich glaube, nicht die Figur, sondern das Symbol, das dahinter steckt."

Ich stockte. Hatte ich jetzt etwas verraten? Nein, ich hatte ja nicht verraten, dass sie die Künstlerin war, die diesen Engel erschaffen hatte.

Marisa hatte mir angemerkt, dass etwas mit mir nicht in Ordnung war.

„Du kannst mit mir ganz ehrlich sein", forderte sie mich auf. „Ich bin nicht dumm, liebe Abigail. Ich weiß, wer diese Susi ist."

Ich erschrak. Hatte ich mich doch irgendwie verraten?

„Nein, du kannst nichts dafür", schien sie meine Gedanken erraten zu haben. „Ich habe dieser Susi gestern lange ins Gesicht geschaut. Und ich habe sie wiedererkannt, trotz ihrer roten Haare. Ich war vor zwei Jahren einmal bei ihr in einer Ausstellung, die sie im Atelier von Giuseppe Bianco präsentierte. Aber ich werde natürlich stillschweigen, schon Robertos wegen, den ich nicht enttäuschen möchte. Es geht mich ja auch gar nichts an, was sie hier macht. Und ich kann mir gut vorstellen, dass sie gern einmal wieder hierbleiben möchte, wenn man den Fall gelöst hat."

„Was hat dir denn Roberto gesagt?" erkundigte ich mich.

„Er hat gesagt, sein Besuch aus Deutschland hätte Probleme, und deswegen dürfe ich mit niemandem darüber reden. Mehr hat er nicht gesagt. Aber das machte mich natürlich auch neugierig. Als ich gestern Abend spät noch einmal bei ihm anrief, erzählte er mir, dass er schon zu Hause sei, und da bin ich dann schon ein wenig misstrauisch geworden. Ich habe mir im Internet noch einmal alle Fotos von Theresa Mansfeld angesehen und wurde mir dann ganz sicher, dass sie es ist."

„Magst du sie?" fragte ich sie geradeheraus.

Sie nickte. „Irgendwie schon. Sie ist etwas Besonderes und sehr nett. Aber ich gebe zu, dass ich mir wünsche, dass sie bald bei Roberto auszieht."

„Schön, dass du so ehrlich zu mir bist. Dann bist du also doch noch etwas eifersüchtig", vermutete ich.

„Ich mache mir keine Hoffnungen mehr auf Roberto. Aber ich wünsche ihm eine Frau, die zu ihm passt. Ja, möglicherweise bin ich auch etwas eifersüchtig."

„Meinst du, sie passt nicht zu ihm?"

Marisa zögerte ein wenig. „Sie ist eine großartige Frau, aber ein bisschen zu extrem für Roberto. Ein Hausmütterchen wäre für ihn besser. Ich glaube nicht, dass er auf Dauer mit ihren Extravaganzen klarkommt. Aber genau weiß ich das auch nicht, bekanntlich ziehen sich ja Gegensätze an. Ich wünsche ihm nur, dass er glücklich wird."

„Du liebst ihn immer noch", vermutete ich.

„Kann man das denn so einfach abstellen?" antwortete sie mit einer Gegenfrage.

Susi näherte sich uns.

„Bitte verrate ihr nicht, dass ich es weiß", bat mich Marisa. „Es wird sonst alles noch komplizierter, und ich möchte auch Roberto nicht beunruhigen. Er könnte mir sonst eventuell verbieten, weiter den Kontakt mit Susi zu halten."

Ich versuchte, mir ein Grinsen zu verkneifen. „Und seine Feinde soll man immer im Auge behalten, nicht wahr?!"

Sie lächelte mich verstehend an. „Ich möchte halt immer im Bilde sein. Außerdem ist sie wirklich eine interessante Frau, von der man etwas lernen kann."

Susi gesellte sich zu uns, Marisa reichte ihr das Badehandtuch und half ihr, sich damit abzutrocknen. Unversehens umschlang Susi die hübsche Italienerin und küsste sie auf die Wange. „Du bist wie eine Mutter zu mir, und wie eine liebevolle Freundin. Mit dir fühle ich mich wohl."

Marisa löste sich aus der Umarmung. „Ich fahre euch jetzt schnell wieder zurück, der Kindergarten wartet auf mich. Aber heute Nachmittag komme ich wieder. Roberto hat mir erzählt, dass du heute Nachmittag bei der Lehrerin Anna zu einem Interview bist, Abigail. Dann werde ich dir, liebe Susi ein wenig Gesellschaft leisten."

Sie lenkte den Wagen um Catania herum und ersparte sich so einige Staus in der Innenstadt, die jetzt zur Zeit des morgendlichen Berufsverkehrs zu erwarten waren. Dabei stellte sie die Musik des Radios auf „Laut", wodurch eine Unterhaltung während der Fahrt unmöglich wurde.

Vor Robertos Haus angekommen bat sie uns, schnell auszusteigen, da sie zeitlich schon etwas im Verzug sei. Sie entschuldigte sich dafür und wünschte uns ein paar schöne Stunden bis zum Nachmittag.

„War sie jetzt nicht etwas komisch?" fragte mich Susi, als Marisa abgefahren war.

„Sie hatte es sicher eilig. Der Kindergarten fängt ja bald an. Ich finde, sie ist eine sehr nette Person."

„Ja, ich finde sie auch sehr nett. Alles an ihr ist hübsch und liebevoll. Vielleicht male ich sie irgendwann einmal, sie gäbe auch eine gute Vorlage für einen Engel."

„Man stellt sich Engel immer blond vor", überlegte ich.

„Würde sie dann auch ein gefallener Engel wie Bronzo?"

„Nein, die Haarfarbe ist bei einem Engel egal. Und Bronzo ist ein gefallener Engel, weil er einem Mörder hilft.

„Oh, darf ein normaler Engel denn nicht einem Mörder helfen, Susi?"

„Nein, denn ein Mörder verdient so etwas nicht. Er verdient seine gerechte Strafe. Aber irgendwo gibt es eben im Himmel für jeden einen Engel."

„Weil jedem, der bereut, verziehen wird?"

„Nein, weil jeder einen Engel braucht", gab sie mir zur Antwort. „Ein Mord ist unverzeihlich."

„Das ist ein schwieriges Thema", fand ich. „Es hängt wohl von dem Glauben ab, den ein Mensch hat. Es heißt ja, Gott verzeiht denen, die bereuen."

„Damit macht man es sich sehr einfach, Abigail. Es ist ein Freibrief für böse Taten. Man tut etwas Böses, bereut es, und schon soll alles wieder gut sein? Nein, ich denke, man muss für seine Taten auch in irgendeiner Form büßen, man muss es irgendwie wiedergutmachen."

Roberto öffnete uns die Tür. „Guten Morgen, belle Ragazze! Ich habe schon befürchtet, ihr wolltet da draußen anwachsen. Was gab es denn so Wichtiges zu diskutieren? Euer deutsches Frühstück ist nämlich schon fertig und wartet auf euch."

Wir folgten ihm in sein Haus. „Wir haben uns über Schuld und Sühne unterhalten", teilte ihm Susi mit.

Er lachte. „Solch ein ernstes Thema schon vor dem Frühstück! Kommt, setzt euch an den Tisch und lasst es euch schmecken."

Susi hatte sich von seiner guten Laune anstecken lassen und gab ihm einen Guten-Morgen-Kuss auf die Wange, was er sichtlich zu genießen schien.

Der Kaffee duftete uns entgegen und wetteiferte mit dem süßen Duft der gefüllten Croissants.

Roberto bediente uns als perfekter Gastgeber, füllte die Kaffeetassen und reichte uns die Croissants und die Beilagen. „Ich habe übrigens den Namen des Briefträgers herausgefunden, er heißt Carlo Negro und wohnt sogar in demselben Stadtviertel wie Luciana und ihre Schwester Maria. Die könnten sich tatsächlich alle näher gekannt haben. Woher sollte sonst auch dieser Carlo gewusst haben, dass Luciana wertvolle Post erhält? So könnte vielleicht auch diese Maria etwas über ihn wissen, und wenn wir ganz viel Glück haben, ist seine Frau auch in diesem Frauen-Verein."

Susi sah ihn mahnend an. „Eigentlich dulde ich normalerweise nicht solche Gespräche während des Essens. Sie machen das Essen weniger gut verdaulich. Aber da ich weiß, dass du es so gut mit mir meinst, und mir so schnell wie möglich helfen willst, will ich dich nicht weiter daran hindern. Ich bin dir ja so unendlich dankbar, dass du so hilfsbereit bist."

„Oh, entschuldige", beeilte er sich zu sagen. „Daran habe ich jetzt wirklich nicht gedacht. Ich werde mich in Zukunft etwas bremsen. Ich war so voll von diesen Nachrichten, dass ich einfach so herausgeplatzt bin. Das tut mir leid, Susi."

Sie schenkte ihm ein bezauberndes Lächeln. „Es ist schon gut, Roberto. Als Künstlerin bin ich oft überempfindlich, damit kann ich manchen Menschen auf die Nerven gehen. Giorgio hat sich übrigens noch nicht wieder gemeldet, ich hoffe, dass er sich noch irgendwo versteckt halten kann. Wenn man ihn geschnappt hätte, du hättest doch bestimmt etwas davon gehört, nicht wahr?"

Roberto nickte. „Ich habe es mit einem Kollegen von der Kripo abgesprochen, dass er mich sofort informiert, wenn irgendetwas in der Richtung passiert. Möchtest du vielleicht Musik zum Frühstück, Susi. Das ist auch sehr entspannend."

Sie schüttelte den Kopf. „Lieber nicht. Du hattest gestern solch verführerische Melodien laufen lassen, das hatte mich auch schon so sehr inspiriert. Ich musste an mich halten, damit ich nicht aufsprang, um Farbe zu holen, und musste mich bremsen, deine Wände zu bemalen. Ganz abgesehen davon, dass mich auch dein Körper zu Malen inspiriert. Für eine Ausstellung habe ich einmal meinen Kollegen Miro bemalt und dafür einen großen Beifall erhalten."

Ich verschluckte mich fast am Kaffee und beobachtete Robertos Reaktion.

Einen Augenblick lang war er sprachlos, dann fasste er sich wieder. „Wie meinst du das, du hast ihn bemalt? So wie du deine Bilder malst, einfach dann auf seine Kleider?"

Susi kicherte amüsiert. „Aber nein, das wäre doch keine Kunst. Giuseppe war nackt, und ich habe seinen Körper bemalt, von oben bis unten. Aber nicht mit dem Pinsel, sondern mit meinen Händen. Er ist ja schließlich keine Leinwand, sondern hat eine sensible Haut. Davor muss man Ehrfurcht haben. Ich habe natürlich Fingerfarben benutzt, das ist man einem Lebewesen schon schuldig. Der Aussteller dieser Vernissage bestand allerdings darauf, dass Giuseppe vor dem Publikum ein Feigenblatt trug, was diesem Kunstwerk allerdings deutlich schadete. Schließlich war das ein Mensch aus Haut und Haar, was hat dabei das Blatt eines Baumes zu suchen?"

Ich versuchte in Susis Blicken herauszufinden, ob sie uns auf den Arm nahm oder alles ernsthaft meinte, kam aber zu keinem Ergebnis.

Weil Roberto noch keine Antwort darauf wusste, sah Susi ihn unschuldig an und fuhr unbekümmert fort: „Ich sehe es dir sofort an, dass du ein Verständnis für Kunst hast. Die meisten Menschen sind ja so verklemmt und sehen in der Nacktheit der Menschen etwas Unanständiges. Menschen sind Kunstwerke, und manchmal besonders schöne. Es gibt ja viele Männer, die für schöne Frauenbeine schwärmen. Mich sprechen zum Beispiel besonders die Hände an, oder auch die Arme. Wie wunderschön sieht ein unbekleideter Arm aus mit seinen Schwingungen und Rundungen. Wenn man diese Körperteile berührt, ist es wie eine Melodie. Ist dir schon einmal aufgefallen, dass es ein Unterschied ist, mit welchem Finger du etwas berührst? Es fühlt sich tatsächlich unterschiedlich an."

Ich ertappe mich dabei, dass ich es hinter dem Tischtuch ausprobierte: Mit den fünf Fingerkuppen meiner rechten Hand berührte ich den Handrücken meiner linken. Zwar fühlte meine linke Hand jede dieser Fingerkuppen anders, aber an den Fingerkuppen konnte ich keine unterschiedliche Wahrnehmung feststellen.

Also bin ich auch kein richtiger Künstler, stellte ich für mich klar.

Roberto hatte sich inzwischen wieder gefasst. „Du hast eine große Sensibilität, Susi. Ich habe mir gerade in Gedanken vorgestellt, dass du mit deinen Talenten sogar bei der Polizei eine große Hilfe sein könntest. Ich finde das sehr beeindruckend, alles das, was du machst, und wie du das Leben siehst."

„Oh, du bist ein Schatz!" freute sie sich. „Und jetzt muss ich mich etwas zurückziehen. Wenn man mit

Menschen zusammen ist, kann man sich leicht verlieren. Ich muss mich wieder sammeln, mich wiederfinden." Sie stand auf, warf Roberto eine zierliche Kusshand zu und eilte aus dem Raum.

„Sie ist durch und durch eine Künstlerin", teilte ich ihm meine Gedanken mit, nachdem sie die Tür hinter sich geschlossen hatte.

„Eine fantastische Frau, wie ich vor ihr noch keine kennengelernt habe. Sie bringt mich immer wieder zum Staunen. Aber jetzt sind wir allein, jetzt können wir alles weiter planen. Soll ich für morgen oder für übermorgen einen Termin bei dem Rechtsanwalt vereinbaren?"

Ich nickte. „Ja, so schnell wie möglich. Der Fall muss doch geklärt werden."

Er sah mich schuldbewusst an. „Es tut mir leid, Abigail, dass die ganze Arbeit an dir kleben bleibt. Leider darf ich mich da nicht öffentlich einmischen, und Susi könnte erkannt werden, wenn sie sich in die Öffentlichkeit begibt. Ich bin dir aber sehr dankbar, dass du hier diese ganzen Arbeiten machst, und Susi wird es auch sehr helfen."

„Ist schon gut, Roberto. Ich wusste doch, worauf ich mich einlasse, wenn ich mit hierher nach Catania komme. Ich sehe das als eine abenteuerliche Reise an, denn ich liebe dieses Land und ich recherchiere gern. Du musst dir also keine Gedanken machen. Möglicherweise hat ja auch dein Onkel erzählt, dass dies nicht mein erstes Abenteuer ist, in das ich mich freiwillig hineingestürzt habe."

Aus seiner Brieftasche nahm er einen Zettel, auf dem er den Namen und die Anschrift der Lehrerin notiert hatte und reichte ihn mir. „Für heute Nachmittag, damit ich es nicht vergesse."

Sein Handy meldete sich, und er teilte mir nach dem Gespräch mit, dass er zu einem Notfall, einem Autounfall gerufen wurde.

„Es tut mir sehr leid, dass ich jetzt hier fort muss, aber ich denke, Marisa wird auch gleich kommen und euch Gesellschaft leisten."

„Marisa ist übrigens sehr lieb und auch hilfsbereit. Sie ist wirklich eine gute Freundin, und du wirst das bestimmt zu schätzen wissen, Roberto", erinnerte ich ihn an die hübsche Italienerin.

„Oh ja, ich kann mich auf sie verlassen. Sie ist mein bester Kumpel. Versucht es euch trotzdem etwas nett zu machen, trotz all der widrigen Umstände! Ich denke, gemeinsam werden wir das schon schaffen." Mit einem Abschiedsgruß eilte er aus dem Haus.

Ich benutzte die Gelegenheit, um Rolf anzurufen und mich wieder einmal ausgiebig mit ihm auszutauschen, denn wie er mir am Vorabend mitgeteilt hatte, musste er heute nicht arbeiten.

Da er wie immer mein Vertrauter war, berichtete ich ihm den Stand der Dinge und unsere Vorhaben für die nächste Zeit.

Wie immer machte er sich Sorgen um mich und bat mich, sehr vorsichtig zu sein.

„Es wäre mir lieber, wenn dieser Rüdiger Zeit hätte und dir bei deiner Detektivarbeit helfen könnte."

„Vielleicht kann mir auch Ermanno helfen", scherzte ich.

„Wenn er dich vor den Gefahren auf Sizilien behütet, so soll mir das auch recht sein", entschied er. „Du kannst übrigens schon einmal nachschauen, ob es dort schöne Hotels gibt, in denen man die Hochzeitsnacht verbringen kann."

Ich lachte. „Eine heiße Hochzeitsnacht am Ätna! Was kann man sich Besseres vorstellen?! Übrigens gibt es hier noch weitere wunderschöne Orte, wie zum Beispiel auch Taormina. Auf jeden Fall lohnt es sich, auch einmal privat hierhin zu reisen, für uns beide meine ich."

„Dann such schon einmal die schönsten Plätze für uns aus, auch am Strand", schlug er mir vor. Mit ein paar Dutzend Telefonküsschen verabschiedeten wir uns.

Ich vertrieb mir die Zeit mit Aufräumen und Spülen. Etwa eine Stunde später klopfte es mit dem mir inzwischen bekannten Zeichen an der Haustür. Ich öffnete sie und ließ Marisa herein, die gerade von ihrer Arbeit gekommen war.

„Wie gut, dass ich nur vormittags beschäftigt bin, so habe ich wenigstens jetzt etwas Zeit für euch", freute sie sich. Sie blickte sich im Raum um. „Und wo sind die anderen beiden?"

„Roberto wurde zu einem Notfall gerufen und unsere Künstlerin braucht etwas Ruhe und Einkehr. Sensible Menschen sollte man nicht so sehr strapazieren. Das wird mir immer mehr klar."

Marisa seufzte. „Der arme Roberto! Er hat es gar nicht leicht, so viel Arbeit und so wenig Vergnügen! Hoffentlich findet er bald einmal sein Glück!"

„Was ist denn mit ihm? Hat er es immer so schwer gehabt?"

„Er hat viele Jahre lang seine Großmutter gepflegt, die war schwer krank und konnte nicht laufen. Und alle Freundinnen, die er hatte, sind immer wieder abgehauen, weil ihnen das nicht gepasst hat, dass er so viel Freizeit mit seiner Großmutter verbrachte. Ich habe ihm immer ein bisschen geholfen und seine sämtlichen Freundinnen kennengelernt. Ich habe schon vor einigen Jahren entdeckt, wie sehr ich ihn liebe und hatte auch schon Hoffnung, als er mich bat, hierherzuziehen. Aber irgendwie hat es bei ihm nie gefunkt, und das muss ich jetzt endlich einsehen. Wie steht es denn inzwischen mit ihm und Susi?"

„Er ist von ihr fasziniert. Sie ist ja auch so anders als die meisten Frauen, da ist es ja kein Wunder. Und sie tut so, als wüsste sie, was sich alle Männer wünschen. Aber wenn du mich fragst, in Wirklichkeit ist sie wie alle Künstler etwas egozentrisch, vielleicht liebt sie sich selbst doch am meisten. Ich denke, Roberto hat einfach noch keine Frau kennengelernt, die so ist wie Susi. Es ist neu für ihn."

„Ich merke jetzt erst, wie weh es tut, wenn ich sehe, wie er sich für andere interessiert. Aber da muss ich jetzt wohl durch, damit ich von ihm Abstand gewinne. Es ist, wie wenn man eine Wunde ausbrennt."

„Das kann ich gut nachvollziehen. Das habe ich auch schon einmal erlebt. Aber es ist sehr lange her und inzwischen in meinem Leben eine alte Geschichte, die ich heute ohne Schmerzen erzählen könnte. Jetzt könnte ich dir natürlich die üblichen guten Ratschläge geben, die man allgemein in solch einem Fall immer parat hat: Loslassen, sich rar machen usw... Aber in diesem besonderen Fall könnte ich mir vorstellen, dass es vielleicht ausreicht, wenn du dich Roberto einmal von einer anderen Seite zeigst. Nein, nicht etwa von einer unfreundlichen Seite, sondern einfach nur mal überraschend anders, damit du ihm wieder neu auffällst."

Marisa lächelte. „Aber ich muss mir jetzt nicht unbedingt die Haare rot färben, oder?!"

Ich lächelte zurück. „Nein, auf keinen Fall darfst du jemanden kopieren. Zeig einfach nur eine andere Seite von dir selbst!"

„Gut, Abigail. Was soll ich euch jetzt zum Pranzo, zum kleinen Mittagessen machen?"

„Nichts, danke! Ich bin auch satt von dem reichlichen Frühstück. Vielleicht ist Susi gleich hungrig, wenn sie aus ihrem Zimmer kommt."

„Susi ist hungrig", ertönte es von der Zimmertür her, die die junge Künstlerin gerade geöffnet hatte. „Ich werde mir jetzt in der Küche etwas zurechtmachen. Habt ihr Appetit auf Pfannkuchen?"

„Lecker! Die habe ich in München zum letzten Mal gegessen. Ich werde dir bei der Zubereitung helfen", schlug Marisa vor.

Susi lachte. „Wobei willst du mir beim Pfannekuchen machen helfen? Vielleicht kannst du sie ja in die Luft werfen beim Wenden."

„Viel Spaß dabei!" wünschte ich den beiden. „Ich habe jetzt einen Termin und mach mich langsam auf den Weg."

„Du kannst wieder mein Auto nehmen", bot mir Marisa an.

„Prima", freute ich mich. „Es hat mich gestern nicht im Stich gelassen."

Ich schaute noch einmal in meiner Handtasche nach, ob ich den Zettel mit Annas Adresse eingesteckt hatte und verabschiedete mich von den beiden Frauen.

***

9. Kapitel

Anna Pilarro trug ihr blondes Haar lockig bis auf die Schultern.

„Herzlich willkommen, Abigail. Verzeih, wir sagen hier alle „Du" zueinander und werden hier schnell Freunde. Du hast Glück, dass sich gerade heute alle Frauen hier wie immer in meiner zum Glück sehr großen Wohnung eingefunden haben."

Sie führte mich in ein riesiges Wohnzimmer, das an eine offene Wohnküche angrenzte.

„Du wirst dich sicher wundern, dass ich als Einzelperson eine so riesige Wohnung habe. Ursprünglich war das auch nicht so geplant, ich lebte hier nämlich in einer WG mit mehreren Kolleginnen. Sie sind alle ausgezogen, verheiratet oder in der Schule versetzt worden, deswegen habe ich eine Lösung gefunden, so dass die Räume nicht immer alle leer stehen. Ich veranstalte diese Treffen jetzt schon seit einem Jahr, und wir alle haben viel Freude daran."

Sie führte mich an zwei große Tische, die nebeneinander standen, und um die mehr als ein Dutzend Frauen saßen, beschäftigt mit dem Falten bunter Servietten.

„Das ist Abigail Mühlberg, eine Journalistin aus Deutschland", stellte sie mich den Frauen erst auf Deutsch und dann auf Italienisch vor. „Sie wird über diesen Kreis etwas schreiben und uns dadurch noch bekannter machen. Vielleicht kommen dann andere Frauen auch auf diese Idee und erschaffen ähnliche Begegnungsstätten."

Die Anwesenden klatschten und begrüßten mich gemeinschaftlich.

Anna wandte sich an mich. „Kannst du etwas Italienisch?"

„Ein bisschen, wenn es nicht zu komplizierte Worte sind."

„Gut, dann kannst du dich auch einzelnen mit ihnen einmal unterhalten und sie ein bisschen ausfragen, was sie hier machen und wie es ihnen gefällt. Heute falten wir Servietten zu kleinen Kunstwerken, während uns Elisabeta zwischendurch Gedichte von Pablo Neruda vorliest. Es gibt Kaffee und Kuchen, dort hinten ist ein Buffet, und du kannst dich von allem bedienen. Das ist hier völlig unkompliziert. Wir machen übrigens an jedem Tag, an dem wir uns treffen, irgendetwas anderes. Es geht immer der Reihe nach, jede Frau denkt sich einmal etwas für die anderen aus und führt es dann an diesem Nachmittag durch. So etwas gab es in den letzten Jahren hier noch nicht. Die Idee habe ich aus Rom von einer Freundin mitgebracht, die einen esoterischen Zirkel hat und viele Frauen damit regelmäßig unterhält."

„Eine Super-Idee", fand ich.

Für den Zweck meiner Recherchen fand ich es sinnvoll, jede Frau einzeln zu begrüßen und mich mit meinem Namen vorzustellen. So erfuhr ich nach und nach die Namen der einzelnen Frauen. Mit der Einen oder Anderen wechselte ich flüchtig ein paar Worte und stellte fest, dass mein Italienisch für sizilianische Verhältnisse miserabel war. Wir versuchten es mit einem Gemisch aus Italienisch, Englisch und Deutsch untermalt von großen Handbewegungen.

Als Vorletzte fand ich Maria und merkte sie mir für ein ausführlicheres Gespräch vor, eine Frau Negri, die Frau des Briefträgers, war allerdings nicht dabei.

Geduld, mahnte ich mich, jetzt mit kühlem Kopf und Taktiken arbeiten. Ich schlenderte wieder zu Anna, unterhielt mich eine Weile mit ihr über ihren Beruf als Lehrerin. Nach längeren Gesprächen mit zwei weiteren Frauen wandte ich mich wieder Maria zu.

Offensichtlich war sie gesprächig, denn es genügte allein die Frage, wie es ihr denn in Catania gefiele, und sie begann mir ihre ganze Lebenssituation zu schildern.

Ich tippte darauf, dass sie wohl im Alltag wenig Gelegenheit hatte, sich mit anderen ausgiebig zu unterhalten.

„Meine Tochter ist gerade ausgezogen, sie hat geheiratet und wohnt jetzt in Messina mit ihrem Mann.

Jetzt will ich mir wieder eine Arbeit suchen, ich war nämlich früher Verkäuferin, und das hat mir sehr viel Spaß gemacht. Aber Catania ist eine große Stadt, zum Glück. Wenn man gut ist, kann man hier auch Arbeit bekommen. Und es ist eine schöne Stadt, schließlich bin ich hier geboren."

„Ja, mir gefällt es hier auch sehr gut", bekannte ich ihr wahrheitsgemäß. „Gestern bin ich allerdings ein bisschen aufs Land gefahren an den Naturpark vom Ätna und hinterher war ich noch in Paternó, da gefiel es mir auch. Schöne Kirchen, ich gehe nämlich gern in Kirchen, habe so die Angewohnheit, immer eine Kerze anzuzünden."

„Oh, ist jemand krank in deiner Familie?"

„Im Augenblick nicht. Manchmal zünde ich auch für die Verstorbenen eine Kerze an. Neulich ist ein älterer Onkel von mir gestorben, ich hatte ihn immer sehr gern."

Ich fühlte es geradezu, dass sie sie loswerden wollte, die Geschichte von ihrer Schwester.

„Herzliches Beileid! Dein Onkel möge in Frieden ruhen! Bei uns ist auch gerade etwas ganz Schlimmes passiert. Meine Schwester Luciana wurde von ihrem Mann ermordet. Er hat sie nachts im Bett erschossen. Ist das nicht schrecklich?!"

„Dann sage ich dir auch mein herzliches Beileid. Eine Schwester zu verlieren ist sehr schlimm. Mit ihr hat man das ganze Leben geteilt, die Kindheit, die Jugend miteinander verbracht. Hattest du ein gutes Verhältnis zu deiner Schwester?"

„In der Kindheit schon. Später haben wir uns ein bisschen auseinander gelebt. Unsere Männer konnten sich nicht leiden, da haben wir uns dann nicht mehr so oft gesehen. Natürlich zu den Familienfesten, aber privat dann eher einmal allein ohne die Männer, öfter mal zum Einkaufen."

„Hauptsache, ihr hattet keinen Streit. Das ist immer blöd, wenn dann einer stirbt, macht man sich immer Vorwürfe, dass man nicht in Frieden voneinander gegangen ist."

Maria nickte. „Zum Glück hatten wir keinen Streit. Sie hat mir ab und zu auch ihre Sorgen anvertraut. Der Giorgio war ja verliebt in seine Mieterin, und er wollte sich unbedingt scheiden lassen für sie. Aber Luciana hat gesagt, das kommt gar nicht infrage. Sie hat die ganzen Jahre immer zu ihm gehalten und in guten und in schlechten Zeiten. Da kann er sie nicht einfach im Stich lassen, bloß weil er verliebt ist. Als sie jung waren, hatten sie nämlich eine ganze Reihe von Kindern. Du wirst es nicht glauben, sie sind alle weit ins Ausland gegangen, die meisten nach Deutschland, einer nach Frankreich, und einer sogar nach Amerika. Da hat sie alles für ihren Mann und die Kinder getan, die Kinder zu anständigen Menschen großgezogen. Aber die Kinder haben alle keinen Kontakt mehr zu den Eltern, sind im Ausland verschollen. Zuletzt hockte sie da, allein und ohne einen vernünftigen Beruf und sollte dann auch noch aus dem Haus heraus, damit dieser Giorgio sich mit dieser verrückten Theresa da amüsieren kann. Nein, da hatte sie schon Recht, sich dagegen zu wehren. Aber es hat ihr halt nichts geholfen." Sie wischte sich ein paar Tränen aus den Augenwinkeln.

„Das tut mir alles sehr leid", bedauerte ich sie. „Kann dich dein Mann denn jetzt wenigstens etwas trösten, jetzt, wo deine Tochter nicht mehr bei dir wohnt?"

„Naja, wir sind auch schon sehr lange verheiratet. Da schaut er auch gerne mal nach jungen Frauen, die Ehefrauen sind dann nicht mehr so interessant. Er ist fleißig und arbeitet genug, da ist er ganz brav. Aber wir Frauen von heute wollen eben alle auch etwas Romantik."

„Und er hat sich mit Giorgio nicht gut verstanden? Gab es denn da einen besonderen Grund?"

„Als wir alle noch jung waren, da war er schon ein bisschen hinter Luciana her, und Giorgio war mächtig eifersüchtig. Mit den Jahren hat sich das aber alles wieder gelegt, und ich glaube, dass sich auch Antonios Interesse an meiner Schwester gelegt hat."

„Ah, dein Mann heißt also Antonio. Was sagt der denn jetzt zu dem Mordfall? Glaubt er auch, dass Giorgio der Mörder ist?"

„Ja, natürlich. Aber nicht nur, weil er ihn nicht leiden kann, sondern weil er eben auch oft mitbekommen hat, dass sich die beiden wegen dieser Theresa heftig gestritten haben."

Ich sah sie irritiert an. „Wieso hat er das mitbekommen? Ich denke, ihr habt euch nicht mehr so oft gesehen und nicht mehr so oft getroffen?"

„Das haben wir auch nicht. Aber Antonio arbeitet bei seinem Schwager, also dem Mann seiner Schwester in einem Supermarkt. Und da darf er immer Lebensmittel mit nach Hause nehmen, die abgelaufen sind. Aber meistens sind ja noch gut, man kann sie immer noch ein paar Tage danach verbrauchen. Für uns zwei ist das natürlich zu viel, was er da alles mit nach Hause bringt. Da hatte ich dann ihm und meiner Schwester vorgeschlagen, dass er der Luciana auch immer etwas davon vorbeibringt. Ja, und das hat er dann auch getan. Dabei hat er dann oft gehört, wie sie sich stritten."

„Aber du hast nicht gehört, wie sie sich stritten, oder?"

„Nein, aber das wusste ich von meiner Schwester persönlich. Vor lauter Ärger hatte sie auch ganz viele Pfunde abgenommen in den letzten Monaten. Vorher war sie immer recht pummelig gewesen. Ja, der Ärger kann schon auf die Gesundheit gehen."

Ich dachte nach. Maria hatte zugegeben, dass sich Antonio für Luciana interessiert hatte, wann auch immer. Und Antonio hatte Marias Schwester auch regelmäßig Lebensmittel gebracht. Wer weiß, ob Giorgio da jedes Mal zu Hause gewesen war. Vielleicht hatte er sie wirklich einmal bedrängt, vielleicht hatte sie ihm wirklich gedroht, ihn zu verraten. Also konnte auch er der Mörder sein.

Ich überlegte, jetzt war es wohl an der Zeit, das Thema zu wechseln.

„Ich habe gehört, dass ihr hier immer unterschiedliche Themennachmittage veranstaltet, geht es da manchmal auch um die Gesundheit?"

Maria nickte. „Ja, wir sprechen ganz oft über die Gesundheit, manchmal geht es auch um das Abnehmen. Aber sag mal, was schreibst du denn jetzt über mich in deinen Artikel?"

„Ich schreibe nur etwas über dich, wenn du das möchtest. Vielleicht kannst du etwas ganz besonders gut, das ich dann in meinem Artikel über dich schreiben soll. Es ist egal, was, normale Tätigkeiten wie Kochen, Backen, Handarbeiten oder auch etwas Außergewöhnliches, wenn du zum Beispiel Kakteen züchtest."

Sie lächelte. „Ja, da gibt es schon etwas, das ich besonders gut kann. Ich stelle nämlich niedliche kleine Engelchen her, aus verschiedenen Perlen und anderen kleinen Teilen. Die kann man dann als Schlüsselanhänger benutzen oder sich auch irgendwo anders hin hängen. Ein bisschen Modeschmuck stelle ich auch her, da habe ich eine ganze Kollektion zu Hause. Schade, dass du vor vier Wochen nicht hier warst, denn da hatte ich alles hierhin mitgebracht."

„Oh, das ist aber wirklich wahnsinnig schade! Ich sammle nämlich kleine Engelchen und ich liebe selbstgemachten Schmuck. Da habe ich aber wirklich Pech gehabt, liebe Maria."

Sie fasste mich freundschaftlich am Arm. „Oh, mach dir nichts daraus. Du kommst mich einfach in den nächsten Tagen einmal besuchen. Dann zeige ich dir alles, und du kannst dir etwas aussuchen."

Ich war am Ziel, so leicht hatte ich mir das gar nicht vorgestellt. „Ganz lieben Dank, da freue ich mich sehr. Ich gebe dir einfach meine Handynummer, und du rufst mich an, wann es dir passt."

„Du kannst auch schon morgen zu mir kommen", schlug sie mir vor. „Gleich morgen Vormittag. Man soll nichts verschieben, wenn es auch gleich geht."

Sie kramte einen Zettel aus ihrer Handtasche und schrieb mir ihren Namen, ihre Adresse und ihre Telefonnummer auf. Danach beschrieb sie mir auch noch die Route, die ich nehmen musste.

Ich bedankte mich bei ihr und versprach ihr, am nächsten Vormittag gegen zehn Uhr vorbeizukommen. Wir verabschiedeten uns kurz, aber herzlich, und ich beeilte mich, auch noch einige andere Frauen wegen ihrer persönlichen Hobbys zu interviewen. Als ich einen kurzen Eindruck von allen vierzehn Frauen notiert hatte, verabschiedete ich mich von dem ganzen Kreis und besonders noch einmal von Anna Pilarro, bei der ich mich erneut bedankte.

Draußen atmete ich erst einmal tief auf. Es hatte tatsächlich geklappt, ich hatte einen schnellen Kontakt geknüpft mit Maria, die mir vielleicht noch einige Auskünfte geben würde. In mir meldete sich ein schlechtes Gewissen. Nutzte ich sie aus? Spielte ich ihr Freundschaft vor, um an Auskünfte zu gelangen?

Vielleicht erschließe ich mir wirklich solche Vorteile, aber die Sympathie zu Maria war echt, stellte ich fest. Ich freute mich über diese Bekanntschaft und hoffte, dass Maria mir eines Tages meine Tricks vergeben würde.

Nach so vielen, teilweise recht belanglosen Gesprächen hatte ich Hunger auf etwas Kultur und lenkte den Wagen durch die Innenstadt von Catania.

***

9. Kapitel (2.Teil)

Der Verkehr war so dicht, dass ich mich auf ihn konzentrieren musste und beschloss, mir einen Parkplatz zu suchen.

Tatsächlich gelang es mir, einen Platz ganz in der Nähe der Kathedrale Sant' Agatha zu finden, und ich sah dieses großartige Barockgebäude schon von weitem. Die eindrucksvolle Vorderfront leuchtete in dezentem Weiß und lud mit ihren vielfältigen Verzierungen zum Beschauen ein.

Noch prachtvoller begrüßte mich das Innere der Kathedrale, als ich eintrat. Eine feierliche Atmosphäre umfing mich, ich setzte mich für eine Weile auf eine Bank und ließ die Umgebung auf mich wirken. Dieser Raum der Stille vermochte Ruhe und Kraft zu geben.

Ich dachte an Susi, die auch ständig bemüht war, in das hektische Leben stille Minuten einzuflechten und freute mich, wie positiv sie mein Leben beeinflusste.

Beim Hinausgehen griff ich nach einigen Prospekten, die am Ausgang bereit lagen. Ein Blick darüber zeigte mir, dass es hier in dieser Stadt für die heilige Agatha auch Prozessionen gab und ich beschloss, mich zu erkundigen, wann eine solche Veranstaltung stattfinden würde.

Ich wusste, eine Gruppe von gläubigen Menschen wirkte auf mich ebenso beeindruckend und ansteckend, wie das Innere einer stillen Kirche.

Die strahlende Nachmittagssonne begrüßte mich, als ich die Kathedrale verließ.

Das Stimmengewirr der Passanten umfing mich wieder, ich reihte mich ein in den Menschenfluss bis hin zu Marisas Auto.

Aufmerksam lenkte ich den Wagen durch die enge Innenstadt. Außerhalb der Stadtgrenze ließ der Verkehr nach, bald darauf erreichte ich Robertos Haus.

Als sich nach meinem Klingeln die Haustür öffnete, erwartete mich eine Überraschung, ich sah in ein bekanntes Gesicht.

„Ermanno!" Ich landete in seinen Armen. „Was machst du denn hier?"

Er lachte. „Diese Überraschung ist gelungen. Dein Verlobter persönlich hat mich angerufen und gefragt, ob ich vielleicht ein paar Tage übrig habe, um dich jetzt zu unterstützen. Einerseits hat mich das natürlich sehr gefreut, dass er mir solch ein Vertrauen entgegenbringt. Auf der anderen Seite bin ich allerdings jetzt auch moralisch verpflichtet, ganz brav zu sein und nicht zu sehr mit dir zu flirten."

„Ich bin ja riesig froh, dass du mich hier unterstützen willst, denn die Sache eilt auch ein wenig, und ich allein komme nicht so schnell voran, wie ich das möchte."

Drinnen warteten Marisa und Susi neben den Resten von Pfannekuchen.

„Davon durfte ich auch schon probieren", teilte mir Ermanno mit.

„Dein Verlobter muss etwas ganz Besonderes sein, Abigail", ließ sich Susi hören, „wenn er dir solch einen interessanten und gut aussehenden Detektiv zum Schutz hinterher schickt, ohne Angst um eure Beziehung zu haben."

Ich sah sie irritiert an. Wieso sagte sie vor Marisa etwas von einem Detektiv?

„Ja, ich sehe schon. Ich muss dich aufklären", fuhr sie fort. „Wir haben uns vorhin alle hier ausgesprochen. Marisa hat mir verraten, dass sie mich schon längst erkannt hatte, und sogar Ermanno hat, aufgrund seines Interesses für aktuelle Kriminalfälle, meine miserable Verkleidung durchschaut und mich identifiziert. Wir sind aber übereingekommen, dass ich hier trotzdem für alle die Susi bleibe, damit wir uns vor den übrigen Menschen nicht versprechen. Marisa und Ermanno wollen jetzt beide aktiv mitarbeiten."

Ich staunte. „Dann ist hier also eine Menge geschehen, während ich fort war. Und wenn ihr sowieso alle im Bild seid, dann kann ich euch auch verraten, dass ich mich mit Maria bekannt gemacht habe und sie gleich morgen früh zu Hause besuche, um mehr von ihr zu erfahren."

Susi freute sich. „Wir haben das Glück auf unserer Seite, alles läuft schon an. Ich hoffe, dass sich Giorgio nicht mehr so lange versteckt halten muss."

„Wer ist denn nun alles hinter ihm her? Vor wem außer der Polizei muss er sich denn so ängstlich verstecken?" erkundigte sich Ermanno.

„Der Cousin der ermordeten Luciana, also wie Marias Mann ebenso ein Antonio, hat einige Männer auf ihn angesetzt, weil er meint, dass die Polizei unfähig und zu langsam ist. Er will Druck machen. Er stellt sich vermutlich vor, dass Giorgios Flucht ein Eingeständnis seiner Schuld ist. Wahrscheinlich denkt er, wenn ihn dann die Polizei erst einmal in den Klauen hat, dann machen sie ihn auch mürbe. Vielleicht hat er ja sogar auch Freunde unter den Polizisten", vermutete Susi.

„Das glaube ich nicht", widersprach ihr Ermanno. „Solche Zustände herrschen jetzt hier im Süden auch nicht mehr. Ich denke nicht, dass man ihn verurteilen kann, wenn er unschuldig ist."

„Da bin ich mir nicht so sicher", zweifelte Susi. „Der Süden Italiens unterscheidet sich doch noch ein ganzes Stück vom Norden, wo du lebst. Ich würde hier nicht für alle die Finger ins Feuer halten."

„Dann mach dir jetzt nicht allzu viel Sorgen, Susi", munterte er sie auf. „Wir werden den Fall schnell aufgeklärt haben. Ich habe auch schon eine Idee, wie wir es mit dem Rechtsanwalt machen. Roberto hat eben angerufen, er will sich auch ein paar Tage Urlaub nehmen, damit er intensiver mit uns allen recherchieren kann. Außerdem hat er schon einen Termin erbeten, für dich Abigail, und zwar für morgen Nachmittag. Und jetzt meine Idee dazu: Wir sagen einfach, dass wir ein Paar sind. Nein, zieh jetzt nicht solch ein Gesicht! Nicht verheiratet, aber verlobt vielleicht, jedenfalls ein Paar, das sich hier irgendwo ein Appartement kaufen möchte. Und wir lassen uns beraten, was wir beim Kauf alles hier beachten müssen."

„Das hört sich schlüssig an", fand ich. „Und ich habe schon eine Idee, wie ich die Überleitung zum Mordfall gestalte. Aber das verrate ich jetzt hier noch nicht, da muss ich noch ein bisschen daran herumfeilen. Hat sich Giorgio denn noch einmal gemeldet?"

Susi seufzte. „Leider nicht. Ich vertraue also Robertos regelmäßigen Kurzmitteilungen, in denen er mir bestätigt, dass Giorgio noch nicht gefasst wurde. Wie sieht das denn jetzt mit dem Briefträger aus, Abigail?

Ist seine Frau auch mit dabei gewesen im Kreis der Frauenrunde?"

„Leider nicht. Aber morgen bin ich ja bei Maria, dort ist derselbe Briefträger tätig, vielleicht kann ich Maria etwas ausquetschen, vielleicht treffe ich ihn sogar, wenn er Maria die Post bringt. Ich werde mir schon etwas einfallen lassen, um mit ihm ins Gespräch zu kommen."

„Aber keiner wird vor dir zugeben, dass er der Mörder ist", gab Ermanno zu bedenken.

Ich nickte. „Nein, bestimmt nicht. Aber bisher hatte ich immer ein gutes Gespür und konnte mich auf meine Menschenkenntnis verlassen. Ich bemerke auch, wenn sich jemand verdächtig benimmt. Und in den bisher geklärten Fällen war es immer so, dass die Täter unruhig wurden, wenn ich ihnen auf die Finger klopfte. Und es ist auch schon passiert, dass sie meine Recherchen fürchteten, mir drohten oder mir sogar zu schaden suchten. Dadurch konnte man sie erkennen."

Er seufzte gespielt. „Dann werde ich dich wohl wieder keine Sekunde aus den Augen lassen können, Abigail. Wir werden sein wie siamesische Zwillinge!"

Die Umstehenden lachten.

„Ich schlage vor, es gibt jetzt zur Stärkung einen Espresso", wandte sich Marisa an alle.

„Nicht für mich", lehnte Susi ab. „Ich brauche jetzt wieder meine Einkehr in meinem Zimmer. Es gibt ja sonst nicht viel Anregendes über ein Kloster zu berichten, aber die Ruhe, die Einkehr, die Besinnung, die sind für den Menschen einfach notwendig." Sie warf uns allen einen Handkuss zu und verschwand mit leisem, schwebenden Gang aus dem Zimmer.

Ermanno und ich setzen uns vor den Kamin und trugen uns die Zeitpläne in die Kalender unserer Handys ein.

„Im Augenblick besteht noch keine Gefahr für mich",
teilte ich dem Detektiv mit. „Es fühlt sich bis jetzt noch
keiner von mir ertappt. Du kannst mich also morgen
Vormittag ohne Besorgnis zu Maria fahren lassen. Wie
gefällt dir eigentlich Susi? Ist sie nicht bezaubernd?"
„Ja, sie ist entzückend. Und ein bisschen verrückt, so
wie fast alle Künstler. Ich glaube, sie weiß genau, wie
sie wirkt und nutzt das auch ein bisschen für ihre
Zwecke aus."
Ich lachte. „Damit kommt man gewöhnlich gut durch
die Welt. Aber sie hat auch diese besonders sensible
Seite, da können wir alle noch etwas von ihr lernen.
Das wirst du schon noch sehen. Wäre das nicht
vielleicht eine interessante Frau für dich?"
„Sie ist süß, aber nicht mein Typ. Meinen Typ kennst
du ja! Und wenn mich dein Rolf nicht hier beruflich
engagiert hätte, würde ich jetzt liebend gern mit dir ans
Meer fahren und mit dir baden gehen."
„Ich verspreche dir, dass ich mit dir am Meer baden
gehe, wenn wir den Fall gelöst haben. Und Rolf hat
sicher nichts dagegen. Ich habe schon Einiges von Susi
gelernt und weiß, dass sie es für eine Sünde ansieht,
wenn man an diesen herrlichen Stränden steht und sie
nicht naturgemäß genießt, also sich nicht sonnt und dort
nicht badet."
Marisa brachte den Espresso und setzte sich zu uns.
„Kann ich euch auch noch irgendwie helfen?"
„Bisher hast du uns schon viel geholfen", fand ich.
„Auch, dass ich immer mit deinem Wagen fahren darf,
das ist eine große Erleichterung für mich. Und du
versorgst uns hier so gut, es fehlt uns an nichts dank
deiner Hilfe. Aber ich denke, noch ist der Fall nicht
gelöst, wir werden dich bestimmt auch dabei
brauchen."
Die Haustür öffnete sich und Roberto trat zu uns herein.

„Oh, hier duftet es nach Espresso. Kann ich auch einen haben?"

Marisa eilte in die Küche.

„So nach und nach kommen wir doch ein winziges Stückchen weiter", teilte uns der Polizist mit. „Ich konnte einen Kollegen des Briefträgers auftreiben, den habe ich ganz unauffällig gefragt, ob er etwas wüsste von Unterschlagungen hier in dieser Stadt. Tatsächlich wusste er, dass es vor nicht langer Zeit einen Verdacht gegen Carlo Negro gab, der aber dann aus Mangel an Beweisen fallen gelassen wurde. Vor allen Dingen, weil die geschädigte Frau mehrmals einen Geldbetrag per Post erhalten sollte, den man so unversichert gar nicht schicken darf. Es soll so einiges abhanden gekommen sein, aber letztendlich verlief alles im Sand."

„Das ist doch schon einmal etwas", fand Ermanno. „Das ist doch schon ein Anhaltspunkt. Vielleicht weiß diese Maria auch etwas darüber, sie ist schließlich die Schwester der Geschädigten."

Marisa brachte den Espresso. Ich stellte fest, dass sie sich inzwischen eilig umgezogen hatte. Die Jeans und das schlabbrige T-Shirt hatte sie gegen ein kurzes, rotes Sommerkleid ausgetauscht, dazu trug sie ein Paar passende Sandalen und hatte sich zwei glitzernde Spangen in die Haare gesteckt, so, dass man ihre hübschen kleinen Ohren sehen konnte. Sie wirkte kesser und jünger damit, fand ich.

Ermanno schenkte ihr einen anerkennenden Blick, Roberto nahm den Espresso in Empfang und schien nichts zu bemerken.

„Oh, du hast aber ein hübsches Kleid an", beeilte ich mich, zu sagen. „Das gefällt mir. Ist das hier aus einer Boutique?"

Jetzt sah auch Roberto hoch, sein Blick glitt über Marisas schlanke Figur, von oben nach unten, dann wieder zurück und blieb auf ihrem Gesicht haften.

„Schickes Kleid!" meinte er anerkennend.

Die junge Italienerin winkte ab. „Ach, das habe ich schon lange. Ich muss es bei diesem schönen Wetter einfach mal tragen. Ich weiß gar nicht mehr, wo ich das gekauft habe."

„Es steht dir", bekräftigte ich noch einmal mein Lob. Ein kleiner Teufel ritt mich. „Da freut sich aber unser lieber Gast aus dem Norden Italiens, wenn er sehen kann, wie hübsch die Mädchen hier im Süden sind. Nicht wahr, Ermanno?" Ich zwinkerte ihm von der Seite zu, so, dass es Roberto nicht sehen konnte.

Hatte ich mir nicht vorgenommen, die beiden, Roberto und Marisa, nicht zu verkuppeln? Jetzt hatte ich meinen eigenen Vorsatz gebrochen. Aber seit ich gemerkt hatte, wie sehr Marisa Roberto liebte, sollte er wenigstens noch die Chance haben, sie einmal richtig anzusehen und neu zu entscheiden.

Ermanno grinste. „Hier sind momentan so viele schöne Frauen im Haus, man könnte meinen, ihr trefft euch hier zu den Vorbereitungen für eine Misswahl und nicht zum Aufklären eines Mordfalls."

Roberto betrachtete Marisa noch einmal aus den Augenwinkeln heraus, aber er gab keinen Kommentar mehr dazu ab.

Wie gut, dass Ermanno mit mir auf einer Wellenlänge lag. Er schien meinen Wink verstanden zu haben und verwickelte Marisa in ein längeres Gespräch.

Anfangs erzählte er von seinem Beruf als Hochschullehrer, später von den Erfahrungen seiner detektivischen Arbeit und endlich ließ er sich von ihr alles über ihren Beruf als Kindergärtnerin berichten.

Roberto schrieb zwar einige Notizen in sein Buch, schien aber nicht ganz bei der Sache zu sein, blätterte oft herum und schaute immer wieder zu den beiden hinüber. Ich freute mich, dass Ermanno so attraktiv und männlich wirkte, sodass er vielen Männern als Konkurrenz vorkommen musste.

Noch bevor Susi aus ihrer selbst gewählten Einsamkeit herauskam, verabschiedete sich Marisa.

„Ich habe euch in der Küche noch mal eine Pizza vorbereitet, ihr müsst sie nur noch in den Ofen schieben, wenn ihr Hunger bekommt", teilte sie uns mit.

Ich brachte sie zu Tür.

Ihre Augen leuchteten. „Der Tipp war gut von dir, Abigail. Ich habe gesehen, dass er mich zum ersten Mal wieder wirklich angesehen hat. Und jetzt werde ich mich etwas rar machen und heute Abend für Susi den Platz räumen."

Ich sah sie zweifelnd an. „Ich weiß nicht so recht. Diese besondere Frau kann ganz schön vereinnahmend sein. Sie versteht es schon, alle Männer verrückt zu machen. Sie hat den Sexappeal einer Marilyn Monroe, da können nur wenige Männer widerstehen."

„Ich will jetzt nicht zu aufdringlich sein", sagte sie in festem Ton. „Ich werde ihn in kleinen Häppchen weiter überraschen, aber nicht zu viel. Das ist nicht meine Art, und ich will mich nicht völlig verdrehen."

„Du hast schon recht", räumte ich ein. „Wir sind ja alles erwachsene Menschen, und jeder muss für sich selbst entscheiden."

Sie umarmte mich herzlich zum Abschied.

Drinnen hatte inzwischen Roberto die Pizza in den Ofen geschoben. „Ich bin sehr hungrig", entschuldigte er sich bei mir, als ich hereinkam. „Und außerdem schmeckt die Pizza von Marisa immer verdammt gut."

„Oh ja", stimmte ich ihm zu. „Sie ist eine prima Köchin. Sie könnte in einem Edel-Restaurant arbeiten." Danach wechselte ich schnell das Thema, um nicht zu dick aufzutragen.

„Das finde ich prima, dass du dir auch ein paar Tage frei genommen hast, Roberto. Zu viert werden wir bestimmt super weiterkommen. Ich lasse mich einmal überraschen, wie viele Verdächtige noch im Umkreis von Luciana auftauchen werden. Am meisten kann mir Maria dabei helfen, in das Umfeld der Ermordeten einzutauchen."

„Mir reichen schon einmal die vier Verdächtigen, die wir momentan haben", meinte er.

„Wieso vier?" Ich sah ihn erstaunt an.

„Susi hält Giorgio zwar für unschuldig, aber ich bin noch nicht unbedingt davon überzeugt, dass wir ihn aus dem Kreis der Verdächtigen ausschließen können."

„Tja, vielleicht hast du Recht. Ich kenne ihn noch nicht einmal, daher kann ich mir überhaupt kein Urteil erlauben."

Ermanno und ich deckten den Tisch, und wenige Minuten später gesellte sich Susi wieder zu uns.

Sie wirkte ausgeruht und strahlte. „Der Duft hat mich herbeigelockt. Und in so netter Gesellschaft schmeckt einem das Essen sowieso immer besser", verkündete sie und nahm neben Ermanno Platz.

Roberto zerteilte die Pizza, drapierte sie auf einem riesigen Holzbrett und servierte sie uns. Dazu öffnete er eine Flasche seines guten sizilianischen Rotweins.

Heißhungrig langte Susi zu. „Betet ihr eigentlich nicht vor dem Essen?"

Roberto sah sie erstaunt an. „Ich habe bis jetzt noch nicht gemerkt, dass du vor dem Essen gebetet hast."

„Das tue ich auch ganz unbemerkt und still vor mich hin. Und ich kann euch verraten, danach bekommt einem das Essen wesentlich besser. Man sollte erst einmal zur Ruhe finden, bevor man Körper und Seele stärkt."

„Da gebe ich dir recht", meinte Ermanno. „Wenn man das Essen in Eile herunterschlingt, ist es weniger verträglich.

Roberto lachte. „Spielt es denn auch eine Rolle, ob man beim Essen spricht oder ruhig ist?"

„Gegen eine positive Unterhaltung ist nichts einzuwenden", klärte ihn Susi auf.

Es schien so, als hingen momentan alle den weniger positiven Gedanken nach, denn wir aßen eine ganze Weile schweigend.

Susi sprang auf und legte eine CD in den Player. „Musik ist immer gut, und glücklicherweise ist bei dir eine gute Auswahl an energetischer Musik vorhanden, Roberto. So harmonisch, so voller Liebe!"

Die gedrückte Stimmung wich, ich erzählte von Moro Rossini und seiner Frau Adelaide. Wieder einmal hatte mich ihre besondere Liebesgeschichte in meiner Erinnerung eingeholt.

Ich berichtete von ihrem Kennenlernen, als Ada 17 und Moro 26 Jahre alt gewesen war, von dem Gefühl einer großen Liebe. „Sie hat mir erzählt, dass sie vom ersten Augenblick an wusste, dass er der Mann ihrer Träume, ihres Lebens war. Aber die Entfernung zwischen den beiden zeigte sich als Verhängnis dieser Beziehung. Adelaide war noch zu jung und unerfahren, und Moro schon zu alt, um eine platonische Verbindung über einen längeren Zeitraum durchzuhalten. Sein Seitensprung hatte Ada in Ängste gestürzt, das Bild seiner Treue war verflogen, und so sagte sie zu seinem Heiratsantrag ein klares Nein, jedoch mit Tränen in ihrem Herzen. Beide erkannten dann, obwohl sie mit anderen Partnern zusammenlebten, dass diese verpasste

Liebe einmalig war. Und als sie sich nach über 40 Jahren wieder trafen, wussten sie, dass sie sich nicht mehr loslassen durften. Als ich die beiden in Sankt Augustine kennenlernte, wusste ich, dass es die große Liebe wirklich gibt, und das gab auch mir wieder den Mut nach meiner ersten gescheiterten Ehe."

Roberto lachte. „Und jetzt willst du unsere Meinung darüber hören, ob es die große Liebe gibt oder nicht?"

„Ich glaube auch daran", fand Ermanno. „Man kann sich immer wieder verlieben, ja, das ist wahr. Aber man liebt nicht alle Menschen gleich, und es gibt immer einen, den man am meisten liebt."

Susi lächelte. „Fantastisch, Abigail! Du hast zwei gestandene Männer dazu gebracht, dass sie über Liebe sprechen. Dabei ist es bei jedem Menschen etwas ganz anderes, die Liebe und das Empfinden. Was ist dir wichtig bei einer Frau, Roberto?"

„Sie muss herzlich sein, ehrlich und treu. So eine Frau wünsche ich mir, aber meine Freundinnen waren oft genau das Gegenteil, kalt, unehrlich und untreu. Man sieht also, oft begegnet einem etwas anderes, als das, was man sich wünscht. Aber mit Erfahrungen über das wie und warum möchte ich euch jetzt nicht weiter langweilen."

Susi sprang auf. „Du langweilst uns nicht, Roberto. Aber die Zeit ist viel zu schade für die Theorie. Komm, tanz mit mir!" Sie stellte sich vor ihn und zog ihn am Arm hoch.

Er leistete nur wenig Widerstand. „Dass ihr Frauen doch alle so gern tanzen wollt! Es muss euch irgendwie in den Genen liegen."

Aus dem Player drang ein langsamer Blues aus den sechziger Jahren. Susi schmiegte sich an ihn und überließ ihm die Führung.

Ermanno und ich sahen zu, wie sich die beiden harmonisch im Takt in winzigen Schritten durch den Raum bewegten.

„Wir waren auch immer ein gutes Paar", flüsterte mir der Detektiv ins Ohr.

„Oh ja, ich weiß. Ich habe es noch gut in Erinnerung. Aber falls du mich jetzt auch fragen möchtest, nein. Ich möchte es uns nicht schwer machen, und ich weiß, das würde es zwangsläufig, wenn ich mich jetzt auf einen romantischen Tanz mit dir einließe."

Ermanno sah mich vergnügt lächelnd an. „Das wollte ich nur hören", raunte er mir ins Ohr. „Dann weiß ich, dass du mich immer noch nicht vergessen hast."

Gebannt sah ich Susi zu, deren Körper mit Robertos zu verschmelzen schien. Ihre kleinen, zierlichen Hände strichen sanft über seinen Rücken, ihre Lippen berührten beinahe seinen Hals, sie waren seiner Haut so nah, dass er ihren Atem spüren musste.

Roberto schloss die Augen und gab sich ganz diesen rhythmischen Bewegungen hin, Susi schien mit offenen Augen zu träumen.

Sie tanzten, bis die Musik der CD verklungen war, langsam löste die junge Frau ihre Hände von seinem Rücken, stellte sich ein wenig auf die Zehenspitzen, berührte für den Bruchteil einer Sekunde seinen Mund mit ihren weichen Lippen und drehte sich dann abrupt um.

Sie wandte sich an Ermanno. „Und jetzt möchte ich mit dir tanzen. Ich kann mir vorstellen, dass du ein sehr guter Tänzer bist."

Während Roberto verwirrt im Raum stehen blieb, hob Ermanno abwehrend die Hand. „Es tut mir leid, Susi. Ich tanze nur selten, und dann nur, wenn ich Lust dazu habe. Vielleicht ein anderes Mal."

„Auch gut." Susi schien von seiner Ablehnung nicht sonderlich beeindruckt zu sein. Während Roberto an den Tisch zurückkehrte und mir Wein nachschenkte, sah sich die Künstlerin bei den CDs um und summte eine Melodie.

„Für mich bitte keinen Wein mehr", wandte sich Ermanno an den Polizisten. „Ich muss jetzt noch zurück in meine Pension, bin mit dem Auto da."

Roberto bot ihm an, ihn zu chauffieren, aber der Detektiv lehnte dankend ab.

„Nach der Reise bin ich jetzt auch etwas müde, und ich denke, ihr habt hier noch Unterhaltung genug. Ich gehöre zu den verrückte Menschen, die ihr Auto lieben und ich muss es immer in meiner Nähe wissen."

Er verabschiedete sich von uns und versprach, sich am anderen Vormittag schon einmal in der Umgebung des Tatorts umzuschauen, während ich zu Maria ging.

Susi legte eine weitere CD ein, tanzte ein wenig im Raum herum und zeigte uns ihre ausdrucksvolle Körpersprache.

Schon nach zwei Melodien brach sie ab. „Ich bin auch müde. Das ist hier wieder ein ganz anderes Klima als in Sankt Augustine. Da muss ich mich erst wieder dran gewöhnen. Schlaft gut!" Sie eilte davon, und drehte sich nicht einmal mehr um, als wir ihr ebenfalls eine gute Nacht wünschten.

Roberto sah mich irritiert an. „Was hältst du von ihr? Mag sie mich nun oder mag sie mich nicht?"

„Ich denke schon, dass sie dich mag. Aber wenn du wissen willst, ob da mehr ist, dazu kann ich dir beim besten Willen nichts sagen. Da werde ich auch nicht schlau aus ihr."

„Warum ist sie denn so komisch?"

„Ich glaube, die ganze Situation ist einfach zu viel für sie. Wenn sie wirklich dieser friedliebende und sensible

Mensch ist, für den sie sich ausgibt, und das kann ich mir wirklich sehr gut vorstellen, weil sie eine so ausgezeichnete vielseitige Künstlerin ist, dann ist diese ganze Situation für sie bestimmt unerträglich. Denn immerhin ist sie in einen eiskalten Mord verwickelt, und weiß selbst nicht hundertprozentig, ob ihr guter Freund Giorgio nicht vielleicht der Täter ist. Außerdem muss sie um sein Leben bangen, weil man hinter ihm her ist. Und sie selbst schwebt auch in einer gewissen Gefahr, da man sie moralisch für mitschuldig hält. Das kann ihr zartes Gewissen sicherlich nicht ganz verkraften. Deswegen versucht sie wahrscheinlich mit allen Mitteln, sich zu lockern und abzulenken. Anders kann ich mir ihr Verhalten nicht erklären."

Er nickte leicht mit dem Kopf. „Sie hat eine ganz besondere Ausstrahlung, sehr erotisch. Man kann leicht den Kopf verlieren. Komisch, dass ich mit dir darüber reden kann, das würde ich sonst mit keinem anderen Menschen tun."

„Das muss dich nicht wundern. Ich bin es gewohnt, dass alle Menschen mit mir sprechen, schon von Berufs wegen. Und offensichtlich strahle ich auch so etwas aus, ganze Lebensgeschichten werden mir gebeichtet."

„Dieses rote Haar! Fantastisch! Es passt zu ihr", schwärmte er.

„Du hast Recht, es passt zu ihr, obwohl sie von Natur aus blond ist. Oder, ich weiß es eigentlich gar nicht. Ich habe sie als blonde Frau kennen gelernt. Die Farben sind heute so gut, dass man oft nicht mehr unterscheiden kann, ob sie echt sind oder nicht."

„Es ist so ein sanftes, und doch so intensives, warmes Rot. Ihre Augenfarbe dagegen ist undefinierbar. Ist das ein grünliches Braun oder ein Graugrün, ich bin da noch zu keinem Ergebnis gekommen", überlegte er.

„Vielleicht sind es farbige Kontaktlinsen. Aber was auch immer, ich finde sie auch sehr schön, egal ob es echt oder künstlich unterstützt ist."

„Ja, genau. Sie ist bezaubernd. Magst du noch einen Wein, Abigail?"

„Ich habe schon heute Abend in der Gesellschaft mehr getrunken, als ich es normalerweise tue, danke dir. Ich habe genug. Und jetzt, da wir das Geheimnis über Susis Liebe heute sowieso nicht mehr lösen können, werde ich mich auch zum Schlafen hinlegen."

Er seufzte. „Trotzdem, auch dir eine gute Nacht!"

***

10. Kapitel

Als ich am anderen Morgen das Haus verließ, schliefen die anderen noch. Ich fuhr die Umgehungsstraße an Catania vorbei zum Strand und gönnte mir einen Spaziergang am Meer. Da sich der Himmel heute noch etwas bedeckt hielt, schimmerte das Wasser in einem dunklen Blau, das von zarten grünen Streifen durchzogen war. Der Seewind brachte den herben Duft vom Meer mit, die Schreie der Möwen grüßten von weitem mit kessem Geschrei.

Ich bedauerte Susi, die sich im Haus verstecken musste und hoffte inständig, an diesem Tag wieder ein Stück weiter zu kommen.

Maria begrüßte mich freudig und führte mich in ihre gemütliche Wohnung. Wie bei Roberto fand ich dunkle, ältere Möbel zwischen weiß getünchten Wänden vor. Blumenkübel in verschiedenen Größen und Keramik-Vasen schmückten farbig den Raum.

Auf dem Wohnzimmertisch hatte Maria ihre Kollektionen an Modeschmuck und kleinen Engeln ausgebreitet. Ich betrachtete zahlreiche filigrane Ketten und Armbänder, bestehend aus unterschiedlichsten Perlen und fantasievollen Kettengliedern.

Liebevoll gestaltete Engelchen weckten meine Bewunderung.

„Das ist wirklich alles genial, liebe Maria. Du könntest eine Boutique damit aufmachen. Wahrscheinlich reißt man dir diese kleinen Kunstwerke sofort aus der Hand."

„Das Problem ist, ein preiswertes Ladenlokal zu finden, denn so viel kann man an einem einzelnen Schmuckstück nicht verdienen. Die Herstellungskosten sind hoch, weil das Material teuer ist. Aber Anna hat mir jemanden in Rom vermittelt, das sind die Besitzerinnen zweier Boutiquen, die verkaufen gern sowohl meinen Schmuck, als auch die kleinen Engel. Dorthin schicke ich dann regelmäßig meine Kollektionen."

„Oh, das freut mich für dich. Vielleicht müsste man ein bisschen Werbung für dich machen, damit sich noch mehr Boutique finden, die diesen hübschen Schmuck kaufen. Oder fehlt dir die Zeit, noch mehr herzustellen?"

„Ein bisschen mehr Zeit habe ich schon noch übrig, jetzt, wo meine Tochter nicht mehr hier ist. Aber ich darf auch nicht zu viel verdienen, wegen der Steuer. Sonst lohnt es sich nachher wieder nicht. Im Moment geht das alles noch ohne das Finanzamt. Die Inhaberinnen der Boutiquen haben mir bis vor kurzer Zeit das Geld per Post geschickt."

Ich gab vor, überrascht zu sein. „Mit der Post? Kommt das denn immer so an? Ich selbst habe es in Deutschland schon mehrere Male erlebt, dass Briefe mit Geld nicht angekommen sind. Offensichtlich gibt es da Methoden, herauszufinden, in welchen Briefen sich Geld befindet und wo nicht."

„Genau das war auch mein Problem, Abigail. Leider hat sich mein Mann Antonio einmal bei dem Briefträger Carlo verquatscht. Dummerweise hat er vor ihm geprahlt, dass ich immer aus Rom jede Menge Geld bekomme. Vielleicht hat Antonio es auch nur gut gemeint, und war stolz auf mich. Aber danach kam das Geld einige Male gar nicht hier an. Insgesamt waren das etwa 2000 €. Das ist eine ganz hübsche Summe Geld."

„Du liebe Zeit, ja. Und was habt ihr dann gemacht?"

„Ich habe das natürlich bei der Post reklamiert, und ich habe auch den Briefträger Carlo darauf angesprochen. Aber wie du dir denken kannst, hat er alles abgestritten. Die Post hat dann auch ein bisschen intern nachgeforscht, aber sie wollten mir natürlich nichts ersetzen, weil die Geldbriefe nicht versichert waren. Ich habe Carlo dann angedroht, zu einer noch höheren Instanz zu gehen. Aber da ich ihm nichts beweisen konnte, fühlte er sich natürlich sehr stark."

„Und Antonio hat nichts unternommen?"

„Nein, er meinte dann, da sei ich selbst schuld. Daraufhin habe ich mit meiner Schwester gesprochen. Und sie meinte, man könne ihn schon überlisten. So haben wir dann einen Plan gemacht, um ihn zu überführen. Ich habe meiner Schwester dann Briefe geschickt, extra hinten mit Tesafilm verklebt, damit es so aussah, als wäre etwas Wertvolles darin. Carlo wusste damals nicht, dass sie meine Schwester war, sie hatte ja einen anderen Nachnamen. Wir haben aber immer nur ein paar Euro hineingesteckt, und ich habe einen falschen Absender angegeben, damit er nicht wusste, dass die Briefe von mir kamen. Mittlerweile hat er die Briefe dann nicht mehr verschwinden lassen, sondern vorsichtig geöffnet, das Geld herausgeholt und die Umschläge wieder zugeklebt. Jetzt kannst du dir bestimmt schon denken, wie es weiterging."

Ich schüttelte den Kopf. „Nein, ich kann es mir nicht vorstellen."

„Carlo ist nicht sehr schlau. Sie hat ihm gesagt, dass sie seine Fingerabdrücke in ihren Briefen gefunden hat, und damit hätte sie jetzt die Beweise, dass er das Geld aus ihren und auch aus meinen Briefen gestohlen hat. Das wollte sie nun auch der Polizei erzählen und die Briefe mit seinen Fingerabdrücken weiterleiten. Leider konnte sie das nun nicht mehr tun, denn sie wurde ja, wie du weißt, ermordet."

„Aber dann könnte doch Carlo der Mörder deiner Schwester sein?"

Maria überlegte einen Augenblick. „Das kann ich mir nicht vorstellen. Er ist ein listiger und verschlagener Mann, er hätte bestimmt behauptet, die Briefe seien schon offen gewesen und er habe nur nachgeschaut, dass der Brief wieder richtig drin steckt. Irgendwie hätte er sich bestimmter wieder herausgeredet."

„Das verstehe ich nicht ganz. Ihr wolltet doch damit einen Beweis geben, und das wäre doch ein Beweis gewesen, dass er seine Finger in den Umschlägen hatte?" beharrte ich.

„Ja, meine Schwester hat sich das so vorgestellt. Aber ich war skeptisch bei der ganzen Angelegenheit. Solche Leute winden sich immer irgendwie raus. Ich traue ihm gar nicht so viele Emotionen zu, dass er einen Mord begeht. Er ist eigentlich ein langweiliger Typ, dem ich nicht so viel Energie zutraue. Meinst du denn, man kann einen Mord auch emotionslos begehen?"

„Ich denke, es geht auch aus kalter Berechnung und ohne Wut und Hass, zum Beispiel wenn man sich in die Enge gedrängt fühlt, also auch aus einer Angst heraus.

Obwohl, Angst ist auch eine Emotion. Aber wenn er Angst um seine Stellung hatte, wäre das auch ein Motiv gewesen."

„Ach nein, das traue ich ihm doch nicht zu. Er ist schon viel zu viele Jahre bei der Post und kennt alle und seine Freunde mauscheln mit ihm. Sicher hätte er dann seinem Vorgesetzten gegenüber irgendein Märchen erfunden und seine Freunde hätten ihn gedeckt."

„Bist du denn gar nicht mal sauer auf ihn, Maria? Immerhin hat er dir mehrmals Geld gestohlen, viel Geld!"

„Anfangs war ich natürlich sehr sauer", gestand sie mir. „Aber Antonio hat mir so oft inzwischen vorgeworfen, dass es mein eigener Leichtsinn war, der zu dem Diebstahl geführt hat, weil das Geld nicht versichert war. Und seine ewigen Vorwürfe mag ich gar nicht mehr hören, deswegen wollte ich alles vergessen."

„Eigentlich ist Antonio auch mit dafür verantwortlich, da er sich bei Carlo verplappert hat. Er hat ihm den Hinweis gegeben, dass Geld in den Briefen ist. Ist er denn öfter so gedankenlos?"

„Er ist ein fleißiger Mann, das zählt für mich. Und sonst? Er kommt gut durchs Leben, weil er sich gern alles so dreht, wie er es haben möchte. Da ist er ähnlich schlau wie Carlo. Wenn es einmal drauf ankommt, lässt er sich nicht packen. Wenn du noch ein bisschen länger hier bist, kannst du ihn mal kennen lernen."

„Das wäre total interessant für mich, liebe Maria. Ich habe mich nämlich ein bisschen mit Psychologie beschäftigt und studiere verschiedene Menschentypen. So wie du deinen Mann und Carlo beschreibst, sind es beides sehr schlaue, besondere Exemplare. In der Art habe ich noch niemanden kennen gelernt. Du kannst dir vorstellen, dass ich auch immer wieder mit den verschiedensten Menschen zu tun habe, und es ist ungeheuer wichtig für mich, immer auf alles vorbereitet zu sein. Ich muss ja manchmal auch recht unangenehme Gespräche führen, wenn ich jemanden interviewe, der zum Beispiel etwas verbergen möchte."

Sie lachte. „So, wie ich dich bis jetzt kennengelernt habe, hast du, glaube ich, keine Probleme, aus den Menschen alles herauszulocken. Aber ich verstehe dich schon. Wenn du die Menschen studierst, dann sind diese beiden Männer für dich wichtig. Willst du sie denn auf diese Briefgeschichte ansprechen? Das wäre mir nicht so recht."

„Nein, wenn du das möchtest, kann ich schweigen wie ein Grab. Du hast mich einfach nur neugierig gemacht auf Antonio und Carlo."

„Gut, dann machen wir das so", beschloss sie. „Ich lade dich für morgen Abend zum Essen ein, so gegen acht. Ist dir das recht?"

„Die Zeit passt mir sehr gut, danke dir. Darf ich vielleicht einen Freund mitbringen?"

„Natürlich, bring deinen Freund mit. Das wird auch Antonio gut gefallen, wenn er ein Männergespräch führen kann."

„Kein Problem, er ist sogar Italiener und kann sich daher fließend mit deinem Mann unterhalten."

Maria freute sich. „Schade, dass du nicht immer hierbleiben kannst, dann wäre mein Leben nicht mehr so langweilig."

„Ich kann dich ab und zu einmal besuchen", tröstete ich sie. „Und jetzt würde ich mir gern etwas von diesem zauberhaften Schmuck aussuchen, wenn du nichts dagegen hast."

Ich kaufte ihr zwei Ketten und fünf von den zierlichen Engeln ab, und sie bestand darauf, mir noch eine dritte Kette zu schenken.

Wie zwei alte Freundinnen nahmen wir mit einer Umarmung Abschied voneinander.

***

11. Kapitel

„Es war eigentlich nicht Luciana, die von Carlo mit größeren Summen bestohlen wurde", berichtete ich Ermanno und Roberto, als ich wieder zurückkam. Mit wenigen Worten versuchte ich, diese verwickelte Geschichte zu erzählen.

Ermanno staunte. „Und Maria kann sich nicht vorstellen, dass Carlo der Mörder sein könnte?"

„Das kann ich auch nicht so ganz nachvollziehen, für mich hat er ein Motiv. Auf jeden Fall werden wir uns morgen erst einmal Antonio anschauen. Auf deine Emotionen bin ich gespannt, für mich gehört er mit seiner Vorliebe für Luciana auch immer noch zum Kreis der Verdächtigen. Was macht Susi eigentlich? Warum ist sie hier nicht bei euch zum Pranzo, dem italienischen Mittagessen?"

„Sie hat sich heute Morgen das Frühstück in ihr Zimmer geholt", teilte mir Roberto mit. „Wir haben sie gar nicht gesehen. Und als wir an ihrer Tür klopften, bat sie uns, sie heute nicht zu stören, weil sie die Idee zu einer neuen Figur habe. Sie hat uns ausdrücklich gebeten, sie in ihrer kreativen Phase nicht zu stören. Da haben wir sie natürlich in Ruhe gelassen."

„Ob ich einmal nach ihr schauen soll?" überlegte ich.

Ermanno wehrte ab. „Wir haben jetzt sowieso den Termin bei dem Rechtsanwalt Signore Gianni Pozzo. Wir sollten uns langsam auf den Weg machen. Roberto ist hier, und Marisa muss auch jeden Augenblick kommen, sie hat sich schon bei Roberto mit einer SMS angemeldet. Wenn Susi etwas braucht, wird sie sich schon melden, denn ich denke, sie hat es nicht gern, wenn man sie jetzt stört."

Ich gab nach. „Hab ich noch Zeit zum Umziehen?"

Er schüttelte den Kopf. „Nein, das ist auch nicht nötig. Du siehst perfekt aus. Zum Essen bleibt dir leider auch keine Zeit mehr, aber ich habe eine Tüte mit Gebäck für dich eingepackt."

„Lieb von dir, aber ich glaube, ich bin jetzt doch zu aufgeregt, um etwas essen zu können. Sollte nämlich Pozzo tatsächlich in den Fall verwickelt sein, ist er sicherlich ungeheuer vorsichtig und schlau und kann von mir bestimmt nicht so leicht provoziert werden."

Ermanno zog sein Jackett an, wir verabschiedeten uns von Roberto und begaben uns zu seinem Sportwagen, der aussah, als sei er frisch poliert.

„Jetzt weiß ich auch, warum du so viel Detektivarbeit nebenbei machen musst", scherzte ich.

„Du wirst lachen, erstens habe ich ihn gebraucht kauft, und zweitens habe ich ihn vom Hersteller der Autofirma noch einmal preiswerter bekommen, weil ich dem Firmenchef einen guten Tipp geben konnte wegen des Diebes, der einige seiner Autos gestohlen hatte. Mit diesem Tipp konnte der Dieb gefasst und ein Teil der Beute wieder zurückgeholt werden."

„Du bist eben ein guter Detektiv", versicherte ich ihm.

„Und ich werde es dir auch nie vergessen, dass du mir zweimal das Leben gerettet hast und dich selbst in Gefahr gebracht hast. Und obwohl der schicke Wagen zu deinem Outfit passt, finde ich ihn doch nicht passend zu deinem Beruf als Biologe", versuchte ich ihn ein bisschen zu ärgern.

„Immer diese Klischees", ging er auf diesen Scherz ein.

„Vielleicht muss ich mir jetzt noch die Haare wachsen lassen und eine alte verschlissene Hose anziehen."

Ich schüttelte energisch den Kopf. „Nein, bleib lieber so, dann toleriere ich lieber deine protzige Karre."

Ermanno lenkte den Wagen in die Innenstadt und fand nach einigem Suchen einen geeigneten Parkplatz in der Nähe des Anwaltsbüros.

Ich genoss die wenigen Schritte vorbei an den malerischen Häusern und konnte es nicht lassen, ein paar Fotos mit meinem Handy zu machen.

„Das, was man sieht, müsste man sich besser im Kopf speichern können", wünschte ich mir.

„Das soll wohl nicht so sein, sonst hätten wir den Kopf wohl zu voll mit all den täglichen Bildern. Das Aussortieren funktioniert so schlecht", scherzte er.

„Weißt du etwas über diesen Anwalt?" fragte ich ihn, als wir vor der Tür standen.

„Leider kann man außer der üblichen Werbung im Internet nichts Besonderes über ihn finden. Heute Vormittag hatte Roberto noch einmal nachgeschaut, ob irgendetwas über ihn in den Polizeiakten steht. Aber es gibt nichts, was ihn verdächtig macht. Rechtsanwälte wissen eben über alles gut Bescheid, selbst wenn sie etwas zu verbergen haben."

Die Anwaltspraxis lag im ersten Stock. Als wir den edel eingerichteten Empfangsraum betraten, wurden wir von einer bildschönen Sekretärin begrüßt, die sich genauso gut zum Model geeignet hätte. Sie führte uns in einen ebenso teuer und vornehm eingerichteten Warteraum und bot uns diverse Getränke an.

Dezente Musik drang aus dem Lautsprecher, die bequemen Sessel eigneten sich zum Entspannen.

Dazu blieb uns aber nur wenig Zeit, denn schon nach wenigen Minuten begleitete uns die schöne Italienerin in das mit Stilmöbeln eingerichtete Büro.

Der Anwalt, der uns höflich entgegenkam, sah aus wie ein alternder Hollywood-Schauspieler, sein silbergraues

Haar bedeckte in gepflegten Wellen seinen Hinterkopf, der schlanke Körper steckte in einem cremefarbenen Maßanzug.

Die braun gebrannte Haut glänzte leicht, wie nach einer erfolgreichen Kosmetikbehandlung.

Kein Wunder also, dass er uns eine ebenso gepflegte Hand, an der ein großer goldener Siegelring glänzte, zur höflichen Begrüßung entgegenstreckte.

„Es ist mir eine Ehre, Sie beide hier in meinem bescheidenen Büro begrüßen zu dürfen!"

Bescheidenes Büro! So drückt sich nur jemand aus, der es nötig hat, sich einzuschmeicheln.

Unsere Namen hatte er sich bereits gemerkt, akzentfrei flossen sie ihm über die Lippen. Er selbst stellte sich als Dottore Gianni Pozzo vor und bat uns, auf den stilvollen Sesseln, die vor dem Schreibtisch standen, Platz zu nehmen.

„Womit kann ich dienen?" behielt er den sich anbiedernden Ton bei. „Meine Empfangsdame, Signora Valente, hat mich informiert, dass Sie sich für ein Immobilien-Objekt im Bereich von Catania interessieren. Kann ich Ihnen da mit der Beantwortung einiger Ihrer Fragen behilflich sein?"

„Genau deswegen haben wir uns bei Ihnen angemeldet", begann Ermanno. „Meine Verlobte und ich haben uns entschieden, hier ein Feriendomizil zu erwerben, das einigermaßen erschwinglich ist. Da der Erwerb einer Immobilie in jedem Land, ja, manchmal auch in jeder Region, unterschiedlichen Bedingungen unterliegt, fanden wir es sinnvoll, Sie aufzusuchen und um Rat zu fragen."

„Da sind Sie bei mir gut aufgehoben, Sie haben die richtige Wahl getroffen", versicherte uns Pozzo.

„Ausgezeichnet!" Ermanno hatte sich offenbar dem Sprachstil des Anwalts angepasst. „Das freut uns außerordentlich. Dann dürfen wir sicherlich auf Sie zukommen, wenn wir ein passendes Objekt gefunden haben. Und ganz im Vertrauen, vielleicht können Sie uns auch einen seriösen Makler empfehlen?"

„Das darf ich eigentlich nicht. Aber wenn wir uns einmal abends zu einem Gläschen Wein in einer Vineria treffen, gebe ich Ihnen privat gern ein paar Empfehlungen."

Ermanno tat erfreut. „Das ist sehr liebenswürdig von Ihnen. Ich hatte gleich das Gefühl, dass wir bei Ihnen an der richtigen Adresse sind. Dann warten wir also auf einen Termin, den sie uns freundlicherweise geben werden."

Pozzo sah in seinen Terminkalender. „Wie es der Zufall so will, habe ich gerade eine kleine Pause. Und gleich um die Ecke befindet sich eine Osteria, in der ein guter Wein kredenzt wird. Wenn Sie also noch etwas Zeit haben?"

Das passte gut in unsere Pläne, mit ihm in näheren Kontakt zu treten, und so stimmten wir seinem Vorschlag zu. Wenige Minuten später saßen wir mit ihm in der kleinen, gemütlichen Osteria, den teuren Wein, den er bestellt hatte konnten wir nicht ablehnen. Schließlich wollten wir ihm mit allen Mitteln zeigen, dass alles, was er uns anbot, für uns willkommen war.

Dass er mit allen Wassern gewaschen war, bemerkte ich daran, dass er selbst nichts aufschrieb, sondern Ermanno die Namen und Adressen einiger Makler diktierte. Clever, wie er war, wusste er, dass ihm so nichts nachzuweisen war.

Nachdem er uns für die Gespräche mit den Maklern diverse Tipps gegeben hatte, sah ich meine Stunde gekommen, ihn zu überraschen.

„Gibt es eigentlich hier Stadtviertel, die wir ablehnen sollten? Ich habe von dem mysteriösen Mord an einer

Frau gehört, die nachts im Schlaf in ihrem eigenen Haus erschossen wurde. In diese Gegend möchte ich nun wirklich nicht ziehen."

Für eine Sekunde zeigte sein Gesicht Überraschung, schnell fasste er sich wieder. „Da müssen Sie sich keine Sorgen machen, Frau Mühlberg! Der Fall ist mir bekannt, wie jedem hier in der Stadt. Das war eine Beziehungstat, es war der Ehemann, der den Mord begangen hat. Solche Familiendramen kommen immer wieder einmal vor, überall."

„Das beruhigt mich etwas", stellte ich mich weiter ahnungslos, „dann ist der Mörder wohl gefasst?"

„Die Polizei ist ihm auf der Spur", redete er sich heraus. „Es ist nur noch eine Frage der Zeit. Sie können ganz beruhigt sein. Wir haben hier sehr schöne Wohngegenden, sicherlich werden Sie begeistert sein."

„Ach, wenn er noch nicht gefasst ist, dann gibt es ja auch noch kein Geständnis von ihm. Ist es dann überhaupt sicher, dass er der Mörder ist?"

„Es liegt alles klar auf der Hand, Frau Mühlberg. Erstens hatte er ein Motiv, er wollte sich scheiden lassen, weil er eine Freundin hatte, aber seine Frau weigerte sich. Zweitens war er allein mit ihr im Haus, und es gibt keinerlei Einbruchsspuren. Und drittens ist er ja auf der Flucht, das deutet nicht auf seine Unschuld hin. Für mich ist der Fall eindeutig klar."

„Und das sieht die Polizei auch so?" fragte ich mit einem unschuldigen Blick. „Es gibt auch die Möglichkeit, Schlösser von außen zu öffnen, wenn der Schlüssel drinnen steckt. Ich kann mir nicht vorstellen, dass er sie so unbedacht umbringt, wenn er alles andere als ein Alibi hat. Er kann doch nicht beabsichtigt haben, sein Leben auf der Flucht zu verbringen. Sicher hatte er vor, mit seiner Freundin glücklich zu leben. Aber auf der Flucht oder im Gefängnis ist das nicht möglich.

Wenn er kein Geld für einen Killer hatte, dann hätte er vielleicht an irgendeiner Klippe einen Unfall inszenieren müssen. Aber sie im Bett neben sich zu erschießen, das wäre einfach zu dumm."

„Vielleicht war dieser Mord so nicht geplant", widersprach er mir. „Vielleicht hatten sie vor dem Schlafengehen einen heftigen Streit, sodass er in der Nacht Rache genommen hat."

„Dafür hat sie aber sehr ruhig in ihrem Bett geschlafen. Bei einem heftigen Streit hätte sie sich möglicherweise allein in einem Zimmer eingeschlossen oder wäre zu einer Nachbarin oder einer Freundin geflohen."

Er schüttelte den Kopf, sein Gesichtsausdruck zeigte leichte Verärgerung. „Selbst sein Pflichtverteidiger käme nicht auf solche außergewöhnlichen Ideen. Dieser Mann hat doch ein eindeutiges Motiv. Seine Frau war ihm im Weg, und er hat sie auf einfachem Weg beseitigt. Vermutlich will er mit seiner Freundin irgendwo im Ausland untertauchen und dort mit einem neuen Namen beglückt weiterleben."

„Ach, er ist mit seiner Freundin auf der Flucht? Davon habe ich gar nichts gelesen."

„Man weiß es nicht", kehrte er zu den Tatsachen zurück. „Jedenfalls ist sie im Moment nicht hier. Die Polizei hatte sie verhört, aber für unschuldig befunden, als sie ein Alibi hatte. Das ist zum Beispiel auch so ein verdächtiger Punkt. Sie wohnte im selben Haus, aber gerade in dieser Nacht war sie nicht zu Hause. Das klingt für mich auch wie abgesprochen." Er wandte sich an Ermanno. „Was halten Sie denn davon, Signor Scotti?"

Mein Freund überlegte nicht lange. „Meine entzückende Freundin hat eine sehr große Fantasie. Ich bin da viel realistischer, denke da ganz wie Sie. Der Fall liegt klar auf der Hand, man muss ihn nicht noch komplizieren. Und solch ein Familiendrama gibt es immer wieder einmal, das ist ganz unabhängig von einer Stadt oder von einem Land. Und ich hoffe, dass die fleißige Polizei von Sizilien den Mörder sehr bald schnappt. In den letzten Jahren habe ich beobachten können, dass sie viel besser ist, als ihr Ruf."

Der Rechtsanwalt wandte sich wieder an mich. „Sehen Sie, was Sie für einen klugen Partner haben? Er wird Sie bestimmt auch immer gut beschützen, da müssen Sie mit ihren ängstlichen Fantasien keine Angst haben."

Ich versuchte es, meinen Blick harmlos aussehen zu lassen. „Sehen Sie, Signor Pozzo, das ist der Unterschied zwischen Männern und Frauen. Die Herren der Schöpfung sind immer so kopfgesteuert. Wir Frauen gehen einfach oft nach unserem Instinkt, nach unserem Bauchgefühl. Bei mir war es auch so ein Gefühl, das mir sagte, die Lösung ist zu einfach, es muss noch irgendetwas dahinterstecken. Daher vermutete ich, dass die Ermordete noch mehr Feinde hatte, vielleicht irgendeinen, den keiner kennt. Aber vielleicht haben Sie schon Recht, vielleicht kann einen dieses Bauchgefühl auch schon einmal täuschen. Möglicherweise sollte ich einfach meinem Freund glauben. Vielleicht will es das Schicksal, dass wir eine nette Immobilie in einer anderen Gegend der Stadt finden. Vielleicht ist bis dahin der Fall auch schon gelöst."

„Das wollen wir alle hoffen", meinte er besänftigt. „Und nun müssen Sie mich bitte entschuldigen, ich habe nämlich den nächsten Termin. Ich wünsche Ihnen, dass Sie möglichst bald eine passende Immobilie finden."

Er verabschiedete sich rasch und legte dem Kellner einen größeren Geldschein auf den Tisch.

Ermanno und ich spazierten zum Auto.

„Und? Was hältst du jetzt von ihm?" fragte ich den Hobby-Detektiv.

„Das ist schwer zu sagen. Sympathisch ist er mir auch nicht, und wenn er Luciana tatsächlich um das Erbe betrogen hat, hat er natürlich auch genug Dreck am Stecken. Er selbst würde vermutlich auch keinen Mord begehen, sondern hätte Beziehung zu Leuten, die das für ihn tun. Aber, selbst wenn er nicht der Täter ist, so ist es ihm bestimmt ganz lieb, wenn der ganze Fall bald abgeschlossen ist. Dann spricht nämlich niemand mehr über Luciana und auch keiner mehr über diese Erbschaftsangelegenheit."

Ermanno lenkte den Wagen sicher durch die belebten Straßen. „Ein kleiner Ausflug gefällig? Vielleicht zum Nationalpark? Zu einem stinkenden Ätna-Krater?"

„Heute lieber nicht. Ich möchte mich doch noch etwas um Susi kümmern. Ich mache mir ein bisschen Sorgen um sie, wenn sie sich die ganze Zeit zurückzieht."

„Auf mich macht sie keinen kranken oder depressiven Eindruck", fand Ermanno. „Diesmal ist dein Bauchgefühl bestimmt wirklich zu fantasievoll."

Ich lachte. „Susi hat eben die sensible Ader in mir geweckt. Vielleicht können wir unseren Ausflug auf morgen verschieben. Wer weiß, möglicherweise haben sich bis dahin neue Ergebnisse gezeigt."

Er verzog das Gesicht. „Ist das die Möglichkeit? Ich habe es mir immer erträumt, mit dir etwas Schönes zu unternehmen, zum Beispiel eine Reise mit dir zu machen, mit dir im Auto zu sitzen, alles in romantischer Weise. Und jetzt mischen wir uns hier in die Arbeit der Polizei, wälzen Probleme und verpassen schon wieder den Sonnenschein am Meer."

Ich lachte. „Ich werde noch mit dir ans Meer gehen. Das habe ich dir doch versprochen. Also lass uns schnell voranmachen, umso eher ist der Fall gelöst."

Trotzdem wusste ich, was er meinte. Die erotische Spannung, die wir am Anfang unseres Kennenlernens gespürt hatten, schien sich verflüchtigt zu haben.

***

12. Kapitel

Susi hatte auf mein Klopfen an der Zimmertür mit „Herein" geantwortet.
„Was gibt es? Hast du irgendetwas Neues herausgefunden? Nicht wahr, der Anwalt ist hochgradig verdächtig."
„Ich kann mir gut vorstellen, dass er sich nicht scheut, einen Menschen umbringen zu lassen. Ich finde ihn undurchsichtig, unsympathisch, scheinheilig und schmierig. Ich denke, er kann sehr gut Theater spielen und stellte sich natürlich in besonders gutem Licht dar."
Ich berichtete ihr alles über das Zusammentreffen, anschließend auch alle Neuigkeiten von dem Besuch bei Maria.
„Da bist du schon ganz schön weitergekommen", lobte sie mich. „Ich bin dir sehr dankbar und werde dir das niemals vergessen." Traurig blickte sie mich an. „Es ist eine ganz dumme Geschichte, liebe Abigail. Ich habe versucht, mich zusammenzunehmen, aber ich schaffe es nicht. Ich bin sehr unglücklich."
Teilnahmsvoll sah ich sie an. „Ist es wegen Giorgio? Hast du solche Angst um ihn?"
„Nein, das ist es heute nicht. Ich fühle, dass er beschützt wird von den Engeln und auch von meinem Engel Bronzo, der in Deutschland auf mich wartet. Es ist der Ätna, dessen Energie hier so intensiv ist, dass ich unbedingt wieder etwas schaffen muss. Ich habe die Fantasie von einer Skulptur, die unbedingt von mir ins

Leben gerufen werden will. So etwas ist ganz schlimm, liebe Abigail."

„Wie meinst du das?"

„Du musst dir das so vorstellen: Künstler sind mit ihren Kunstwerken schwanger. Zuerst sind die Ideen winzige Zellen, dann wachsen sie heran zu lebenden Kreationen wie Kreaturen, und wenn sie groß genug sind, dann wollen sie geboren werden. In mir fühle ich eine besondere Figur, die das Licht der Welt erblicken möchte."

„Und jetzt?" fragte ich ratlos.

„Du kannst mir helfen. Ich brauche unbedingt Material von Giuseppe. Aber ich darf mich draußen nicht blicken lassen. Du hast ja gesehen, wie schnell mich Marisa erkannt hatte. Ich kann es nicht riskieren, erkannt zu werden. Dann verfolgt man mich auf Schritt und Tritt, und ich kann keinen Kontakt mehr mit Giorgio halten. Würdest du mir den Gefallen tun und bei Giuseppe das Material holen? Ich habe hier die Adresse für dich aufgeschrieben. Mit Marisa habe ich schon telefoniert, sie hat ihr Auto vorhin hier vor die Tür gestellt, damit du damit fahren kannst. Bist du so lieb?"

„Natürlich, das mache ich gern für dich. Darf ich es den anderen hier auch sagen, Roberto, Ermanno?"

„Das kannst du von mir aus. Ich habe dir auf den gleichen Zettel aufgeschrieben, welche Masse ich brauche. Es gibt da unterschiedliche, die sich nicht alle gleich gut für meine Figur eignen. Es soll wieder die mit dem Marmoreffekt sein, die brauche ich unbedingt. Ich habe das Gefühl, wenn ich noch länger so untätig herum sitze, dann werde ich krank."

„Willst du mir denn verraten, um was für eine Figur es sich handelt, Susi?"

„Das muss kein Geheimnis sein, solange du es nicht auf der Straße erzählst. Es ist der personifizierte Ätna, ein brummiger Kerl, der sich über die Menschen ärgert, wenn sie Böses tun. Wenn man von ihm Hilfe will, ist er gutmütig. Aber wenn man ihn reizt, dann rastet er aus. Er schenkt Segen durch die fruchtbare Erde, die nach seinen Ausbrüchen entsteht. Aber er vernichtet auch mit seiner glühenden Lava alles, das sich ihm entgegenstellt. Er ist ein Egozentriker, aber er hat ein gutes Herz. Ich sehe diese Figur vor meinen Augen, ja, ich liebe sie. Und ich muss ihr so bald wie möglich das Leben schenken."

„Du musst dir keine Sorgen machen", beruhigte ich sie.

„Ich werde sofort losfahren. Was muss ich beachten? Wer ist Giuseppe, und was darf ich ihm sagen?"

„Giuseppe ist auch ein älterer Mann, grauhaarig, aber nicht brummig. Er ist selbst ein großer Künstler und zeigt eine bewundernswerte Schaffensfreude. Er hat mir immer alles besorgt, was ich brauchte, auch die ausgefallenen Materialien. Es ist schon wichtig, dass du ihm sagst, ich habe dich geschickt. Aber du solltest ihm trotzdem nicht verraten, wo ich mich versteckt halte und ihn auch bitten, niemandem etwas zu sagen. Ich weiß, er kann schweigen, mir zuliebe. Er ist ein guter Freund. Sage du bitte auch, dass du eine gute Freundin von mir bist und nenne ihn Pepi, so nenne ich ihn nämlich als Einzige."

„Dann werde ich mich jetzt beeilen. Hast du mir auch die Menge aufgeschrieben? Ist das Material schwer? Kann ich es tragen?"

„Giuseppe wird es dir in den Kofferraum legen. Dabei kann euch keiner sehen, du kannst in den Hof hineinfahren, er ist von einer Hecke umgeben. Hier kann dir dann Ermanno dabei helfen, den Sack aus dem Wagen zu tragen. Oder auch Roberto. Weißt du, ich konnte heute keinen von den beiden sehen, das war mir einfach zu viel. Die Unruhe in mir ist zu groß, bevor ich nicht mit dem Etnikus angefangen habe, ist auch mit mir nichts anzufangen."

„Oh, du hast schon einen Namen für die Skulptur. Das finde ich toll."

„Natürlich, die meisten Eltern haben einen Namen für ihr Kind, bevor es geboren wird. Und ich weiß es schon, ich werde diesen alten Greis lieben, fast so wie Bronzo, der mir so ans Herz gewachsen ist."

„Gut, ich beeile mich."

Sie drückte mir zum Abschied einen zarten Kuss auf die Hand. Tatsächlich hatte ich das Gefühl, dass mich eine zarte Fee berührte oder eine Elfe, die gerade aus dem taufrischen Blumengarten kam.

Ich nahm den Zettel und eilte davon, hielt im Wohnzimmer kurz an, um Roberto und Ermanno von meinem Ausflug zu erzählen.

„Soll ich dich begleiten?" bot mir der Detektiv an.

Ich schüttelte den Kopf. „Ich glaube, es ist besser, wenn ich das allein erledige. Bis später dann und wartet nicht auf mich mit dem Abendessen!"

An der Haustür begegnete mir Marisa. Sie hielt mir den Autoschlüssel entgegen und wünschte mir Glück. Ich bedankte mich und eilte hinaus.

„Ich kümmere mich inzwischen um das Essen", rief sie mir nach.

Giuseppe wohnte in der Nähe von Adrano ganz nah am Nationalpark des Ätna. Ich fand sein Anwesen am hinteren Ende des Ortes.

Langsam fuhr ich in den Hof und parkte den Wagen in der hinteren Ecke.

Offensichtlich hatte mich Susi dort telefonisch schon angekündigt, denn als ich ausstieg, stand er bereits in der Haustür.

Er begrüßte mich freundlich und lud mich in den lauschigen Garten ein, wo sich weiße Gartenmöbel unter knorrigen Zitronenbäumchen zum Sitzen präsentierten. Wir blieben einen Augenblick stehen.

„Wie geht es denn meinem kleinen Schatz?" erkundigte er sich auf Italienisch.

„Wenn Sie Theresa meinen, dann muss ich Ihnen leider sagen, dass es ihr momentan weniger gut geht, weil sie wohl einen großen Schaffensdrang in sich fühlt, ihr aber bis jetzt die Möglichkeit fehlte, etwas zu tun."

Er lächelte wissend. „Ja, das habe ich mir gedacht. Sehen Sie, ich kenne Theresa schon seit einigen Jahren. Sie ist für mich wie eine Tochter. Und sie ist eine geniale Frau. Wenn es jemals so etwas gab, wie eine Urfrau, eine Eva, dann ist sie eine direkte Nachfahrin von ihr. Es ist alles noch so ursprünglich an ihr, und sie lebt wirklich. Von ihr kann jeder Mensch noch etwas lernen, der intensiv leben möchte. Sie hat auch ein sehr großes Herz und entwickelt enorme Gefühle. Ihre Werke drücken das alles aus, ich habe einige von ihr in großen Kisten verwahrt."

Ich sah ihn verwundert an. „In Kisten verwahrt? Das hört sich an, als hätte sie vor auszuwandern."

„Auswandern? Nein, niemals. Theresa liebt diese Gegend, sie würde niemals für immer weggehen. Ich habe mir schon Sorgen um sie gemacht, weil ich nichts mehr von ihr gehört habe. Wie froh bin ich, dass es ihr sonst gut geht. Tanzt sie denn noch oft?"

„Ab und zu, und sanft wie ein Engel."

Er sah mich mit großen Augen an. „Wie ein Engel? Nein, das ist nicht meine Theresa. Sie tanzt wie die Geister des Ätna, wild und leidenschaftlich."

Ich stutzte. „Sprechen wir von derselben Frau?"

Er holte das Portmonee aus seiner Hosentasche, fingerte mehrere Passfotos heraus und zeigte mir ein Bild von Theresa mit blonden Haaren.

„Ja, das ist sie, ganz eindeutig", stellte ich fest. „Bis jetzt habe ich sie nur sehr sanft kennengelernt."

„Oh, dann geht es ihr wirklich nicht gut. Dann wird es Zeit, dass sie wieder arbeiten kann. Wenn sie sich wohl fühlt, ist sie nämlich temperamentvoller als jede andere Italienerin, die ich kenne. Ich denke, sie hat Ihnen nicht erzählt, dass ihr Vater Italiener ist."

Ich staunte. „Nein, ich weiß nur, dass beide Eltern im Lehrberuf tätig waren. Mehr hat sie mir über ihre Herkunft nicht erzählt."

„Dann hat sie Ihnen bisher verschwiegen, dass dieser Lehrer ihr Stiefvater war. Ihr richtiger Vater war Italiener, das war wohl ein Urlaubsflirt ihrer Mutter gewesen. Von ihm muss sie wohl auch einiges an Temperament geerbt haben. Aber das soll sie Ihnen selber erzählen, da möchte ich keine Geheimnisse verraten."

„Ich denke, sie wird mir noch einiges erzählen. Ich kenne sie noch nicht so lange, und wir hatten bisher auch noch nicht viel Zeit für solche Gespräche."

Er studierte mein Gesicht. „Sie sehen aber vertrauenswürdig aus, deswegen hat Sie auch Theresa in alles eingeweiht. Sie wissen bestimmt auch alles über den Mordfall, nicht wahr?"

„Ich weiß nur das, was die Allgemeinheit weiß, und dass Susi, so will sie im Moment hier genannt werden, Giorgio für unschuldig hält. Sie hat mir auch drei Verdächtige genannt, von denen sie glaubt, dass einer der Täter ist. Wissen Sie mehr?"

„Ich kenne Giorgio nicht, bin ihm nie begegnet, daher kann ich wirklich nicht sagen, ob sich Theresa irrt oder nicht. Im ersten Augenblick hat er ein Motiv, aber nicht jeder Mensch bringt direkt den Partner um, der sich nicht scheiden lassen will. Denn damit wird man nicht frei für einen anderen Partner, man lebt in der Gefahr entlarvt zu werden. Die Ehefrau zu erschießen und dann wegzulaufen, das bringt auch keine Verbesserung in die verfahrene Situation. Vielleicht haben Sie einmal die Gelegenheit, Giorgio kennen zu lernen. Vielleicht ist er momentan gar nicht weit weg von hier, im Gebiet des Ätna gibt es auch Höhlen."

„Höhlen?" staunte ich. „Gibt es denn da so viele?"

Er nickte. „Etwa 40 Höhlen, einige von ihnen sind sehr lang, bis zu 800 Meter. Es gibt auch welche, die miteinander verbunden sind. Ganz berühmt ist die Eishöhle, hoch oben an der Nordseite des Berges, berühmt ist auch die Drei-Ebenen-Höhle, weil ihr Inneres galerieartig aufgebaut ist, und besonders beliebt ist auch die Grotta dei Lampioni, weil ihr Inneres in magischem Licht erstrahlt."

„Das ist ja fantastisch. Die sind bestimmt sehenswert. Ja, dann wundere ich mich überhaupt nicht, dass die Menschen hier so inspiriert werden, wenn es hier so viele Wunder der Natur gibt. Da ist es natürlich schwierig für die Polizei, 40 Höhlen zu durchsuchen. Er könnte ja auch ständig in einer anderen übernachten."

„Jede Höhle ist auf ihre Art interessant" fuhr er fort. „In einer von ihnen, die ziemlich weit oben liegt, hat man früher den Schnee geholt, um Eis zu machen. Sie heißt „Höhle der Bögen" und enthält ewigen Schnee. Eine weitere Höhle kann nur im Frühling und im Sommer betreten werden, weil sie im Winter vereist ist. Man sollte jedoch nicht alleine dorthin gehen, sondern mit einem Führer."

„Das kann ich mir vorstellen. Wenn Giorgio allerdings hier geboren ist, ist es möglich, dass er sich mit den Höhlen auskennt. Ich darf mir das allerdings gar nicht richtig vorstellen, Höhlen mitten in einem Vulkan! Was muss das für ein Gefühl sein?! So ein Berg ist doch auch unberechenbar."

Er nickte. „Obwohl er natürlich ständig unter Beobachtung steht, möchte ich dort auch nicht leben. Aber Giorgio kann natürlich überall sein. Menschen, die auf der Flucht sind, entwickeln große Instinkte. Meiner Meinung nach hätte er nicht weglaufen sollen, damit hat er sich doch nur verdächtig gemacht."

„Ja, es reimt sich nicht alles zusammen. Es ist nicht alles logisch. Aber auf der anderen Seite frage ich mich, handeln die Menschen immer logisch? Es gibt auch Situationen, in denen der Verstand aussetzt. Und in solchen Fällen ist es schwer, hinter die Dinge zu kommen."

An einem kleinen, steinernen Schuppen blieb Giuseppe erneut stehen. „Ich hätte Sie auch gern zu einem Limoncello eingeladen. Aber ich kann mir vorstellen, wie ungeduldig Theresa auf das Material wartet. Sie können gern an einem anderen Nachmittag oder Abend noch einmal wiederkommen, dann können wir ein bisschen plaudern. Ich habe nicht viel Gesellschaft hier, aber ehrlich gesagt, ich mag auch nicht jede Gesellschaft. Wenn Theresa hier war, da hatte ich immer viel Freude, sie versprüht so viele Lebenslust."

Er hatte das Steinhaus aufgeschlossen und einen großen grauen Sack herausgeholt. „Ich helfe Ihnen noch bis zum Auto. Er ist zu schwer für Sie, leider gibt es das Material nicht in kleineren Gebinden. Man braucht immer sehr wenig, weil es enorm aufquillt, luftig wie Hefe oder Styropor."

Den Sack trug er auf der Schulter, während er munter weiter redete. „Man muss damit umgehen können, und Theresa hat nicht nur geschickte Finger, sondern auch das künstlerische Talent. Kennen Sie schon den

Bronzo? Das war ihr letztes Werk, bevor sie nach Deutschland ging."

„Oh, ja! Dieser Engel ist wundervoll. Man sieht es ihm an, dass sie ganz viel Liebe da hineingesteckt hat. Er soll Giorgio behüten, als Schutzengel."

Er nickte. „Aus Liebe hat sie die schönsten Skulpturen angefertigt."

Ich sah ihn verwirrt an. „Sie hat mir erzählt, dass sie nicht mehr wirklich lieben kann, sondern sich immer nur verliebt, weil sie sich auch unter anderem vor Verletzungen schützen will."

Er zog die Augenbrauen hoch. „Ich weiß ja nicht, was sie jetzt unter Liebe versteht, aber das nehme ich ihr nicht ganz ab. Möglicherweise steht sie doch noch unter Schock wegen des ganzen Geschehens."

„Wie war denn ihre Beziehung zu Giorgio? Sie behauptet, ihn nicht geliebt zu haben. Hatten Sie da einen anderen Eindruck?"

„Leider habe ich die beiden nie zusammen gesehen. Aber Theresa war sehr kreativ in dieser Zeit, so überschäumend, und ich hatte den Eindruck, dass sie glücklich war. Wenn ich so nachdenke, war das, glaube ich, ihre fruchtbarste Zeit, sie hat unglaublich schöne Werke in dieser Zeit geschaffen."

„Und sie sind jetzt alle hier bei Ihnen, diese Gemälde und Skulpturen?"

„Nein, da waren keine Gemälde dabei. In dieser Zeit hat sie nur Skulpturen geschaffen. Sie sagte, meine Hände wollen es, sie wollen sich bewegen, sie wollen formen, streicheln, glätten. Meine Hände wollen tanzen und spielen, tasten und fühlen. Diese Worte und noch mehr hat sie gebraucht, wenn sie über ihre Arbeit sprach, Frau Mühlberg."

„Gab es denn zu dieser Zeit einen anderen, den sie geliebt hat?"

„Wenn sie zu mir kam, hat sie immer über alle Personen gesprochen, die sie kannte, auch über Giorgio und Luciana. Nein, soviel ich weiß, war da kein anderer, den sie zu dieser Zeit geliebt hat."

Wir waren an Marisas Auto angekommen, ich öffnete den Kofferraum und Giuseppe legte den Sack hinein.

„Dann bestellen Sie bitte meiner Theresa die liebsten Grüße und geben Sie ihr einige herzliche Umarmungen. Ich werde mich freuen, wenn ich sie einmal wiedersehe."

Wir verabschiedeten uns, Giuseppe winkte mir noch nach, bis ich außer Sichtweite gekommen war.

***

13. Kapitel

Susi umarmte mich mit Tränen in den Augen, als ich in ihr Zimmer trat, gefolgt von Roberto und Ermanno, die den großen Sack in ihr Zimmer trugen.

Die beiden Männer setzten den Materialvorrat in einer Ecke ab.

Roberto sah sie besorgt an. „Marisa hat gekocht, das Abendessen ist fertig. Du hast den ganzen Tag nichts gegessen. Möchtest du nicht zu uns herunterkommen?"

„Nein, ich muss erst einmal mit meiner Arbeit beginnen. Wenn ich sehe, dass ich gut vorankomme, besuche ich euch nachher einmal. Ihr könnt mir etwas von dem Essen aufheben. Aber jetzt muss ich unbedingt anfangen."

Ermanno, Roberto und ich, wir wollten den Raum gemeinsam verlassen, aber Susi rief mich zurück. „Bitte bleib, Abigail!"

Die beiden Männer verließen mit einem kurzen Gruß den Raum, während ich mich umdrehte und zu Susi zurückkam.

„Ich möchte dich nicht stören. Ich nehme an, du brauchst Ruhe für deine Arbeit. Kann ich dir noch irgendwie behilflich sein?"

Susi nickte. „Giorgio hat mich angerufen, er ist hier irgendwo in der Nähe, das hat er mir verraten, und ich hoffe, dass niemand unser Gespräch abgehört hat."

Auf dem Tisch, den sie mit Zeitungspapier abgedeckt hatte, bemerkte ich jetzt einen Eimer mit Wasser, in das sie löffelweise das mehlartige Material aus dem Sack hineinrührte.

„Dann ist er zum Glück noch nicht gefasst worden", freute ich mich. „Und es weiß ja keiner, dass du hier bist. Deswegen wirst du bestimmt auch noch nicht abgehört."

Sie sah mich zweifelnd an. „Ich hoffe nur, dass man nicht Tag und Nacht die Passagierlisten von den Flügen kontrolliert, dann weiß die Polizei vielleicht inzwischen, dass ich hier bin."

„Das kann ich mir nicht vorstellen", versuchte ich sie zu beruhigen. „Du stehst ja nicht auf der Fahndungsliste. Man hatte dich ja bedenkenlos von hier ausreisen lassen. Warum sollten sie dich auch hier suchen?"

„Ja, da hast du vielleicht recht, Abigail." Sie rührte weiter im Eimer. „Sie werden sich wahrscheinlich nicht vorstellen, dass Giorgio so nah ist. Natürlich weiß ich nicht, wo er ist. Vielleicht ist es aber auch nur eine Falle von ihm, für die Polizei. Vielleicht denkt er, dass wir abgehört werden und gibt mir falsche Informationen. Da weiß ich nun nicht, was ich davon halten soll."

„Ich soll dich übrigens von deinem guten alten Freund sehr herzlich grüßen. Witzigerweise sprach er auch davon, dass sich Giorgio vielleicht ganz in der Nähe aufhalten könne, und er erzählte mir von den 40 Höhlen im Ätna. Glaubst du denn, er könnte sich dort aufhalten?"

Inzwischen hatte sie einen zähen Brei angerührt. „Der muss jetzt ein paar Minuten stehen, dann erhält er die Konsistenz von Knetmasse. In den Höhlen ist es nicht gemütlich", teilte sie mir mit. „Ich glaube auch nicht, dass sie sich gut als Versteck eignen. Aber möglich ist natürlich alles. Der gute alte Giuseppe, er ist ein wirklicher Freund. Er hat so ein gutes Herz, ich glaube, ich könnte von ihm alles haben."

„Er hat sehr schön von dir gesprochen, Susi. Und er hat deine Werke so gelobt, er hat richtig von dir geschwärmt." Susi lächelte. „Er ist wie ein Vater oder Großvater zu mir." Plötzlich verfinsterte sich ihr Gesicht. „Was hat er dir denn über meine Werke erzählt. Hat er irgendeins erwähnt?"

Ich sah sie irritiert an. „Nein, er hat mir nur erzählt, dass er sie in verschlossenen Kisten für dich aufbewahrt. Und natürlich, dass sie so wunderschön sind. Durfte er mir das nicht erzählen?"

Ihr Gesicht entspannte sich wieder. „Doch, natürlich. Ich dachte nur …, er übertreibt eben immer fürchterlich. So besonders sind meine Werke gar nicht. Wenn er so übertreibt, bist du nachher enttäuscht, wenn du sie irgendwann einmal siehst."

Ich hatte das Gefühl, dass sie mich anschwindelte. Gab es irgendein Werk, das ihr nicht so gut gelungen war, für das sie sich vielleicht schämte? Oder hatte sie irgendetwas kopiert, das sie verbergen und verschweigen wollte? Gab es um irgendeine Skulptur ein Geheimnis, das sie mir nicht verraten wollte? Ob ich Giuseppe einmal darauf ansprechen sollte?

„Es kann nicht jedem alles gefallen", beruhigte ich sie.

„Dein Bronzo gefällt mir jedenfalls sehr, und es wird bestimmt das eine oder andere Stück geben, das mir ebenfalls gefallen wird. Was hast du denn mit den Skulpturen vor? Willst du sie einmal in Deutschland bei Moro Rossini ausstellen?"

„Das ist eine fantastische Idee. So groß sind sie auch gar nicht, wenn Rossini einen Raum frei macht, dann bringt man sie schon darin unter. Vielleicht breche ich auch hier alle Zelte ab und bleibe dann für ganz in Deutschland. Ich könnte ein ganz neues Leben anfangen dort."

„Würdest du dieses herrliche Land hier nicht schrecklich vermissen?"

Sie prüfte die Masse. „Gleich ist es soweit. Oh ja, Catania ist meine zweite Heimat geworden. Nein, eigentlich noch mehr, meine erste, meine wahre Heimat."

Ich dachte daran, dass mir Giuseppe verraten hatte, dass ihr wahrer Vater ein Italiener war. Ob sie wohl wusste, wer er war? Ob er noch lebte?

„Das kann ich gut verstehen. Mir gefällt es ja auch sehr gut. Aber wenn der Mordfall geklärt ist, kannst du doch auch hierbleiben. Hier wohnt Giuseppe, inzwischen hast du doch auch Roberto als neuen Freund."

Sie stellte den Eimer nach unten, legte ein Holzbrett auf den Tisch und hob die Masse darauf. Schnell und geschickt begannen ihre Finger, den Knetteig zu formen.

„Es wird sich alles irgendwie fügen", orakelte sie. Blitzschnell glitten ihre Finger über das Material, die Bewegungen erinnerten mich an virtuoses Klavierspiel.

Fasziniert sah ich ihr zu, wie innerhalb weniger Minuten eine Figur zwischen ihren Händen entstand, sich immer klarer aus der anfangs unförmige Masse hervorhob.

Ich wagte es fast nicht, zu atmen, wie eine heilige Zeremonie erschien mir dieser Augenblick.

Ihre Wangen färbten sich leicht rosa, ihre Augen glänzten, mit leicht geöffnetem Mund schien sie der Figur ihren Atem einzuhauchen.

Ich achtete nicht mehr auf die Zeit, beobachtete sie stumm und staunend, sah gebannt zu, wie liebevoll sie der Figur ein menschliches Aussehen gab.

In kurzer Zeit hatte sie einen alten Mann zum Leben erweckt, dessen gekrümmter Rücken Mitleid erweckte.

Nachdem sie ihm ein sorgenvolles, faltiges Gesicht gegeben hatte, erwachte sie aus ihrer hingebungsvollen Arbeit.

„So, das ist jetzt erst einmal seine Vorgeburt. Morgen ist er vermutlich so weit getrocknet, dass ich schon ein wenig daran herumfeilen kann."

„Guten Abend, Etnikus!" wagte ich zu sagen.

„Du kannst zwar schon mit ihm sprechen", meinte sie lächelnd. „Aber er ist noch nicht geboren. Erst wenn er gefeilt und nachher richtig schön poliert ist, dann darfst du mit dabei sein, wenn ich ihm seinen Namen gebe."

Sie sah ihn noch einmal liebevoll an, dann ging sie zum Waschbecken und wusch sich gründlich die Hände.

„Und jetzt habe ich einen riesigen Hunger", verkündete sie. „Denn jetzt ist alle Unruhe von mir wie abgefallen. Ich habe mich befreit von diesem Zwang, etwas erschaffen zu müssen, etwas, das leben wird."

„Er ist wunderbar", fand ich. „Wer hat dir nur diese herrliche Gabe vererbt?"

„Wer weiß? Vielleicht irgendeiner von meinen Urgroßvätern. Vielleicht war eine Fee bei meiner Taufe anwesend. Vielleicht haben aber auch meine Kinderfrauen diese Empfindungen in mir kultiviert und mir in mein Herz geschrieben, dass das Leben nur sinnvoll und schön ist, wenn man kreativ ist."

„Du wirst es wohl nicht herausfinden", vermutete ich.

„Ich weiß nur, dass es ein Geschenk ist, wenn man so eine Begabung hat, und dass dich sicher viele Menschen darum beneiden. Ich bin schon ganz gespannt, wie Etnikus aussehen wird, wenn er ganz fertig ist. Er ist jetzt schon fast so schön wie Bronzo."

„Wahrscheinlich hältst du mich für verrückt", gestand mir Susi. „Wenn er fertig ist, wirst du sehen können, dass er zu leben beginnt."

Ich sah sie irritiert an. „Wie soll das gehen?"

„Warst du schon einmal in einer Kirche bei besonders schönen Madonnen- oder Christusfiguren?"

Ich nickte. „Ja, da habe ich schon viele gesehen."

„Wenn du davor stehst und meditierst oder betest, hast du nach einer Weile auch den Eindruck, als hättest du ein lebendiges Gegenüber. Genauso passiert es mir mit meinen Figuren."

Ganz in Gedanken lief ich hinter ihr her.

Als wir das Wohnzimmer betraten, begrüßten uns Roberto und Ermanno mit einem lauten „Ah".

„Ihr könnt euch gar nicht vorstellen, was ich für einen Hunger habe! Habt ihr mir etwas aufgehoben?" Susi spähte in die Küche.

„Warte, ich bringe dir etwas. Wir hatten heute ein vollständiges Menü mit Vorspeise und Nachtisch. Zuerst bekommst du die Antipasti." Marisa eilte in die Küche und brachte der Künstlerin einen Teller mit eingelegten Tomaten, Zucchinischeiben und Artischockenherzen.

Roberto schenkte ihr Rotwein ins Glas. „Bist du gut vorangekommen?"

Sie nickte, erleichtert lächelnd. „Die Vorarbeit ist geleistet, die Feinarbeit dauert natürlich viel länger, es ist ein längerer Schaffensprozess."

Trotz ihres großen Hungers versäumte sie nicht, vor dem Essen an den verschiedenen Gemüsesorten zu riechen. Wie zu einem stillen Gebet faltete sie kurz die Hände. Danach erlebten wir, wie sie in winzigen Häppchen die Antipasti bedächtig verspeiste.

„Du bist eine gute Köchin", lobte sie Marisa. „Wer so gut kochen kann, dass es den anderen schmeckt, der hat eine besondere Gabe. Du zauberst etwas, das den Sinnen einen Genuss bietet. Das schafft nicht jeder."

Erneut lief Marisa in die Küche, und als sie zurückkam, servierte sie Susi ein Pastagericht mit Meeresfrüchten, das ebenfalls den Beifall der Künstlerin fand.

„Wie kommst du nur immer auf solche Ideen?" erkundigte sich Roberto bei Susi. „Was hat dich zum Beispiel dieses Mal inspiriert, eine Skulptur zu erschaffen?"

Susi nippte am Wein. „Das weiß nur der Himmel. Es fällt mir ein, wie anderen Menschen im Schlaf die Träume. Nur, dass ich sie nicht wieder vergesse. Sie warten in mir so lange, bis ich sie verwirkliche."

Mit Hingabe verspeiste sie die Pasta. „Sobald die neue Figur fertig ist, feiere ich mit euch ein Fest."

Auch dem Nachtisch gönnte sie eine kleine Zeremonie. Winzige Häppchen führte sie mit dem Löffel feierlich in den Mund, beim Verzehr hielt sie die Augen geschlossen.

„Kann es sein, dass Etnikus ein bisschen Ähnlichkeit mit Giuseppe hat?" wandte ich mich an Susi.

Sie überlegte. „Ja, vielleicht ein bisschen. Aber Giuseppe ist nicht so unberechenbar. Und er ist gütiger. Aber vom Aussehen, da hast du Recht. Da habe ich ihn mir vielleicht unbewusst zum Vorbild genommen."

Sie bedankte sich bei Marisa für das Essen und trug die Reste in die Küche.

„Jetzt brauche ich die „Casta Diva", hast du die CD, Roberto?"

Er nickte. „Sogar von einer ganz berühmten Sängerin gesungen." Eilig sprang er auf und legte die CD ein.

Sie stand auf und ging auf ihn zu. „Wollen wir tanzen?"

„Darauf?"

Sie lächelte. „Man kann auf alles tanzen. Ich werde es dir zeigen."

Marisa, die in der Küche noch etwas aufgeräumt hatte, setzte sich neben mich und ließ die Künstlerin nicht aus den Augen.

Langsam bewegte sich das Paar nach der Musik, die eigentlich nicht zum Tanzen geschaffen war. Dennoch schaffte es Susi, einen Rhythmus herauszufinden, in dem sie sich mit Roberto zu der Melodie wiegte.

Roberto genoss es sichtlich, von Susi geführt zu werden, er bemühte sich, ihrer Körpersprache zu folgen.

Eine Melodie reihte sich an die andere, wie in Trance tanzten die beiden im Raum. Mir fiel auf, dass Marisa neben mir die Augen senkte und die Finger verkrampfte, während sich Ermanno in eine Zeitung vertiefte.

Nach einer Weile erhob sich Marisa. „Ich muss jetzt nach Hause, der Tag fängt morgen früh für mich an. Bringst du mich noch zur Tür, Abigail?"

Sie winkte den anderen zu. „Du kannst morgen für alles, was du tun willst, wieder mein Auto nehmen", schlug sie mir vor. „Zum Kindergarten sind es von meiner Wohnung aus nur ein paar Schritte. Da gehe ich sowieso lieber zu Fuß hin."

„Danke, das ist lieb. Es tut mir leid, wegen Susi und Roberto. Anscheinend hat er noch nie so eine Frau getroffen wie diese Künstlerin. Wenn er auch jetzt fasziniert von ihr ist, das muss keine Liebe sein."

„Was soll ich jetzt tun?" Ihre dunklen Augen blickten mich fragend an.

„Vermutlich kannst du nicht viel tun. Abwarten, bis die Faszination bei ihm möglicherweise nachlässt, und bis dahin überraschst du ihn ab und zu mit deinen eigenen tollen Fähigkeiten. So hübsch, wie du im Moment dein Aussehen mit deiner Kleidung unterstreichst, fällst du ihm auf jeden Fall auf. Das solltest du beibehalten."

Ich winkte ihr nach, als sie davonging.

Im Wohnzimmer fand ich Ermanno immer noch in die Zeitung vertieft, während sich Susi und Roberto umschlungen hielten, zwischen den beiden Körpern schien es keinen Freiraum mehr zu geben, die melodischen Klänge ließen die beiden verschmelzen.

Als die Töne verklungen waren, schien Roberto wie aus einem Traum aufzuwachen. „Was möchtest du jetzt hören?" flüsterte er seiner Tanzpartnerin zu.

„Nichts mehr. Ich brauche jetzt meinen Schlaf." Ihre Stimme klang fremd und distanziert. Abrupt drehte sie sich um und eilte aus dem Zimmer.

„Was soll ich davon halten?" Roberto fasste sich an den Kopf.

„Manche Künstler sind so", vermutete Ermanno. „Launisch eben."

„Ich sehe eher einen Zusammenhang mit ihrer augenblicklichen Situation", entschuldigte ich Susi. „Vielleicht ist sie doch noch in einer Art Schock-Zustand. Vielleicht solltest du alles, was sie tut, nicht zu persönlich nehmen. Nicht ihr Interesse an dir, aber auch nicht ihr zeitweiliges Desinteresse."

Er zog die Augenbrauen hoch. „In der Theorie ist das leicht."

Ermanno legte die Zeitung zusammen. „Wie bei allem im Leben."

***

14. Kapitel

Während Susi den ganzen nächsten Tag mit Etnikus in ihrem Zimmer verbrachte, erledigte ich alle aufgeschobenen Telefongespräche. Zuerst sprach ich mit Rolf, der schon ungeduldig auf meine Nachrichten wartete.

„Belästigt dich Ermanno auch nicht zu sehr?" scherzte er.

„Er hält sich an unsere Freundschaftsregeln, und das klappt mittlerweile auch ganz gut", versicherte ich ihm.

„Inzwischen mache ich mir einige Sorgen um Theresa. Wir alle haben den Eindruck, dass sie das Geschehene noch nicht verarbeitet hat, ich warte noch auf eine Gelegenheit, ihr eine Therapie vorzuschlagen."

„Es ist vielleicht richtig, und du meinst es auch gut, aber ich denke, da muss sie selbst drauf kommen", widersprach er mir. „Ich habe übrigens ein bisschen vorgearbeitet, und wenn alles so klappt, wie ich mir das wünsche, dann habe ich hier meine Arbeit in Amsterdam in einer Woche beendet. Wir könnten zusammen an einen Urlaub denken. Wie sieht es mit dir aus?"

„Ich hatte heute Zeit, mit der schriftlichen Interview-Arbeit zu beginnen, wenn ich so weiter arbeite, werde ich auch nicht länger als eine Woche brauchen. Allerdings weiß ich nicht, wie lange mich Theresa hier noch braucht."

„Dann werde ich zu dir nach Catania kommen", versprach er mir. „Es ist unmöglich, dass wir uns als

Verlobte so wenig sehen. Nachweisbar verbringst du mehr Zeit mit anderen Männern als mit mir", fügte er scherzend hinzu.

„Mir wäre es anders auch lieber", versicherte ich ihm.

Diese Antwort führte dazu, dass die Leitung eine ganze Weile mit unseren telefonischen Küsschen zum Abschied blockiert war.

Adelaide zeigte sich in unserem Gespräch besorgt über mich. „Ich habe da kein gutes Gefühl, dass du dich wieder einmal als Lockvogel präsentierst. Nach deinen Erzählungen halte ich den Rechtsanwalt, aber auch den Briefträger und Marias Mann für gefährlich."

„Da fehlt jetzt nur noch der Gärtner", scherzte ich.

„Übrigens hat Susi einen mir nicht bekannten italienischen Vater. Das hat mir jedenfalls ein älterer Freund von ihr erzählt. Ich musste gleich an dich und Moro denken. Ihr wart doch damals auch so jung, als ihr euch kennengelernt habt."

Sie lachte. „Oh, du meinst, ich hätte damals von Moro auch ein uneheliches Kind bekommen können? Nein, liebe Abigail. Wir hatten keinen Sex, jedenfalls haben wir nicht miteinander geschlafen. Moro wollte mich ja heiraten, und er wollte mich als Jungfrau in die Ehe führen. Das war damals noch so, es ist jetzt immerhin mehr als 50 Jahre her."

„Und doch warst du schon 17", fiel mir ein. „Vielleicht hättet ihr da eine Lösung finden sollen, dann hätte dich Moro vielleicht nicht betrogen, und alles wäre in eurem Leben anders gelaufen."

„Es war alles sehr schicksalhaft, es musste bestimmt so sein, dass wir uns viele Jahre aus den Augen verloren und jeder erst einmal sein eigenes Leben lebte. Nur so haben wir wahrscheinlich beide unsere künstlerischen Fähigkeiten durch die Sehnsucht nacheinander entwickelt und ausgeübt. Ganz abgesehen davon muss ich dir wirklich gestehen, dass Moro viele Jahre lang ein richtiger Frauenheld war, wer weiß, ob mir das all die Jahre gefallen hätte. Seine Frau konnte das nur aushalten, weil sie ihn nicht wirklich liebte."

Ich tröstete sie. „Wenn ihr verheiratet gewesen wärt, hätte er andere Frauen nicht nötig gehabt."

Sie lachte. „Du weißt doch, wie sehr er alle Schönheit der Erde liebt. Er war niemals ein Heiliger, und wird auch nie einer sein. Aber ich liebe ihn, so wie er ist. Und jetzt darf ich ihm gar nicht so viel von deiner Reise und deinen Erlebnissen dort erzählen, sonst bekommt er zu viel Heimweh nach seinem geliebten Catania."

„Vielleicht werdet ihr doch noch einmal wieder reisen können, ich wünsche es mir sehr für euch."

„Und dir wünsche ich viel Erfolg, Abigail. Ermanno soll gut auf dich aufpassen."

Ich versprach es ihr.

Bis zum Abend widmete ich mich noch einmal intensiv meinen Schreibarbeiten, gönnte mir dann eine ausgiebigen Dusche und schlüpfte in ein einfaches, rotes Sommerkleid.

Ermanno klopfte an meine Tür. „Bist du so weit, bella Abigail?"

Ich schlüpfte in die Schuhe. „Sofort."

Als ich herauskam, schenkte er mir einen bewundernden Blick. „Dieses Kleid steht dir besonders gut, dass solltest du öfter tragen."

„Danke für das Kompliment, du machst dich auch ganz gut als mein Freund". Ich ließ meinen Blick über seine gepflegte Gestalt gleiten. „Wir sind ein gutes Paar."

Im Vorübergehen klopfte ich kurz an Susis Tür. „Kommst du gut voran?"

„Ja, weil mich keiner stört", lautete die Antwort von drinnen. „Viel Erfolg dann bei Maria!"

„Soll ich sie von dir grüßen?" schlug ich vor.

„Ich kenne sie gar nicht. Nur ihren widerlichen Mann, den Macho, Schleimer und Frauenheld. Der hat sich auch ein paar Mal an mich heran machen wollen. Diesem Antonio traue ich alles zu. Seht euch nur vor!"

„Wir werden an dich denken", versprach Ermanno.

In der Küche trafen wir auf Marisa und Roberto, die gemeinsam kochten.

Die junge Kindergärtnerin trug heute ein moosgrünes, eng anliegendes Sommerkleid, das ihr gut stand, die dunklen Locken fielen anmutig um ihr Gesicht. „Wir heben euch etwas auf", versprach sie.

„Nicht nötig, wir sind zum Essen eingeladen", klärte ich sie auf.

„Trotzdem." Roberto hielt uns einen Topf mit Pilzen entgegen. „Schließlich müsst ihr unbedingt probieren, was wir hier Schönes zaubern."

Wir wünschten den beiden einen schönen Abend und verließen das Haus.

„Weißt du, wozu ich jetzt Lust habe?" fragte Ermanno, als wir in seinen Sportwagen einstiegen.

„Keine Ahnung. Vielleicht möchtest du wieder mit mir baden gehen?"

„Dieses Mal nicht. Ich möchte mit dir am liebsten eine Bootsfahrt machen, vielleicht zu den äolischen Inseln, nach Stromboli und Vulcano. Dort ist die Farbe des Meeres oft tintenblau."

„Erstens haben wir keine Zeit, zweitens haben wir kein Boot und drittens wäre das viel zu weit."

„Erstens und zweitens lasse ich gelten, aber es ist nicht weit mit dem Boot, Abigail. Mit dem Tragflügelboot sind es von Catania über Messina nur zwei Stunden. Diese Zeit müssen wir uns unbedingt einmal nehmen. Allerdings geht das nur mit Voranmeldung."

Ich lachte. „Na, dann haben wir ja noch einiges in Planung. Wird das nicht ein bisschen viel? Ich glaube, du musst dich entscheiden, zwischen einem Ort am Strand und einem Ausflug mit dem Tragflügelboot. Rolf meint nämlich, dass er in Amsterdam vielleicht in einer Woche fertig ist. Und wenn hier dann noch nicht alles geklärt ist, will er vielleicht hierher kommen und ein paar Tage Urlaub machen."

Ermanno stöhnte gespielt. „Ich werde ihn doch noch zum Duell auffordern müssen."

Wir fanden vor Marias Haus einen geeigneten Parkplatz und stellten den Wagen ab.

Antonio öffnete uns die Tür, und vom ersten Augenblick an wusste ich, dass ich ihn sehr unsympathisch fand. In seinem Lächeln lag nichts Ehrliches, es wirkte aufgesetzt und undurchschaubar. Seine Blicke glitten gierig über meinen Körper, was mir ein kaltes Schauern verursachte.

„Ich bin Antonio und meine reizende Frau hat mir schon alles erzählt. In vielen Ländern ist es üblich, Du zueinander zu sagen. In meinem Haus gilt das für alle Gäste ebenfalls. Seid willkommen hier in den bescheidenen Mauern."

Nachdem wir uns widerstrebend mit „Abigail" und „Ermanno" vorgestellt hatten, führte er uns zu seiner Frau ins Wohnzimmer.

Wir hatten für die beiden Wein und Kuchen mitgenommen, worüber sich Maria ehrlich freute. Sie hatte den Tisch festlich gedeckt und servierte uns ein delikates Menü, begleitet von sizilianischen Weinen.

Während des Essens berichtete Antonio von seiner Arbeit im Warenhaus und stellte sich dabei als mächtig und unverzichtbar vor. Mehrmals begann er einen Satz mit: „Wenn es mich nicht gäbe …" Seine Frau ließ er kaum zu Wort kommen.

Beim Nachtisch, einem von Maria köstlich zubereiteten Cassata-Eis, gelang es mir, das Thema zu wechseln. „Ich habe gehört, dass man sich früher in einer Höhle des Ätna Schnee geholt hat, um Eis zuzubereiten. Ist das wirklich wahr?"

Maria nickte. „Richtig. Aber das ist schon sehr lange her. Heute hat man das zum Glück nicht mehr nötig bei den modernen Geräten. Ich habe eine neue Eismaschine, die hat mir meine Freundin aus Rom geschickt."

„Natürlich nur aus Freundschaft", erklärte Antonio. „Wir haben hier selbst gute Eismaschinen. Schließlich haben wir das Eis hier schon aus Tradition."

„Kaum vorstellbar, dass es in diesen Höhlen so kalt ist", spielte ich Verwunderung. „Man munkelt hier, dass sich da drinnen auch Verbrecher versteckt halten können. Ist daran etwas Wahres?"

„So dumm ist bestimmt keiner", meinte Antonio und schob sich einen großen Löffel Eis in den Mund. „Verstecke gibt es überall genug."

„Es ist ja nicht jeder schlau", beharrte ich. „Dieser Giorgio zum Beispiel, verzeih mir bitte, Maria, dass ich das jetzt erwähne, der hat ja wohl auch nicht so überlegt gehandelt. So handelt ja kein Täter, der unentdeckt bleiben will. Also zum Beispiel dieser Giorgio, der könnte doch auch so dumm sein, und sich in einer Höhle verstecken. Immerhin könnte er dann ab und zu mal nachts nach seinem Haus gucken, ob da noch alles so in Ordnung ist.

„Ich habe einen Schlüssel zu dem Haus." Antonio bediente sich noch einmal mit Eis. „Ich gehe da ab und zu mal hin und schaue, ob alles noch in Ordnung ist. Es ist jetzt nicht mehr versiegelt, die Spuren sind alle gesichert. Nur in das Schlafzimmer, wo die Tat geschah, da sollen wir nicht unbedingt hineingehen, empfahl uns der Kommissar. Aber was sollte Giorgio dort?"

„Ich habe mal gehört, es ist irgendeine alte Weisheit, die sagt, dass Täter öfter an den Ort ihrer Tat zurückkommen. Hier ist er doch an der Quelle, und kann sich erkundigen, wie es um den Mordfall steht."

Antonio schüttelte energisch den Kopf. „Nein, Giorgio wird sicher über alle Berge sein. Vermutlich ist er mit diesem Flittchen längst im Ausland."

Ich sah ihn mit einem unschuldigen Augenaufschlag an. „Wer ist denn dieses Flittchen?"

„Diese Theresa, seine Freundin, die ihm den Kopf verdreht hat. Irgendeine verrückte Frau aus Deutschland war das."

„Hast du sie gekannt?" fragte ich ihn geradeheraus.

„Ich habe sie ein paar Mal gesehen. Die ist total durchgedreht, kein Wunder, dass da Giorgio total verwirrt war. Sie hat ihn regelrecht eingewickelt."

Ich ließ nicht locker. „Womit denn?"

Er schenkte uns allen Wein nach und nahm selbst einen großen Schluck. „Mit ihrem Spleen natürlich. Sie hat alles so seltsam angefasst und gestreichelt, so, wie wenn man jemanden verführen will."

„Du meinst, bei ihr war alles ein bisschen erotisch? So wie bei Marilyn Monroe?"

„Nein, sie sah nicht aus wie Marilyn Monroe, eher ganz harmlos. Aber in Wirklichkeit war sie ein Teufel, der es mit seinen komischen Berührungen darauf abgesehen hatte, die Männer zu verführen."

Jetzt ritt mich ein Teufelchen. „Hat sie das bei dir auch versucht?"

Er warf seiner Frau einen kurzen Blick zu.

„Schon, aber ich habe sie natürlich abgewehrt. Vielleicht war sie auch so eine, wie heißt das doch gleich? Nymphomanin?"

Ich beschloss, ihn erst einmal in Ruhe zu lassen, immerhin wusste er jetzt, dass ich mich für den Fall interessierte.

Maria lud uns zum Espresso auf die Terrasse ein. Von hier aus konnte man in der Ferne das Meer sehen.

„Ein herrlicher Blick", fand Ermanno und sah über die Dächer. „Da habt ihr ein schönes Plätzchen gefunden."

Die beiden Männer begannen, sich über Politik zu unterhalten. Ich trat mit Maria zur Seite. „Ich suche noch eine hübsche Kette für meine italienische Freundin, die ich hier in Catania gefunden habe. Sie heißt Marisa und kocht für uns, auch sonst hilft sie mir bei jeder Gelegenheit, da möchte ich mich bedanken. Wann hättest du noch mal Zeit für mich?"

„Wir können auch gleich nachschauen, wenn du magst", bot sie mir an.

„Lieber ein anderes Mal. Weißt du, Ermanno fände es unhöflich, wenn ich mich jetzt mit dir irgendwohin zurückzöge. Hast du vielleicht noch mal an irgendeinem Vormittag Zeit? Dann könnte ich etwas in Ruhe aussuchen."

„Ja natürlich. Hast du vielleicht gleich morgen Zeit, Abigail?"

„Das passt mir, prima, danke! Ich glaube auch, dass das nicht das letzte Schmuckstück ist, das ich von dir erwerben möchte. Kein Wunder, dass deine Freundin aus Rom immer wieder etwas von dir bestellt."

„Soll ich dir denn auch einmal etwas nach Deutschland schicken? Ich könnte Fotos von neuen Kollektionen machen, und du könntest dir dann etwas aus der Ferne aussuchen."

„Was für eine tolle Idee, Maria! Da gibt es bestimmt eine ganze Menge Frauen, die gern etwas bei dir bestellen würden. Ich denke an meine ganzen Freundinnen, an Adelaide und Cordula, die mit mir im

Schloss wohnen. Und an viele andere in Sankt Augustine auch."

„Du wohnst in einem Schloss? In einem richtigen Schloss?"

„Es gehört dem berühmten italienischen Maler Moro Rossini, dort lebt er seit kurzer Zeit auch mit seiner Frau Adelaide, einer Deutschen. Die beiden verbindet ein richtiges Märchen, sie haben sich kennengelernt, als sie noch jung waren. Sie liebten sich, aber das Schicksal führte sie auseinander. Erst nach vielen Jahren trafen sie sich wieder, und vor Kurzem haben sie geheiratet. Sie ist über 70 Jahre alt und er über 80. Ich hoffe, dass die beiden noch viele Jahre leben dürfen."

„Sehr romantisch", fand Maria. „Meine Schwester liebte auch so romantische Geschichten. Sie las immer Liebesromane, und bevor sie wusste, dass Giorgio hinter Theresa hier war, war sie auch ganz begeistert von ihren Werken. Diese Künstlerin hat viel hergestellt, das mit dem Thema „Liebe" zu tun hatte. Paare, die miteinander tanzen, Paare, die sich umarmen, Paare, die sich küssen und Paare, die sich lieben. Da hat Luciana ganz am Anfang dieser Theresa auch ein paar kleine Skulpturen abgekauft."

„Wo sind sie denn jetzt?"

„Ich weiß es nicht, ich war lange nicht mehr in ihrem Wohnzimmer. Dort standen sie zuletzt am Fenster. Aber von draußen konnte man sie nicht sehen, weil ein Wohnzimmerfenster auch mit dem Blick zum Meer hinaus liegt, und das Haus steht höher als die anderen davor. So kommt auch keiner in Versuchung, sie zu klauen."

„Ich liebe Kunst. Meinst du, du kannst mir irgendwann einmal diese Figuren zeigen?"

„Das geht bestimmt. Antonio geht immer dort die Blumen gießen, weil er meint, es fiel mir noch zu schwer, dort an den Tatort zu gehen. Aber das Wohnzimmer ist ein neutraler Ort. Da kann ich mit dir ruhig einmal hingehen. Ich lasse mir morgen früh den Schlüssel von ihm geben, und dann schauen wir mal. Ich sage ihm einfach, dass ich jetzt selber schon soweit bin, um dorthin zu gehen. Er muss ja nicht unbedingt wissen, dass du mitgehst. Weißt du, manchmal ist er ein bisschen komisch, da kann man es ihm nicht recht machen. Nein, du musst mich jetzt nicht so mitleidig anschauen. Mir geht es gut, und Antonios Macken sind nicht so schlimm für mich. So wie er sind viele Männer. Das weißt du doch bestimmt auch."

Ich lachte. „Es gibt solche und solche. Ja, von einem mit solchen Macken bin ich auch schon geschieden worden. Mein Verlobter Rolf ist anders, glücklicherweise. Und außerdem sind wir wegen unserer Berufe häufig getrennt. Da sind wir froh, wenn wir uns ab und zu zwischendurch sehen, und einer nimmt die Macken des anderen in Kauf."

„Solche Partnerschaften laufen oft besser, wenn man sich nicht so oft sieht", fand Maria. „Aber ich habe schon bemerkt, dass Antonio immer ruhiger wird, je älter er wird."

„Bist du sicher, dass uns die beiden da hinten am Tisch nicht hören können?"

Sie schüttelte leicht den Kopf. „Aus der Entfernung hört Antonio nichts, eigentlich müsste er ein Hörgerät tragen, aber er ist zu eitel dazu." Sie lachte. „Dann muss er sich auch nicht wundern, dass er nicht alles mitbekommt. Ich hole noch was etwas Gebäck, ich habe extra Plätzchen für euch gebacken."

Sie eilte in die Küche und kam kurz darauf mit einer großen Schale zurück, auf die sie die Plätzchen neben allerlei anderen Süßigkeiten zu einem Stern ausgelegt hatte, der mich an ein Mandala erinnerte.

Antonio schien sich prächtig mit Ermanno zu unterhalten und schenkte uns zum Gebäck einen Dessertwein in kleine Gläser. Mittlerweile erzählte er eine Anekdote nach der anderen von seiner Arbeit und schien sich bei dem Thema sehr wohl zu fühlen.

Als ich ein paar Male gegähnt hatte, erbarmte sich Ermanno und teilte den Gastgebern mit, dass es Zeit sei, den Heimweg anzutreten.

Nachdem wir uns ausgiebig bedankt und verabschiedet hatten, stiegen wir ins Auto und beobachteten, dass uns Maria und Antonio noch lange nachwinkten.

***

15. Kapitel

In Robertos Haus angekommen fanden wir ihn und Marisa auf dem Sofa sitzend und über den Tag diskutierend.

„Wir haben noch jede Menge Essen übrig", teilte mir die junge Italienerin mit. „Susi hat sich nur etwas Obst und Wasser auf das Zimmer bringen lassen und arbeitet immer noch. Wir fragen uns natürlich, ob das so gut für sie ist."

„Lasst sie einfach arbeiten", schlug Ermanno vor. „Wahrscheinlich tut ihr das gut, und sie kann Vieles, was sie in der letzten Zeit erlebt hat, damit und dabei verarbeiten." Er berichtete den beiden von den Erlebnissen unseres Abends bei Antonio und Maria.

„Und wir haben einstimmig festgestellt, dass wir diesen von sich so eingenommenen Mann nicht sympathisch finden", schloss er seine Erzählung.

„Da bin ich neugierig, ob er versucht, Maria diese neue Freundschaft mit dir auszureden", überlegte Roberto.

„Und ich kann mir vorstellen, dass er seine Frau nicht gern allein in das Haus lässt", meinte Marisa. „Immerhin könnte Maria dort im Haus herumschnüffeln, und eventuell irgendetwas von ihm finden. Wenn er sich ja vielleicht sogar für beide Frauen interessiert hat, für Theresa und Luciana, dann hat er ihnen vielleicht auch mal ein Briefchen zugesteckt oder sogar ein kleines Geschenk gemacht. So etwas könnte seine Frau natürlich beim Blumengießen einmal entdecken."

Ich überlegte. „Dann bin ich neugierig, ob er ihr morgen den Schlüssel gibt. Vielleicht denkt er aber auch gar nicht so weit. Ich hoffe, morgen eine Gelegenheit zu finden, dem Briefträger zu begegnen. Am besten am Haus von Giorgio und Luciana, denn dort fände ich die besten Gründe, ihn anzusprechen."

„Dann bleibe ich morgen lieber dort in der Nähe im Auto sitzen", beschloss Ermanno. Wenn du da allein mit Maria bist, ist das weit weniger verdächtig. Und unser anderer Verdächtiger, unser guter Rechtsanwalt ist bestimmt zu schlau, um jetzt schon einzugreifen. Er wird vermutlich erst mal abwarten, was wir noch so unternehmen. Ich schätze, dass er sich irgendwann in der nächsten Zeit einmal melden wird und höflich nachfragt, ob wir eine Immobilie gefunden haben oder ob er uns noch weiterhelfen kann."

„Ja, so clever schätze ich ihn auch ein", stimmte ich Ermanno zu.

Marisa erhob sich. „Jetzt wird es Zeit für mich, schlafen zu gehen. Mein Auto steht dir weiterhin zur Verfügung, Abigail. Aber ich hoffe doch, dass ihr jetzt gleich noch einmal Hunger bekommt, damit ich nicht alles umsonst gekocht habe. Roberto hat nämlich heute auch nur wie ein Vögelchen gegessen. Wahrscheinlich bin ich doch nicht so eine gute Köchin."

Der Polizist protestierte. „Du kochst wunderbar, Marisa. Es schmeckt mindestens so gut wie bei meiner Mutter. Aber ich fand die Stimmung heute so angespannt, da hat mein Magen einfach revoltiert. Vielleicht esse ich nachher noch einen Happen."

Ich brachte die junge Frau zur Tür. „Liebe geht durch den Magen", scherzte ich.

„Dann war da heute nicht viel", gab sie zurück. „Aber es war heute wirklich ein schöner Abend, auch wenn wir viel über Susi gesprochen haben. Es war so harmonisch, wir haben uns so gut verstanden, aber es war leider auch so wenig spannend wie bei einem alten Ehepaar."

„Ich habe da so eine Vorahnung, dass deine Zeit noch kommen wird, Marisa. Ich bin nämlich immer wieder irritiert, wenn ich sehe, wie Susi Roberto behandelt. Das deutet mir alles nicht darauf hin, dass sie in ihn verliebt ist, geschweige denn, dass sie ihn liebt."

„Ich hoffe, du behältst Recht." Sie umarmte mich zum Abschied und ich winkte ihr nach.

Als ich wieder ins Wohnzimmer kam, hatten sich Ermanno und Roberto in der Küche mit Essen bedient und freuten sich über mein verblüfftes Gesicht.

„Oh", machte ich, „dein Magen hat sich wohl wieder beruhigt, Roberto und du, Ermanno, hast bei Maria wahrscheinlich nur höflich vom Essen gekostet."

Sie grinsten mich beide an.

„Und du?" erkundigte sich Roberto mit vollem Mund.

„Ich schau jetzt mal nach Susi", teilte ich den beiden mit und wünschte ihnen einen guten Appetit.

Ich klopfte an Susis Tür. „Ich bin's, Abigail. Wie geht es dir?"

„Komm herein, Liebes! Mir geht es von Stunde zu Stunde besser. Du darfst dir einmal anschauen, wie der

alte Gott des Vulkans aussieht. Er gewinnt immer mehr an Ausdruck. Schau ihn dir an! Wie gefällt er dir?"
Ich betrachtete die Figur eingehend und staunte, was Susi in den letzten Stunden geschafft hatte. Mit Feilen und Schmirgelpapier hatte sie am ganzen Körper Feinheiten herausgearbeitet, die den alten Mann immer deutlicher erkennen ließen.
„Ich kann es gar nicht glauben, was du in den wenigen Stunden erarbeitet hast! Du hast wirklich Zauberhände und magische Finger. Jeder andere Bildhauer wird dich beneiden. Ich glaube, es war der liebe Gott selbst, der dir diese Hände geschenkt hat."
Sie sah mich traurig an. „Ja, das wird es wohl sein. Aber er schenkt keine Rosen ohne Dornen. Er hat mir auch dieses unruhige Herz gegeben, das nur aufhört, wild zu schlagen, wenn ich so etwas schaffe. Kennst du den Spruch: „Fortuna lächelt, doch sie mag nur ungern voll beglücken. Schenkt sie uns einen Sommertag, dann schenkt sie auch Mücken"? Der ist von Wilhelm Busch."
Ich verstand sie nicht ganz. „Ja, aber was hat das mit dir zu tun? Du bemühst dich doch immer so sehr um Harmonie, um Frieden und Glück. Manchmal wirkst du wie Fortuna selbst oder wie ein liebenswerter Engel. Wann treibt dich denn diese Unruhe?"
„Ich habe mir diese Ruhe und diesen Frieden erst erkämpfen müssen, bis ich ihn fand. Aber diese innere Unruhe mit dem Schaffensdrang, die gehört wohl bei Künstlern dazu, das sind die Dornen, ich mag sie nicht. Ich habe solch eine Sehnsucht nach den schönen Dingen, deswegen hasse ich alles, was das zerstört. Und dann hasse ich mich, weil ich hasse und doch den Frieden suche. Ich bin nicht sicher, ob du mich verstehst."

„Ich versuche es. Vielleicht kenne ich es in der Art auch ein wenig von Moro Rossini, von dessen Stimmungen mir Adelaide einiges erzählt hat. Vielleicht ist aber auch diese ganze Situation im Moment sehr nervig für dich."

Sie streichelte liebevoll die Skulptur. „Vielleicht ist es auch die Energie des Ätna, die ich hier besonders spüre, oder es sind die heißen sizilianischen Sommernächte, die in mir arbeiten. Aber vielleicht liegt es auch in meinen Genen. Ich muss dir noch ein Geheimnis verraten."

Ich ahnte, um was es ging und sah sie erwartungsvoll an.

„Meine Mutter, die Lehrerin, das war auch meine wirkliche Mutter, aber der Lehrer, bei dem ich groß wurde, das war nicht mein leiblicher Vater. Ich habe es erst erfahren, als meine Eltern starben, denn da hinterließ mir meine Mutter einen Brief mit einem Geständnis. Darin teilte sie mir auch mit, dass mein Vater ein Sizilianer aus Catania war, aber dass sie ihm niemals von meiner Existenz berichtet habe. Daraufhin bin ich dann hierher gezogen und habe die ganzen Jahre lang meinen leiblichen Vater gesucht. Das war sehr schwer, denn ich wollte natürlich auch nicht einen öffentlichen Aufruf starten. Schließlich hatte ich nicht vor, meinen echten Vater in Verlegenheit zu bringen, falls er eine Familie mit Kindern besaß. Ich habe mir einfach Männer in entsprechendem Alter herausgesucht, mich mit ihnen angefreundet und sie dann später gefragt, ob sie einmal mit einer Deutschen einen Urlaubsflirt gehabt haben. Bei einigen traf es sogar zu. Aber jedes Mal, wenn ich ihnen dann ein Foto von meiner Mutter gezeigt habe, haben sie den Kopf geschüttelt. So habe ich auch Giuseppe kennen gelernt. Wie sehr hatte ich gehofft, er wäre mein leiblicher

Vater! Aber leider ist er es nicht, er hat mir versichert, dass er nie einen Urlaubsflirt mit einer Deutschen gehabt hat. Naja, immerhin ist er ein lieber guter, alter Freund, das ist vielleicht besser als ein unangenehmer Vater. In Catania habe ich dann gemerkt, wie viel mir diese Stadt, wie viel mir diese Gegend bedeutet. Hier konnte ich immer aus purer Freude heraus etwas schaffen. Aber in der letzten Zeit ist es nicht nur die pure Lebensfreude, es hat tatsächlich suchtähnliche Züge. Deshalb bin ich beunruhigt."

„Vielleicht will es das Leben, dass du deinen Vater doch noch irgendeinmal findest, durch einen Zufall, der eigentlich Schicksal ist. Ehrlich gesagt, ich glaube, deine Unruhe ist momentan wegen Giorgio und dem Mordfall. Die Sorge um ihn und der ganze unaufgeklärte Mordfall, so etwas belastet jeden Menschen. Viele Menschen gehen in einem solchen Fall auch zu einer Therapie."

„Nein, Abigail, ich bin nicht für solche Maßnahmen. So etwas muss man allein verarbeiten, mit sich selbst ausmachen. In vielen Dingen sind Therapien bestimmt gut, bei normalen Depressionen oder Ängsten. Aber bei mir musst du das dir so vorstellen wie eine offene Wunde. Bei einer Wunde kann sich auch nicht ein Fremder vor dich hinstellen und zu deiner Wunde sagen: „Heile jetzt!" Was geschehen ist, muss ich mit mir selbst ausmachen, es muss heilen wie jede andere Wunde."

„Das musst du für dich selbst entscheiden", riet ich ihr. „Aber du machst dir immer noch Sorgen, dass dein Vater dir irgendetwas vererbt haben könnte, was dich in deiner Ruhe und deiner Harmonie stört, irgend ein unbekanntes Gen?"

Sie nickte. „Ja. Stell dir vor, wenn er nun ein Mafiosi ist oder war! Stell dir vor, er hat vielleicht Menschen umgebracht! Du kannst dir vorstellen, dass ich immer in mich hineinhorche. Es lässt mir keine Ruhe."

Ich streichelte ihren Arm. „Es gibt kein Mörder-Gen. Da kannst du ganz beruhigt sein. Weißt du, wie viele Mörder in den Gefängnissen der ganzen Welt sitzen?! Ich habe noch nie davon gehört, dass deren Kinder oder Enkel auch alle Mörder sind. Ich denke, wenn Menschen mit viel Aggressivität in sich eine gute und liebevolle Erziehung haben, dann haben sie auch die Chance, gute Menschen zu werden. Und nur weil dein Vater aus Sizilien, aus Catania ist, muss er nicht zwangsläufig auch zur Mafia gehören. Du bist sonst ein sehr optimistischer Mensch. Nimm doch einmal an, dass dein Vater ein guter Handwerker oder Künstler war und vielleicht noch ist! Vielleicht kann dich das etwas beruhigen. Und deine Mutter war bestimmt auch ein ganz normaler, netter Mensch. Vielleicht nicht gerade die Super-Mutter, aber immerhin hat sie dir gute Kinder-Frauen gegeben, die dein Leben reich gemacht haben."

Plötzlich brach sie in Tränen aus. Ich nahm sie in den Arm und streichelte beruhigend ihren Rücken. Es dauerte eine ganze Weile, bis sie sich ausgeweint hatte.

„Ich danke dir, Abigail! Ich dachte schon, Bronzo und Etnikus sind meine einzigen, wirklichen Freunde. Aber du bist etwas ganz Besonderes."

„Danke! Und ich glaube, du hast noch mehr Freunde. Denk doch nur an Roberto, Ermanno und Marisa, wir alle mögen dich. Und dein lieber alter Freund Giuseppe erwartet dich sehnlichst. Ich habe den Eindruck, auch wenn er nicht dein Vater ist, er liebt dich sehr."

Sie trocknete sich die Tränen und nickte. „Ich glaube, das hat mich jetzt sehr entspannt und müde gemacht. Bist du mir böse, wenn ich mich jetzt gleich hinlege und schlafe?"

Ich umarmte sie noch einmal und wünschte ihr eine gute Nacht.

***

15. Kapitel

Ermanno parkte am anderen Morgen seinen Wagen kurz hinter dem von Marisa und wartete dort, ich selbst hatte einen Parkplatz vor dem Haus von Maria und Antonio gefunden und klingelte erwartungsvoll an der Haustür.

Es dauerte eine ganze Weile, bis mir Maria mit verweinten Augen entgegentrat.

Ich nahm sie kurz in den Arm. „Was ist passiert?"

Sie führte mich wortlos ins Wohnzimmer. Hier begann sie noch einmal zu weinen. Ich nahm ihr Hand und streichelte sie, bis sie sich wieder beruhigt hatte.

„Antonio hat mit mir gestritten. Und er ist sehr, sehr böse geworden. Das hätte ich nicht von ihm gedacht."

„Was ist denn passiert?" wiederholte ich mich.

„Ich hatte ihn um den Schlüssel gebeten, du weißt ja, wir wollten doch heute zusammen in Lucianas Haus. Aber er hat mich fürchterlich angeschrien, was denn plötzlich mit mir los sei. Und ob er es nicht gut genug mache, mit der Versorgung von diesem Haus. Das sei bisher immer seine Aufgabe gewesen, und er habe es gut und gewissenhaft gemacht. Ob ich ihm vielleicht hinterherspionieren wollte, weil ich ihm zutraue, dass er das Licht nicht wieder richtig ausmacht oder die Haustür nicht wieder richtig abschließt. Er hat eine halbe Stunde lang da herumgeschrien. Und dann wurde er ganz unsachlich, hat gemeint, dass es mir viel zu gut geht und er sich viel zu viel um alles sorgt und zu viel arbeitet. Aber ich würde das Ganze ja nicht sehen und nicht schätzen. Es war ein Riesendrama, und natürlich hat er mir den Schlüssel nicht gegeben. Er will wie immer heute Abend dort hingehen und nach dem Rechten sehen."

Ich überlegte einen Augenblick. „Wo ist das Haus genau?"

„Nur zwei Straßen weiter."

„Gibt es noch mehr Schlüssel?"

„Nein, ich glaube nicht. Doch, einen hat noch die Polizei. Aber warte mal, ich glaube, ich habe noch einen Torschlüssel vom Garten. Von da aus kann man von hinten zur Terrasse zu dem kleinen Schuppen, in dem Giorgio eine Werkstatt hat und auch diese Theresa eine kleine Werkstatt hatte. Dort sollen sie sich ja dann auch immer getroffen haben. Möglicherweise hat Antonio nach hinten heraus auch irgendein Fenster zum Lüften etwas geöffnet, denn ohne den Torschlüssel kommt keiner da hinein. Meinst du denn, wir sollen dort hingehen, nur um nach den Skulpturen von dieser Theresa zu sehen?"

Es schien mir angebracht, jetzt doch etwas mehr von meinen Absichten zu erzählen.

„Du weißt doch, dass ich Journalistin und von Natur aus sehr neugierig bin. Ich finde, da sind ein paar Ungereimtheiten im Mordfall deiner Schwester, und ehrlich gesagt, ich finde auch immer noch den Briefträger verdächtig, nachdem, was du mir über ihn berichtet hast. Ich finde es prima, dass die Polizei dabei ist, den Mordfall zu klären, aber die haben auch immer sehr viel zu tun und können sich nicht an nur einem Fall aufhalten. Zufälligerweise habe ich mich bisher immer auch als Hobbydetektivin betätigt, und auch mein Freund Ermanno hilft mir manchmal dabei. Hast du etwas dagegen, wenn ich die Polizei etwas unterstütze und selbst ein bisschen mitrecherchiere?

Dann wird der Mord an deiner Schwester vielleicht eher aufgeklärt. Ich möchte wirklich nur helfen."

Sie sah mich misstrauisch an. „Warum möchtest du mir helfen? So lange kennen wir uns doch noch nicht. Hast du von Anfang an vorgehabt, mich auszuhorchen?"

„Es tut mir leid, dass ich dir nicht von Anfang an alles gesagt habe, auch, dass ich mich für diesen Fall interessiere. Ja, ich hatte gehofft, durch dich etwas zu erfahren. Aber ich fand dich so sympathisch und habe mich gefreut, dich kennenzulernen. Ich möchte wirklich helfen, und dir auf keinen Fall schaden…"

„Von wem bekommst du Geld für deine Recherchen?" erkundigte sich Maria.

„Von niemandem", antwortete ich wahrheitsgemäß. „Ich bekomme mein normales Gehalt von meinem Arbeitgeber, meinem Chef, Herrn Wieland. Er hat einen großen Verlag für Bücher und Zeitschriften. Aber er bezahlt mich nicht für eine eventuelle Aufklärung an diesem Fall. Ich bin darauf gestoßen, und es interessiert mich einfach, was da wirklich passiert ist."

Sie sah mich immer noch misstrauisch an. „Eigentlich fand ich dich von Anfang an auch sehr sympathisch, aber jetzt hast du mich etwas durcheinandergebracht.

„Das tut mir leid, entschuldige bitte. Ich hoffe, dass wir trotzdem eine Chance haben, Freundinnen zu werden. Ich könnte dir vielleicht helfen, den Mord an deiner Schwester eher aufzuklären, wenn du mir ein bisschen dabei hilfst."

„Und was soll ich dir jetzt dabei helfen? In das Schlafzimmer gehen wir auf keinen Fall, das ist auch abgeschlossen. Warum möchtest du denn die Skulpturen im Wohnzimmer sehen?"

„Eigentlich möchte ich mir einen Eindruck machen von der gesamten Wohnsituation von Giorgio, deiner Schwester und der Frau, die seine Freundin gewesen sein soll. Und wenn wir zufällig dabei etwas finden, das weiter zur Aufklärung hilft, dann wäre das schon toll."

„Na gut. Wenn es wirklich der Aufklärung dient, dann habe ich nichts dagegen. Wenn du als Journalistin arbeitest, begegnen dir bestimmt öfters solche Fälle. Hast du denn schon oft Hobbydetektivin gespielt?"

Ich nickte. „Ja, schon mehrere Male. Es war auch nicht immer ungefährlich, es gab auch schon Situationen, die lebensgefährlich waren. Bisher hatte ich immer einen Schutzengel."

„Dann hole ich dir jetzt erst mal einen neuen kleinen Schutzengel aus meiner Kollektion, der soll dich dann bei weiteren Aktionen beschützen. Möchtest du trotzdem eine Kette kaufen, oder hast du mir das nur so vorgegaukelt?"

„Nein, ich möchte wirklich eine Kette für meine neue Freundin, eine sehr liebenswerte Frau. Und deinen Schutzengel nehme ich gerne an, ich werde ihn sicher noch gut gebrauchen können."

Sie zeigte mir ihre Schmuckkollektion, und ich suchte eine goldfarbene Kette heraus, die zwischen ihren Ornamenten rote Perlen einfasste.

Den etwa vier Zentimeter großen Engel befestigte ich als Anhänger an meinem Schlüsselbund.

Maria räumte die Kollektion wieder fort und holte den Torschlüssel von Lucianas Haus. „Ich bin bereit zu unseren Schandtaten, hoffentlich entdeckt uns Antonio nicht, wenn er ebenfalls aus irgendeinem Grund während seiner Arbeit heute Vormittag dort nachschaut."

Wenn er ein schlechtes Gewissen hat, schaut er bestimmt dort nach, dachte ich.

„Dann werde ich mir schon eine Ausrede einfallen lassen, liebe Maria. Wir sind einfach einmal da vorbeispaziert, weil ich als Journalistin eben sehr neugierig bin, und mir das Haus einmal von außen ansehen wollte. Und dann haben wir im Garten ein verdächtiges Geräusch gehört. Daraufhin bin ich stehen geblieben, und du hast schnell zu Hause den Torschlüssel geholt, weil dir eingefallen ist, dass dir deine Schwester einmal dazu einen Zweitschlüssel gegeben hat. Mit dieser Ausrede sind wir abgesichert. Und wenn wir tatsächlich ins Haus kommen, und er uns dabei erwischt, dann behaupten wir, wir hätten im Haus ein verdächtiges Geräusch gehört."

„Und wenn er fragt, warum wir nicht die Polizei gerufen haben?"

„Dann sagen wir, wir hätten geglaubt, dass es vielleicht auch nur eine Katze oder ein Vogel gewesen sei, und deswegen kann man ja nicht jedes Mal direkt die Polizei alarmieren."

Maria lächelte. „Ich sehe schon, es ist nicht dein erster Fall. Warum bist du nicht zur Polizei gegangen? Vermutlich wärst du dort gut aufgehoben."

„In der Regel liebe ich es auch, ganz normale Interviews zu führen. Aber die Fälle, bei denen ich Kriminellen begegne, sind automatisch auch mit dabei."

Wir verließen das Haus und spazierten die Straße entlang, bogen einmal rechts, einmal links um die Ecke und standen dann vor einem gelblichen Haus mit einer braunen Holztür und einer eisernen Hoftür neben dem Gebäude. Links und rechts daneben ragten die Mauern der Nachbarhäuser empor.

Aus dem Augenwinkel heraus beobachtete ich, dass uns Ermanno folgte.

Maria schloss die Hoftür auf, ich folgte ihr in den etwas vernachlässigten Garten. Auf der linken Seite entdeckte ich zwei größere Schuppen, die Werkstätten von Giorgio und Susi.

„Da können wir leider nicht hinein, beide Schuppen haben Vorhängeschlösser, diese Theresa hat ihren Schlüssel sicher mitgenommen, und wo Giorgio seinen Schlüssel versteckt hat, das weiß ich nicht. Aber Theresas Schuppen ist vermutlich leer, Antonio hat mir erzählt, dass sie ihre Skulpturen in Kisten gepackt und fortgebracht hat."

Ich spähte durch ein Astloch in der Türe hinein, konnte aber dort in der Dunkelheit nichts erkennen. Unnötigerweise rüttelte ich auch an beiden Türen, aber wie erwartet, blieben sie verschlossen.

Maria führte mich hinter das Haus auf die Terrasse, wir sahen uns die Terrassentür, die Balkontür und die Fenster genauer an, um festzustellen, ob sich uns irgendwelche Öffnungen boten.

„Geht es dir gut?" erkundigte ich mich bei Maria. „Oder möchtest du lieber vor dem Haus warten?"

„Nein, es geht schon", beruhigte sie mich. „Schau nur, es ist alles zu. Wir können sowieso nichts machen. Aber ich habe eine Idee. Antonio kommt ja nicht jeden Tag hierher zum Nachschauen. Wenn er heute Abend hier war, werde ich morgen den Schlüssel an mich nehmen und nachmachen lassen. Denn wenn es wirklich nicht Giorgio war, wie du vermutest, dann muss doch jemand von außen hier eingedrungen sein. Und dann war es kein Sicherheitsschloss, sodass es für mich kein Problem sein wird, einen Nachschlüssel machen zu lassen. Den kannst du dann von mir aus haben und irgendwann einmal unbemerkt hier nachschauen, während ich vielleicht mit Antonio im Kino bin oder ihn mit irgendetwas anderem beschäftige."

Ich staunte. „Obwohl du mir eben noch misstraut hast, willst du mir jetzt schon den Schlüssel des Hauses anvertrauen?"

Sie verzog das Gesicht. „Erstens siehst du vertrauenerweckend aus, und zweitens gibt es in dem Haus überhaupt nichts Wertvolles, nichts, was es für dich wert wäre, zu stehlen. Ein bisschen alte Bettwäsche, ein bisschen altes Geschirr."

Wir hörten ein Geräusch an der Haustür und erschraken.

Maria packte mich am Arm. „Nichts wie raus jetzt! Wenn das Antonio ist, geht er jetzt in das Haus. Dann haben wir aber jetzt die Gelegenheit, schnell hinauszuschlüpfen."

Als wir auf die Straße traten, sahen wir den Briefträger, der gerade in den Briefkasten des Nachbarhauses etwas einwarf.

„Gott sei Dank, es war nicht Antonio. Aber wenn du jetzt ein Wort mit dem Briefträger wechseln willst, dann verschwinde ich noch schnell einmal im Garten."

„Super", flüsterte ich ihr zu, und während sie hinter dem Gartentor verschwand, näherte ich mich Carlo, dem Briefträger.

Ich grüßte ihn höflich und fragte auf Italienisch:„Haben Sie zufällig Post für meine Freundin hier eingeworfen? Sie heißt Theresa Mansfeld und hat hier bis vor kurzer Zeit bei der leider verstorbenen Luciana und ihrem Mann Giorgio gewohnt."

Er sah mich an. „Aha, Sie sind eine Freundin von der schönen deutschen Frau! Wo ist sie denn im Augenblick? Sie kommt doch hoffentlich bald wieder! Sie war immer sehr freundlich, hat auch viele Päckchen bekommen. Ja, sie war eine große Künstlerin, und sehr spendabel war sie."

„Ich glaube auch, dass sie sehr bald wiederkommen wird. Wenn Sie einmal Post für sie haben, können Sie mir die auch ruhig mitgeben. Ich habe auch zu Haus ein Berechtigungsschreiben, das kann ich das nächste Mal mitbringen, damit Sie sehen, dass alles seine Richtigkeit hat."

Er musterte mich von Kopf bis Fuß. „Ja, das kann ich dann machen. Aber in der letzten Zeit ist keine Post mehr für sie gekommen. Wo lebt sie denn jetzt momentan, die schöne Theresa?"

„Sie macht gerade Besuche in Deutschland", log ich.

„Denn im Moment ist es ja sehr still in diesem Haus. Ja, das ist schon sehr schlimm, was hier passiert ist."

Carlo nickte. „Und über die Toten soll man nichts Schlechtes reden."

„Oh, Theresa hat sich immer sehr wohl gefühlt, sie hatte doch sehr nette Vermieter. Gab es denn da irgendetwas, worüber man lieber nicht sprechen sollte?"

Er sah mich aufmerksam an. „Da sie ja eine gute Freundin von Theresa sind, kann ich es Ihnen ruhig verraten. Diese Luciana war keine nette und liebenswürdige Frau. Sie hat gemeckert und genörgelt und geschimpft und gezetert, der Giorgio hatte kein gutes Leben bei ihr. Mit mir hat sie auch gemeckert, sie hat sich eben mit jedem angelegt, war streitsüchtig und unberechenbar."

Ich tat erstaunt. „Ach, sogar mit Ihnen hat sie gestritten! Das wusste ich gar nicht. Gab es da etwas Besonderes?"

„Ja, sie hat behauptet, ich würde ihre Post öffnen und auch noch etwas daraus stehlen. Das war doch glatter Rufmord. Dabei bin ich schon seit ewigen Zeiten Briefträger und würde so etwas niemals tun. Aber das ist doch kein Wunder, wenn sich dann dieser arme Mann eine Freundin nimmt bei dieser unmöglichen Frau. Das habe ich später in der Zeitung gelesen, dass Theresa Giorgos Freundin gewesen sein muss."

„Oh, Sie Armer! Dann hat man Sie bestimmt auch verdächtigt, diese Luciana umgebracht zu haben. Die Sache mit dem Rufmord gibt in der Theorie auch ein bedeutendes Mordmotiv."

Er nickte. „Natürlich hat man mich verdächtigt, weil irgendjemand der Polizei anonym diese ganze Geschichte gesteckt hat. Obwohl ich so meine Vermutungen habe, wer das gewesen sein kann."

„Etwa meine Freundin Theresa?"

„Nein, die würde doch so etwas nicht tun. Da gibt es noch eine Verwandte von Luciana, anfangs wusste ich gar nicht, dass die beiden miteinander verwandt waren, mit der hatte ich auch mal einen Streit. Es gibt ja so viele Frauen, die sich langweilen und daher unheimlich streitsüchtig sind. Ich glaube, die hat der Polizei den Tipp gegeben."

„Und wie sind Sie dann aus der Sache herausgekommen?"

„Ich habe ein wasserdichtes Alibi. Ich lag in dieser Nacht mit einer Gehirnerschütterung im Krankenhaus. Ich habe eine Nachtschwester als Zeugin, die mir ein Schlafmittel gegeben hat, dass ich vor ihren Augen hinuntergeschluckt habe. Mit solch einem Schlafmittel kann man nicht nachts aufstehen und jemanden erschießen. Außerdem gibt es dort am Eingang eine Videokamera, die zeichnet nachts auf, wer da rein und raus geht."

„Es waren sicher Tropfen, die Sie geschluckt haben, nicht wahr?"

„Warum fragen Sie? Nein, es war eine Tablette. Aber die Schwester kann bezeugen, dass ich sie geschluckt habe."

„Und in welchem Stockwerk lagen Sie? Das hat Sie die Polizei bestimmt auch gefragt. Die stellen immer solche dummen Fragen."

Er sah mich forschend an. „Das ist wirklich eine dumme Frage. Ich lag im ersten Stock. Wie hätte ich da unbemerkt hinausklettern können? Und vor allen Dingen, wie hätte ich da wieder unbemerkt hineinkommen können? Denn am anderen Morgen, als die Schwestern in mein Zimmer kamen, schlief ich noch so fest, dass man mich wecken musste."

„Das ist wirklich ein gutes Alibi", versicherte ich ihm. „Es soll ja auch noch weitere Verdächtige geben. Und wen halten Sie für den Mörder?"

„Ich halte Giorgio für den Mörder. Die beiden werden an dem Abend wohl noch einen heftigen Streit gehabt haben, da hat er sie dann im Affekt erschossen."

„Man hat festgestellt, dass sie vermutlich schlief, als sie ermordet wurde. Das war dann doch nicht im Streit oder unmittelbar danach."

Er überlegte. „Dann hat er sich vorher noch etwas Mut angetrunken. Sie haben gestritten, er hat getrunken, und dann war ihm alles egal, und er hat geschossen."

„Hatte er denn eine Pistole?"

„Jeder kann sich eine Pistole besorgen", meinte er lässig.

„Dann wollen wir mal hoffen, dass der Mörder bald gefasst wird", orakelte ich.

„Das kann man nur wünschen", stimmte er mir zu. „Für mich wäre es auch gut, wenn ich das abhaken kann, dann bin ich auch restlos rehabilitiert. So mag es ja immer noch den einen oder anderen geben, der mich verdächtigt. Wissen Sie eigentlich, ob man Theresa noch verdächtigt?"

„Ach nein, bestimmt nicht. Man hat sie ganz am Anfang verdächtigt, mit Giorgio gemeinsame Sache gemacht zu haben. Aber zum Glück war sie zu dieser Zeit gar nicht in Catania, sondern in Messina. Und da gibt es auch die Mautstellen auf der Straße und an den

Bahnhöfen Überwachungen. Ihr Auto stand in der ganzen Nacht in der Herberge in Messina. Dort ist sie wohl auch von mehreren Menschen gesehen worden, am Abend der Mordnacht und auch am anderen Morgen."

„So etwas würde ich ihr auch nicht zutrauen, sie kann keiner Fliege etwas zuleide tun. Die Entfernung von Messina bis hier ist nicht so weit, das kann man spielend schaffen in einer Nacht hin und zurück. Aber wenn man sie dort gesehen hat, kann sie nicht an zwei Orten gleichzeitig gewesen sein. Ich bin ganz sicher, dass es Giorgio war, und ich kann ihn sogar ein bisschen verstehen. Verheiratet mit solch einer Hexe!"

Ich reichte ihm meine Visitenkarte. „Hier steht die Telefonnummer von meinem Handy. Sie können mich gern anrufen, wenn Sie einmal Post für Theresa haben. Wir werden es dann vermutlich beide in der Zeitung lesen, wer der Mörder war."

Er steckte die Visitenkarte ein. „Grüßen Sie bitte Theresa von mir! Es würde mir gefallen, wenn sie wieder zurückkommt." Er schrieb mir auch seine Telefonnummer auf einen Zettel. „Dann können Sie mir auch einmal berichten, wie es weitergeht, wenn Sie eher etwas erfahren. Eine schöne Zeit in Catania!"

***

16. Kapitel

Als sich der Briefträger entfernt hatte, kamen zwei Menschen gleichzeitig auf mich zu: Maria, die hinter dem Gartentor alles mit angehört und Ermanno, der hinter einem Auto auf der anderen Straßenseite gewartet hatte.

„Dieser unverschämte Kerl", schimpfte Maria. „Wie kann er nur so schlecht über meine Schwester reden! Sie war keine zänkische Frau. Sie hat ihn ertappt und überführt, und das passt ihm immer noch nicht. Ja, es ist gut, dass du dich mit einmischst, Abigail. Man sollte das Ganze doch noch besser untersuchen. Ganz am Anfang hatte ich bei ihm auch ein schlechtes Gefühl, aber dann hat mir Antonio so nach und nach alles ausgeredet. Ich bin dabei, ich werde dir bei all deinen Recherchen helfen."

Sie begrüßte Ermanno. „Ich nehme an, du bist nicht zufällig hier, oder machst du dir nur Sorgen um deine hübsche Freundin hier?"

Ich sah sie zerknirscht an. „Ermanno ist nicht nur mein guter Freund, er ist auch Hobbydetektiv, wird von niemandem dafür bezahlt, aber auch er möchte mit mir die Wahrheit herausfinden, der Wahrheit zuliebe."

Maria nickte. „Jetzt habe ich mich so über den Briefträger geärgert, jetzt ist es mir auch schon egal, was Antonio dazu sagt. Ich werde jetzt hier draußen warten, gewissermaßen Schmiere stehen, und ihr beide geht noch einmal zum Hoftor hinein. Hinter dem ersten Schuppen hatte Giorgio einen Ersatz-Werkzeugkasten versteckt, das hat mir meine Schwester vor langer Zeit einmal verraten. Darin findet ihr allerlei Nützliches, bestimmt auch einen Schraubenzieher für das etwas altersschwache, hintere Kellerfenster oder einen Dietrich für die alte Kellertür, durch die man an der rechten Seite des Hauses hineinkommt. Zur Zeit der Mordnacht war diese Tür allerdings von innen verriegelt. Im Augenblick weiß ich aber, dass Antonio das, vermutlich aus Faulheit, im Moment nicht für nötig hält. Dort unten stehen nämlich die Gießkannen, die er da füllt und durch diese Tür hinausträgt. Und weil hier im Haus augenblicklich sowieso nichts zu holen ist, da ist ja momentan auch kein Zimmer vermietet, dann nimmt er es mit der Abschließerei hinter dem Haus sowieso nicht so genau. Das hat er mir selbst erzählt. Er achtet nur auf die Haustür und auf die geschlossene Hoftür. Also lasst uns jetzt hoffen, dass er von seinem Chef momentan gut beschäftigt wird. Vielleicht findet ihr irgendetwas Verdächtiges. Ich melde mich mit dem Handy, falls sich hier draußen etwas tut."

Sie hielt uns die Tür auf, und wir schlüpften in den Garten. Nach kurzem Suchen fand Ermanno den Werkzeugkasten im dichten Gebüsch hinter dem Schuppen. Ich erzählte ihm in wenigen Worten, warum Maria nicht den Hausschlüssel bekommen hatte und wie Antonio dazu stand.

Ermanno kramte den Dietrich und einige andere Teile hervor, die er für wichtig hielt.

Zuerst gelang es ihm, mit der kleinen Taschenlampe, die er stets in seiner Tasche trug, kurz in den Werkzeugschuppen hineinzuleuchten.

„Es sieht alles ziemlich aufgeräumt darin aus. Aber man weiß natürlich nicht, was sich da noch in irgendwelchen Regalen versteckt. Dafür müssen wir noch einmal nachts wiederkommen oder zu einer Zeit, in der es ganz sicher ist, dass uns Antonio nicht stören kann."

Es gelang ihm ebenfalls, durch das Astloch in den anderen Schuppen zu leuchten, in dem Susis Werkstatt gewesen war.

„Hier ist nichts mehr drin", teilte er mir mit. „Nur Scherben."

„Scherben?" wunderte ich mich.

„Ja, und zwar nicht wenige. In einer Ecke liegen Scherben, die von einer großen Figur sein müssen und davor liegen Scherben, bei denen es sich um Stücke von kleineren Figuren handeln muss. Ich denke, das passiert jedem Künstler, dass er einmal etwas zerbricht, aus Versehen oder mit Absicht, wenn ihm etwas nicht gefällt. Oder denkst du, dass Susi imstande ist, eine ihrer Figuren mit Absicht zu zerbrechen?"

„Auf gar keinen Fall. Solch eine zerstörerische Wut traue ich ihr nicht zu. Du etwa?"

„Nein, ich auch nicht. Wir können sie nachher einmal fragen, was mit den Skulpturen passiert ist."

Wir liefen um das Haus und fanden hinter dem Gebüsch die Steintreppe, die hinunter zu der alten Kellertür führte.

Wir hatten Glück, mit dem Dietrich ließ sie sich leicht öffnen. Leise und vorsichtig tappten wir durch den Keller und stiegen die Treppe hoch ins Erdgeschoss.

„Wo würdest du etwas verstecken, Abigail?"

„Du meinst, dass Luciana eventuelle Briefchen von Antonio aufgehoben haben könnte? Das kann ich mir nicht vorstellen, wenn sie ihn nicht liebte und nichts von ihm wollte."

„Nicht, weil sie ihn liebte, sondern als Beweisstücke, mit denen sie Antonio in der Hand hatte. Wie wir ja gehört haben, hatten die beiden Schwestern auch ein Komplott gegen den Briefträger geschmiedet, bei dem es um Beweisstücke ging. Möglicherweise haben wir es da mit zwei Schwestern zu tun, die sehr vorsorglich sind. Die Ehe von Antonio und Maria steht auch nicht zum Besten. Vielleicht hat da Luciana auch vorgesorgt und Beweisstücke aufgehoben, um damit im Ernstfall einmal ihrer Schwester zu helfen."

„Du bist sagenhaft, Ermanno", lobte ich ihn. „Bei der Polizei wärst du ein Ass. Also, ins Schlafzimmer dürfen wir nicht hinein. Das wäre aber auch zu offensichtlich. Männer denken immer, ihre Frauen verstecken irgendetwas bei ihren Strümpfen oder zwischen ihrer Unterwäsche. Also würde sie da schon mal nichts versteckt haben. Im Badezimmer gibt es nicht genug Verstecke, im Wohnzimmer ist der Ehemann zu oft, also bleibt nur noch die Küche. Da gibt es natürlich eine ganze Menge Orte, wo man etwas verstecken kann."

Wir schlichen durch den Flur, jeder von uns öffnete eine Tür. Ich hatte das Wohnzimmer erwischt und warf einen kurzen Blick hinein. Es bot sich mir nichts Auffälliges.

Ermanno hatte die Küchentür erwischt und begann einige mögliche Verstecke zu durchsuchen.

Bevor ich die Wohnzimmertür wieder schloss, stutzte ich. Ich hatte die Fensterbank gesehen, sie war völlig leer. Hatte mir Maria nicht erzählt, dass dort einige hübsche kleine Figuren gestanden hatten, die unter den Händen von Theresa entstanden waren?

Ich schaute mich kurz im Raum um, nirgends konnte ich Figuren entdecken. Eilig begab ich mich zu Ermanno in die Küche. „Das ist jetzt etwas merkwürdig", fand ich. „Von Susis Figuren, die im Wohnzimmer auf der Fensterbank stehen sollen, fehlt jede Spur. Warum sind sie weg, und wo sind sie? Könnten die kleinen Scherben im Schuppen die Überreste der Figuren sein?"

Er lachte und scherzte: „Was machst du dir nur für Gedanken um alte Scherben? Im alten Griechenland und in Italien gibt es genug davon. Wer weiß, was Luciana mit den Skulpturen gemacht hat?! Vielleicht hat sie sie verschenkt oder in eine Kiste gepackt, vielleicht hat sie sie fortgeschmissen, als sie hörte, dass sich Giorgio wegen Theresa scheiden lassen wollte. Aber es wäre natürlich auch nicht verwunderlich, wenn sie ihre Wut an den Figuren ausgelassen hat. Und irgendwer kann sie irgendwann dann auch in den Schuppen zu den anderen Scherben getan haben."

„Du vergisst, dass Theresa noch nach Lucianas Tod hier ihre Sachen gepackt und aus dem Schuppen fortgebracht hat. Meinst du, sie hat dann von Luciana noch die Scherben? der Figuren eingesammelt?"

Er sah mich verständnislos an. „Ich weiß nicht, worauf du hinaus willst. Warum ist das so wichtig mit den Scherben. Vielleicht hat Antonio jetzt den Schlüssel von den Schlössern beider Werkstätten. Vielleicht hat er die Scherben gefunden, und weil man sie nicht einfach in den Restmüll werfen kann, hat er sie erst mal dort gelagert. Denn wenn Theresa offiziell hier ausgezogen ist, hat sie sicherlich auch alle Schlüssel wieder abgegeben."

Ich begann, weiter mit ihm alle Schubladen und Schränke in der Küche abzusuchen.

Noch war ich nicht zufrieden. „Möglicherweise sind die Scherben im Schuppen auch von ganz anderen Figuren. Aber seltsam ist es doch. Wenn man gemietete Räume beim Auszug hinterlässt, dann räumt man doch auch die Scherben weg."

„Dann musst du wirklich nachher Theresa selbst dazu befragen", meinte er. „Möglicherweise hatte sie erwartet, dass Giorgio ihr bei der Entsorgung hilft, aber da er ja nun untergetaucht ist, und sie so schnell wie möglich einmal das Land verlassen wollte, um abzuschalten, konnte etwas in dieser Hinsicht eben noch nicht geschehen. Antonio werden wir nicht fragen können, weil er von unseren Recherchen ja nichts wissen darf. Das macht ihn für mich auch sehr verdächtig. Da mach ich mir im Moment mehr Gedanken als um die Scherben."

Mein Handy meldete sich, es war Maria, die mir zu verstehen gab, dass gerade Antonio mit dem Auto vorbeigefahren sei, und er sich vermutlich einen Parkplatz suche. „Versteckt euch hinter dem

Schuppen!" schrieb sie. „Ich sage euch dann, wann er ins Haus geht, dann könnt ihr schnell durch die Hoftür hinauskommen. Er wird nicht an der Hoftür probieren, da er nicht weiß, dass ich einen Schlüssel habe."

Eilig verließen wir die Küche, stiegen die Kellertreppe hinunter, schlichen hinaus und schlossen die Tür hinter uns zu. Vorsichtig und gebückt durchquerten wir den Garten und versteckten uns, wie es uns Maria geraten hatte, hinter dem Schuppen. Angespannt warteten wir auf weitere Nachrichten und Befehle.

Wie immer in einem solchen Moment kamen uns die Minuten sehr lang vor, bis endlich die nächste Kurznachricht in meinem Handy auftauchte.

„Ist im Haus, bin an Hoftür", lautete sie.

Wir schlichen uns am Zaun entlang bis zur Tür, öffneten sie und wurden von Maria aufgeregt empfangen.

„Er ist jetzt drin", flüsterte sie. „Das kann eine Weile dauern. Es ist dann wohl besser, dass wir jetzt alle von hier verschwinden. Ich laufe eilig nach Haus und ihr könnt euch auch erst einmal außer Reichweite begeben. Ich warte dann erst einmal bis heute Abend, ob er irgendetwas gemerkt hat und werde euch spätestens morgen früh Bescheid geben.

Sie schloss die Tür wieder ab.

„Das halte ich für keine gute Idee", fand Ermanno. „Wer weiß, was er jetzt da drinnen macht. Wenn er irgendetwas verschwinden lässt, das irgendjemanden belastet, dann werden wir das nie herausbekommen. Ich halte es für besser, wenn ihr beide jetzt an der Haustür klingelt, und wenn er nicht direkt aufmacht, laut hörbar nach ihm ruft. Er muss wissen, dass ihr ihn beim Hineingehen gesehen habt. Ihr müsst behaupten, dass ihr hier nur vorbeispaziert seid, ohne bestimmte Absichten. Er kann euch ja nicht das Gegenteil beweisen. Aber ihr müsst unbedingt verhindern, dass er da drinnen irgendetwas verändert. Ich warte inzwischen in meinem Auto."

Nachdem Ermanno verschwunden war, klingelte Maria an der Haustür. Als sich drinnen nichts regte, rief sie laut Antonios Namen, und als er sich daraufhin immer noch nicht rührte, schrieb sie ihm eine Nachricht auf sein Handy: „Hey Antonio, wir stehen hier draußen vor der Tür. Habe dich eben hineingehen sehen. Bitte mach auf!"

„Wenn du dabei bist, wird er sich nicht trauen, mich zu beschimpfen", hoffte sie.

Kurz darauf öffnete sich die Haustür, Antonios wütendes Gesicht entspannte sich, als er mich neben ihr erblickte.

„Was willst du denn hier?" fragte er seine Frau in unfreundlichem Ton.

„Wir sind hier spazieren gegangen", schwindelte sie. „Gibt es hier etwas Wichtiges zu tun?"

„Es gab gerade auf der Arbeit nichts Wichtiges zu tun, da habe ich mir überlegt, ob ich nicht jetzt schon nachschaue, ob hier alles in Ordnung ist, statt heute Abend. Denn schließlich ist es schon eine Weile her, seit ich das letzte Mal hier war. Es ist ja nicht nötig, dass die armen Blumen vertrocknen."

Maria wurde mutig. „Wir helfen dir jetzt ein bisschen, damit du wieder schneller zur Arbeit kommst. Dann kann ich mir bei der Gelegenheit auch noch ein paar Fotos von meiner Schwester mitnehmen, zum Andenken. Ich glaube, das ist eine gute Therapie für mich, wenn ich mich jetzt mit meiner Trauer beschäftige. Habe ich nicht Recht, Abigail?"

Ich nickte. „Ich möchte mich natürlich nicht einmischen, aber wenn du selbst das Gefühl hast, dass es dir gut tut, dann ist es auch das Richtige. Das war übrigens sehr nett, dass Sie bisher Maria diese Arbeit hier immer abgenommen haben, Antonio, und es hat ihr in der Vergangenheit bestimmt gut getan. Jetzt können Sie froh sein, dass sie schon so weit ist und sich selbst mit der Trauer konfrontiert."

Er brummelte etwas, das wir beide nicht verstanden.

„Dann gehe ich jetzt, aber schließt die Tür nachher wieder gut zu, damit niemand hereinkommt. So lange wird das ja jetzt hier nicht dauern."

Maria sah ihn mit einem unschuldigen Augenaufschlag an. „Nein bestimmt nicht, wir bleiben hier nicht länger als unbedingt nötig."

Widerstrebend stapfte er zur Tür hinaus und brummelte ein „Ciao".

„Es gibt übrigens keine Skulpturen im Wohnzimmer", teilte ich Maria mit.

„Merkwürdig. Als ich das letzte Mal meine Schwester besucht habe, waren sie noch dort, allerdings ist das noch im letzten Jahr gewesen. Danach haben wir uns immer in den Cafés getroffen. Aber sie hat mir nichts darüber erzählt." Sie überzeugte sich selbst und staunte. „Tatsächlich, wo mögen sie nur geblieben sein?"

„Wir haben durch den Türspalt in Theresas Werkstatt etliche Scherben gesehen, meinst du, sie könnten von den Skulpturen stammen?"

Sie hob die Schultern. „Vielleicht, ich weiß es nicht. Ich kann mich auch nicht mehr so genau an die einzelnen Figuren erinnern. Aber vielleicht gibt es Fotos von ihnen, vielleicht hat Luciana diesen Raum einmal mit ihnen fotografiert. Sie war doch früher bestimmt sehr stolz darauf, von solch einer Künstlerin Skulpturen zu besitzen."

Es klingelte an der Tür, unwillkürlich erschraken wir. Kam Antonio zurück?

Es war Ermanno, der versteckt in seinem Auto gewartet hatte, bis Antonio fortgefahren war.

„Es ist besser, wenn ich euch helfe, dann sind wir schneller fertig. Wir sollten nämlich niemanden misstrauisch machen. So ein Blumengießen dauert schließlich nicht so lange."

„Zum Glück hatte Maria eine gute Idee", teilte ich ihm mit. „Sie hat Antonio weisgemacht, dass sie sich jetzt ein paar Fotos für die Trauerarbeit mitnehmen möchte. Das kann dann schon ein bisschen länger dauern. Trotzdem hast du grundsätzlich Recht, wir sollten jetzt systematisch vorgehen und alles durchsuchen."

Wir teilten uns auf und suchten in verschiedenen Zimmern an allen Orten, die sich unserer Meinung nach für ein Versteck eigneten. Maria fand schließlich in der Flurkommode einen Kasten mit vielen Schlüsseln, unter denen sich auch Schlüssel für Vorhängeschlösser befanden.

Damit bewaffnet ging Ermanno in den Garten und untersuchte die beiden Werkstätten.

Schweigend und eifrig machten wir uns an die Arbeit, Maria jetzt in der Küche, ich im Wohnzimmer. „Ob das Schlafzimmer nicht auch einen guten Platz für Verstecke abgab?" übererlegte ich.

Fast gleichzeitig trafen sich Ermanno und Maria bei mir mit einem Fund.

„Seht mal was ich hier gefunden habe!" Meine neue Freundin hob einen Briefumschlag hoch. „Das sind tatsächlich die Unterlagen, die Carlo eventuell als Betrüger entlarven können. Die hatte sie unter der Couch mit Klebestreifen angeheftet. Wer etwas im eigenen Haus so versteckt, der hat Angst, dass sein Haus von jemandem untersucht wird. Und wenn es Carlo war, dann hat er vielleicht in der Nacht damals auch danach gesucht, den Umschlag aber nicht gefunden."

„Damit kann man schon gut etwas anfangen", freute ich mich. „Und was hast du Ermanno?"

Er hielt ein Päckchen mit Briefen in der Hand. „Die habe ich in Giorgios Werkstatt gefunden. Es sind alles Liebesbriefe von Giorgio an Theresa, und es scheint sich wirklich um eine sehr große Liebe gehandelt zu haben. Sie sind alle geöffnet, aber ich frage mich, warum er sie in seiner Werkstatt aufbewahrt hat und nicht Theresa. Wäre es für ihn nicht klüger gewesen, sie wegzuwerfen? Darin schreibt er eindeutig, dass er sich Theresa für die Zukunft als seine Frau wünscht."

„Möglicherweise hat er sie erst nach Lucianas Tod dort versteckt", vermutete Maria. „Damit er sich von der Polizei nicht noch verdächtiger macht."

„Dann hätte er sie doch am besten weggeworfen oder verbrannt", entgegnete Ermanno. „Vielleicht hatte sie aber auch Theresa zuerst gesammelt und ihm dann später in der Werkstatt zurückgegeben, damit seine Frau nicht damit belastet wurde, und er hat einfach vergessen, sie zu entsorgen."

„Es gibt aber noch eine dritte Möglichkeit", überlegte Maria. „Giorgio hat diese Briefe geschrieben, wie man sieht an Theresa, aber vielleicht hat sie meine Schwester Luciana abgefangen und als Beweismittel aufgehoben. Antonio hat sie gefunden, und weil er vielleicht ein bisschen romantisch war, hat er es nicht über das Herz gebracht, sie zu entsorgen."

„Was aber wollte dein Mann hier suchen?" wandte ich mich an Maria.

Sie überlegte einen Augenblick. „Er hat mir doch immer ausgeredet, dass Carlo ein Betrüger ist. Vielleicht steckt er in irgendeiner Weise mit ihm unter einer Decke. Oder er will ihn nur aus Freundschaft decken und wollte diese Beweise hier suchen, die ich unter der Couch gefunden habe."

„Das hat uns wieder ein bisschen weitergebracht", freute sich Ermanno. „Ich suche noch ein paar Minuten im Keller. Am besten suchst du dir, Maria, wirklich noch ein paar Fotos aus, damit du nachher für deinen Mann ein Alibi hast. Ich schlage aber vor, dass wir in etwa einer halben Stunde die Untersuchungen hier abbrechen, wir machen uns verdächtig, wenn wir zu lange bleiben. Es könnte ja auch sein, dass Antonio noch einmal hier vorbeischaut."

Wir gaben ihm Recht, darauf hin holte Maria eine große Fotokiste aus dem Wohnzimmerschrank und begann, sich Fotos herauszusuchen.

Ich suchte noch eine Weile in der Küche herum und fand schließlich ganz oben hinter den Vorräten eine Dose, in der mehrere Briefe lagen.

Als ich erkannte, was ich für einen Fund gemacht hatte, erschrak ich und steckte ihn schnell und unbemerkt in meine Handtasche. Beim ersten Blick hatte ich erkannt, dass es Liebesbriefe von Antonio an Luciana waren, und zwar aus dem Jahr 2018.

In meinen Gedanken schwirrte alles herum. Die arme Maria! So einen Mann hatte sie wirklich nicht verdient. Und was hatten diese Briefe jetzt zu bedeuten? Machten sie Antonio noch verdächtiger? Immerhin passte das zu der Theorie, dass Luciana etwas gegen ihn in der Hand hatte, womit sie ihn gegebenenfalls auch erpressen konnte. Und Menschen, die erpresst werden, wollen auch schon mal ihren Peiniger loswerden.

Möglicherweise hatte er aber auch nur heute nach diesen Briefen gesucht, damit sie nicht irgendwann seiner Frau in die Hände fielen. Ich bemerkte, dass zu den alten Rätseln ganz neue hinzugekommen waren.

Maria kam mit einem Päckchen voller Fotos zu mir. „Ich habe mir ein paar Fotos von meiner Schwester herausgesucht, die ich mitnehmen werde. Aber ich habe kein einziges Foto gefunden, auf dem die Figuren von der Fensterbank fotografiert waren. Es gab eine ganze Menge von Fotos, auf denen man im Hintergrund auch diese Räume hier erkennen konnte, aber alles aus den Zeiten, bevor Theresa hierher kam."

Ermanno kam aus dem Garten herein. „Jetzt habe ich nichts mehr gefunden, aber ich glaube, für heute haben wir schon einen großen Erfolg zu verbuchen. Dann wollen wir besser einmal Schluss machen."

Wir stimmten ihm zu und verließen gemeinsam das Haus. Draußen schloss Maria sorgsam die Haustüre ab und die Hoftür zu.

„Natürlich, wir bleiben in Verbindung", versprach sie uns. „Und danke noch mal, ihr beiden! Ich bin dir übrigens nicht mehr böse, Abigail, dass du mir am Anfang nicht alles gesagt hast. Es war wohl nötig so, um schnell weiterzukommen. Ich bin froh, dass ihr mithelft, den Mord an meiner Schwester aufzuklären, und ich werde euch auch in der nächsten Zeit jederzeit helfen. Wendet euch einfach an mich! Und wegen Antonio werde ich mich jetzt auch nicht mehr ärgern, ich glaube, da muss ich einiges ändern. Ich gehe jetzt am liebsten zu Fuß. Eine gute Fahrt wünsche ich euch!"

„Ja", stimmte ihr Ermanno zu, „vor allen Dingen muss sich Antonio ändern."

Wir verabschiedeten uns herzlich mit einer Umarmung und setzten uns ins Auto.

„Und jetzt noch etwas an den Strand?" Ermanno sah mich lächelnd an.

„Danke dir, lieber noch nicht. Es gibt jetzt eine ganze Reihe von Fragen, die ich an Susi habe."

Ermanno nickte. „Ich weiß, es geht um die Scherben."

***

17. Kapitel

Roberto öffnete uns die Haustür, die Aufregung stand ihm im Gesicht geschrieben. „Susi ist fort. Ganz überraschend und eilig. Sie hat einen Anruf von Giorgio bekommen und sagte, sie muss sofort zu ihm. Für dich, Abigail hat sie einen Brief hinterlassen. Vielleicht steht darin mehr?"

Er reichte mir den Umschlag, den ich rasch öffnete und las:

„Liebe Abigail, für alles, auch deine Hilfe, danke ich dir sehr. Leider muss ich nun meine Pläne verändern, denn Giorgio hat mich um Hilfe gebeten. Das kannst du den anderen ruhig mitteilen. Und sage ihnen auch, dass es mir leid tut, dass ich so schnell weg muss. Auch den anderen kannst du bitte noch mal Danke für ihre Mühen sagen. Ich habe nun keine Ahnung, wann und wo wir uns wieder sehen, vermutlich erst, wenn der ganze Mordfall aufgeklärt ist. Und wer weiß, wie lange das dauert. Mach dir bitte keine Sorgen um mich. Ich komme immer zurecht, und ich habe das Talent, aus allem immer das Beste zu machen. Wenn du Lust hast, dann besuche meinen guten alten Freund Giuseppe, er kennt mich wohl am besten von allen. Vielleicht kann er dir auch noch einiges über mich erzählen, was du noch nicht weißt. Pass bitte auf meinen Etnikus auf, er ist schon fast fertig, und es bricht mir fast das Herz, dass ich ihn zurücklassen muss. Wenn Roberto das Zimmer wieder braucht, dann lass Etnikus bitte von Giuseppe abholen, er hat auch alle meine anderen Kinder. Ich hatte das Gefühl, dass wir uns beide sehr gut verstehen, denn es ist nicht leicht mit mir. Du bist mir eine echte Freundin gewesen. Vielleicht hört sich

das jetzt wie ein Abschiedsbrief an, aber man weiß ja nie. Was auch immer passiert, bitte behalte mich in Erinnerung, nicht so, wie ich bin, sondern so, wie ich sein will. Ich muss mich beeilen, denn Giorgio erwartet mich. Ich umarme dich und gebe dir einen Kuss auf die Stirn, ganz zart, einen Feenkuss, der dich beschützen soll. Sollte mir irgendetwas passieren, dann nimm bitte meinen Bronzo als deinen Schutzengel und bei Giuseppe kannst du dir auch noch etwas aussuchen. Ich umarme dich herzlich
Deine Theresa, Susi".

Was sollte ich davon halten? Was war geschehen mit Giorgio? Warum musste sie plötzlich zu ihm? Meine Gedanken tanzten durch einen Irrgarten.

Ich bestellte den anderen Susis Grüße. „Hier steht auch nichts Aufschlussreiches", teilte ich den anderen mit. „Sie bedankt sich bei euch herzlich, schreibt aber auch mir nicht, wo sie ist, und sie schreibt auch nicht, was mit Giorgio los ist. Die ganze Sache hört sich allerdings für mich etwas gefährlich an. Hast du die Möglichkeit, sie mit der Polizei zu suchen, Roberto?"

Er schüttelte den Kopf. „Es hat sie ja noch keiner als vermisst gemeldet. Und sie selbst ist freiwillig fortgegangen. Da haben wir keine Handhabe, offiziell etwas zu tun. Giorgio ist jedenfalls noch nicht gefasst worden, danach habe ich mich bereits eben erkundigt. Sie haben nicht einmal die kleinste Spur."

Marisa kam aus der Küche. „Hat sie dir irgendetwas geschrieben, Abigail? Weißt du mehr als wir?"

„Nein. Sie lässt euch grüßen, und sie hat noch ein paar Sätze über ihre Skulpturen geschrieben, und dass ich den Kontakt mit Giuseppe ein wenig pflegen soll. Möglicherweise wird sie in Zukunft ihm ein paar Nachrichten übermitteln, sodass er vielleicht dann unser Informator sein kann. Aber ich weiß es nicht. Es kann sein, dass es ihr da auch nur darum geht, dass sich jemand um ihre Werke kümmert."

„Wie ist sie denn fort?" erkundigte sich Ermanno.

„Sie hatte einen Strohhut auf und eine Sonnenbrille an. Man konnte sie nicht erkennen, nur ihre gefärbten roten Haare waren zu sehen", berichtete Roberto. „Sie hat sich ein Taxi bestellt, vorher schon, und es kam gerade in dem Moment, als sie sich von uns eilig verabschiedete und uns beide umarmte, Marisa und mich."

„Zum Glück ist heute Samstag, da muss ich nicht arbeiten", teilte uns die Kindergärtnerin mit. „Roberto hat sich sehr aufgeregt, es ging ihm gar nicht gut, aber zum Glück konnte ich ihn inzwischen etwas beruhigen."

Ermanno staunte. „Hast du denn einen besonderen Verdacht, Roberto? Siehst du da irgendwelche konkreten Gefahren?"

„Ja, es ist zwar mehr nur ein Gefühl. Aber wenn sich nun jemand an Susi rächen will, dann ist sie doch in Gefahr."

Ermanno schüttelte den Kopf. „Wir haben doch die Schwester von Luciana kennengelernt, sie ist keine rachsüchtige Frau. Ich traue ihr keinen Mord zu. Eine weitere Verwandtschaft habe ich bis jetzt noch nicht kennen gelernt. Da hat sich doch bis jetzt überhaupt noch niemand um den ganzen Fall gekümmert. Da müsste es schon irgendjemanden geben, den wir noch nicht kennen. Am besten fragen wir einmal Maria, wer alles bei der Beerdigung war. Möglicherweise bringt uns das weiter."

„Ich sehe momentan auch noch kein Grund zur Besorgnis", versuchte ich mich und Roberto zu trösten. „Vielleicht ist die ganze Sache auch ganz simpel. Giorgio brauchte vielleicht etwas Geld und sah im

Moment keine andere Möglichkeit, als Susi zu rufen. Das muss nicht unbedingt etwas akut Gefährliches sein."

„Und was können wir jetzt tun?" Roberto sah fragend in die Runde.

„Wir warten erst einmal ab", schlug Ermanno vor. „Sie wird sich bestimmt wieder melden. Was hat sie mitgenommen?"

„Kein großes Gepäck", wusste Marisa. „Eine Einkaufstüte und ihre Handtasche, mehr nicht."

„Mein Bauchgefühl sagt mir, dass an der ganzen Sache etwas faul ist", beharrte Roberto. „Die ganze Zeit über ist Giorgio doch auch zurechtgekommen. Der Mordfall ist eine ganze Weile her. Er hatte immer etwas, wo er schlafen konnte, muss sich Geld besorgt haben und hatte auch immer etwas zu essen. Er ist nicht verhungert und hat sich immer wieder zwischendurch bei Susi gemeldet. Warum sollte er plötzlich nicht mehr an Geld und Essen herankommen? Immerhin hatte er auch lange Zeit und Gelegenheit, weit weg zu verschwinden."

Ich dachte fieberhaft nach. „Mir hat Susi gesagt, dass er sich in der Nähe aufhält. Vielleicht hat er ja einen kleinen Unfall gehabt. Spinnen wir doch einmal weiter, vielleicht hat er sich tatsächlich in einer der Höhlen des Ätna versteckt. Möglicherweise ist er da gestolpert, hat sich verletzt, sich vielleicht sogar etwas gebrochen. Da braucht er schon Susis Hilfe."

„Ich denke nicht, dass in den Höhlen des Ätna mit einem normalen Handy telefoniert werden kann", überlegte Ermanno.

„Gut, dann ist er eben woanders in einer etwas hilflosen Lage. Das muss wirklich nicht für Susi gefährlich sein, Roberto."

„Was sollen wir jetzt unternehmen?" Marisa sah ratlos in die Runde.

„Wir können nur warten, bis sie sich wieder meldet", meinte Ermanno. „Schließlich ist sie freiwillig fortgegangen, nicht entführt worden, da kann uns auch die Polizei nicht weiterhelfen." Er wandte sich an Roberto. „Weiß denn inzwischen die Polizei, dass sie hier ist und dass sie Kontakt zu Giorgio hat?"

„Nein, natürlich nicht. Sie hat der Polizei damals bei der Befragung auch sehr glaubhaft versichert, dass sie in Giorgio nicht verliebt ist und keinen Wunsch hat, mit ihm in Kontakt zu treten. Mein Freund hat mir gestern noch das Protokoll gezeigt, in dem sie aussagte, dass sie hier in Catania alle Zelte abbrechen und wieder nach Deutschland gehen wollte. Sie hat sich dann in Deutschland auch mit einer neuen Adresse angemeldet. Natürlich würde ich sie niemals verraten."

Ich stutzte. „Eigentlich weiß ich nur, dass sie im Moment als Gast in Sankt Augustine im Rosenturm wohnt. Ich wusste noch gar nicht, dass sie sich dort irgendwo auch fest angemeldet hat. Dann hat sie wirklich vorgehabt, sich in Deutschland niederzulassen. Hier hat sie sich allerdings früher auch sehr wohl gefühlt, ich glaube, erst seit dem Mordfall hat sie hier auch negative Gefühle. Das ist natürlich verständlich."

Roberto dachte nach. „Ich habe einen Kollegen, der auch mein Freund ist. Ich werde ihm natürlich nichts von Susi verraten, aber ich werde ihm privat einmal vorschlagen, mit mir alle Höhlen des Ätna nacheinander abzusuchen, einfach wegen Giorgios Verschwinden. Noch haben wir Sommer, noch können wir in alle Höhlen hinein. Diese plötzliche Abreise von Susi kommt mir einfach merkwürdig vor."

„Ja, mir auch", stimmte ihm Marisa zu. „Sie war doch gerade so besessen von ihrer Arbeit mit dieser Skulptur.

Ohne einen triftigen Grund würde sie diese Arbeit niemals unterbrechen."

Ich gab ihr Recht. „Sie ist immer sehr verbunden mit ihrer Arbeit und ihren Werken. Diese plötzliche Abreise hat etwas zu bedeuten."

Wir setzten uns an den Tisch und Ermanno erzählte von den Erlebnissen unseres Vormittags.

„Dann haben wir also wieder eine ganze Reihe von Verdächtigen", fasste Roberto zusammen. „Nach wie vor hatte der Briefträger ein Motiv, aber auch Antonio und natürlich auch weiterhin der Rechtsanwalt. Seid ihr in diesem Punkt schon etwas weiter gekommen?"

„Nein", bedauerte ich. „Bisher hatten wir auch noch keine Zeit, um uns um die Ansicht von Immobilien zu kümmern. Bevor wir da nicht etwas erledigt haben, kann ich von Pozzo auch keinen Rechtsbeistand einholen. Und ich denke, er selbst beobachtet uns aus der Ferne."

„Also werden wir morgen erst einmal ein Ausflug durch die Stadt machen und uns Immobilien ansehen", entschied Ermanno.

„Dann werde ich jetzt zuerst einmal Maria anrufen und nachfragen, ob bei der Beerdigung noch andere nähere Verwandte oder Bekannte waren. Und später fahre ich noch zu Giuseppe, der mich beim letzten Mal eingeladen hat, ihn noch einmal zu besuchen. Möglicherweise hilft uns das auch weiter."

Ich ging in die Küche und wählte Marias Telefonnummer.

Sie meldete sich wenige Augenblicke später, und ich fragte sie zuerst, ob ihr Antonio noch irgendwelche Schwierigkeiten bereitet habe.

„Nein, zum Glück nicht. Er hat tatsächlich wenige Minuten später, nachdem ich hier zu Hause ankam, noch einmal auf dem Festnetz hier angerufen, er war hörbar nervös. Dann hat er mich gefragt, ob im Haus meiner Schwester irgendetwas Besonderes gewesen sei. Nachdem ich ihm mitgeteilt hatte, dass alles in Ordnung ist, hat er sich ganz schnell wieder beruhigt. Ich nehme an, er hat die Unterlagen vom Briefträger gesucht, damit er sie an sich nehmen kann. Gut, dass sie jetzt bei euch gut aufgehoben sind."

„Ja, jetzt sind sie ganz sicher aufgehoben. Wir wohnen nämlich hier bei einem Mann, der Polizist ist. Da wird so schnell niemand einbrechen."

„Ist das ein Zufall, Abigail?"

„Ich bin durch Freunde an seine Adresse gekommen", sagte ich wahrheitsgemäß. „Ich habe eben noch mit meinem Freund diskutiert. Wir sind alles noch mal durchgegangen, auch die Verdächtigen. Gibt es noch irgendjemanden, der ein Motiv haben könnte, deine Schwester zu ermorden?"

Sie überlegte. „Das ist sehr schwer zu sagen. Da war vor einer Weile noch so eine Sache mit einem Anwalt. Da behauptete Luciana, dass er sie betrogen habe. Ich kann mir nicht vorstellen, dass sich ein Anwalt so etwas wagt. Er wird sich doch sicher nicht in einen Mordfall verwickeln lassen. Aber lass mich einmal überlegen, ich glaube da war doch noch etwas, das ist aber sehr, sehr lange her. Wir haben noch einen Bruder, der wohnt in Österreich, und der hat zwei Söhne. Der ältere heißt Petro und ist auch Lucianas Patenkind. Der andere, der jüngere, heißt Salvatore. Petro war immer schon eifersüchtig auf seinen kleineren Bruder. Er hat immer behauptet, meine Schwester habe seinen kleinen Bruder vorgezogen. Petro arbeitet in der Pizzeria seines Vaters irgendwo in Wien. Er ist da Koch. Salvatore wollte immer studieren, aber sein Vater wollte ihm das Geld dafür nicht geben. Meine Schwester hat zu der Zeit eine Frau gepflegt, die ihr später auch ein Vermögen vermachen wollte. Bei ihr hat sich Luciana ein Darlehen erbeten, das sie dann monatlich abbezahlt hat. Du kannst dir denken, was sie mit dem Geld gemacht hat?!"

„Vermutlich hat sie Salvatore das Studium bezahlt."

„Genau das hat sie getan. Da war natürlich Petro ungeheuer eifersüchtig. Er hat gesagt, wenn sein kleiner Bruder Geld bekommt, dann steht ihm als Patenkind erst recht etwas zu. Daraufhin wollte er sich einen Sportwagen kaufen und bat Luciana, ihm auch einen Kredit zu besorgen. Aber das konnte sie nicht, denn zu diesem Zeitpunkt starb die alte Dame. Sie hatte aber vor, ihrem Patenkind Geld zu geben, als sie an die Erbschaft dachte. Nun kannst du dir denken, wie enttäuscht sie war, dass sie gar nichts erbte."

„Wieso hat sie denn gar nichts geerbt?"

„Also das war so. Die alte Dame hat ein handschriftliches Testament gemacht. Das hat sie dann auch meiner Schwester gezeigt im Beisein ihrer einzigen Nichte, die irgendwo weit weg lebte und sich nicht um ihre Tante kümmerte. In diesem Testament stand, dass die Nichte nur ein Pflichtteil des Erbes bekommen sollte, das Übrige sollte meine Schwester bekommen. Aber kurz bevor die alte Dame starb, kam auch die Nichte ins Haus, so etwa zwei, drei Tage vorher. Und als man dann das Testament suchte, war es nicht da. Die Nichte wollte nun alles erben. Luciana dachte nicht so sehr an sich, sondern besonders an Petro und Salvatore, denen wollte sie einen Teil des Erbes schenken. Also ging sie zum Anwalt, der Name fällt mir immer noch nicht ein. Natürlich versprach er ihr, die ganze Sache in Ordnung zu bringen. Die Nichte wurde natürlich auch dorthin gerufen, aber sie behauptete, nichts zu wissen von einem solchen Testament. Da schwenkte der Anwalt plötzlich um und behauptete, nichts mehr für Luciana machen zu können. Meine Schwester befragte nun alle Menschen, die die alte Dame gekannt hatten, ob jemand etwas von einem Testament gewusst hatte. Tatsächlich fand sie mehrere Personen, die auch von diesem Testament etwas wussten. Sie schickte sie alle zu dem Anwalt, aber der behauptete, sie seien alle nicht glaubwürdig. Und dann zog er den Fall immer weiter hin über zwei, drei Jahre lang. Sie hat sich sehr über all das geärgert, einfach, weil es ihr auch um das Recht ging. Dann wusste sie sich nicht mehr zu helfen, und sie hat dem Anwalt gegenüber behauptet, sie wisse noch eine Amtsperson, die auch bezeugen könne, dass dieses Testament, in dem sie bedacht werden sollte, wirklich existiert. Ob er es ihr nun geglaubt hat oder nicht, kann ich nicht beurteilen. Jedenfalls war das kurz vor ihrem Tod."

„Aber dann ist er doch sehr verdächtig", fand ich. „Warum hat ihn die Polizei da nicht besser in die Mangel genommen?"

„Er war zu der Zeit in Kalifornien im Urlaub, von da aus kann er meine Schwester nicht gut umgebracht haben. Und ich glaube auch nicht, dass sich ein Rechtsanwalt so etwas traut."

„Na, er muss es nicht selber getan haben. So ein Rechtsanwalt kennt viele Leute, manchmal auch ein paar, die ihm etwas schulden. Es wäre total lieb, wenn du da für mich noch an ein paar Namen und Adressen kommen könntest. Aber noch einmal zurück zu Petro und Salvatore, von denen sind wir jetzt ein bisschen abgekommen. Warum hältst du Petro für verdächtig? Er wird doch sicher nicht seine eigene Patentante umbringen, nur weil sie ihm keinen Kredit für den Sportwagen verschaffte."

„Danach hat es aber noch einen heftigen Streit zwischen den beiden gegeben. Petro ist von Österreich nach Sizilien gekommen und hat von seiner Tante verlangt, dass sie wenigstens für einen Kredit für ihn bürgt. Aber sie sagte, das kann sie nicht, weil sie momentan auch keine Arbeit hat, da die alte Dame ja gestorben war. Da wurde er furchtbar wütend und hat ihr vorgeworfen, ihre Patenschaft nicht wichtig zu nehmen. Sie sagte, erst muss sie einmal schauen, dass sie weiter das Geld für Salvatores Studium zusammenbringt. Das sei wichtiger als ein Sportwagen. Da wurde er dann total wütend. Er hat ihr vorgeworfen, dass er in ihren Augen nichts sei, weil er nicht studiere, und so muss sich das Ganze hochgeschaukelt haben, bis er sie mit Worten total fertig gemacht hat. Er ist dann ein paar Tage geblieben und hat sie immer wieder bedrängt. Plötzlich war er wieder weg, und ein paar Tage später hat sie gemerkt, dass ihr ganzer Schmuck, auch der Familienschmuck fort war. Natürlich hat sie ihn sofort verdächtigt und ihn in Wien angerufen und ihn zur Rede gestellt. Natürlich hat er alles abgestritten. Sie hat dann gesagt, für sie sei die Sache erledigt, dann habe er eben als Patensohn auch schon sein Erbe von ihr erhalten. Ich bin aber nicht sicher, ob sie ihm das auch gesagt hat. Wenn nicht, dann könnte er auch ein Interesse an ihrem Tod gehabt haben."

„Deine arme Schwester! Wie mir scheint, war sie nur mit Betrügern und Verbrechern umgeben. Der Briefträger, mit dem sie sich deinetwegen stritt, der Rechtsanwalt mit der Erbsache, und dann auch noch der eigene Neffe, ihr Patensohn. War er denn nicht bei der Beerdigung?"

„Nein, er ist nicht gekommen. Unser Bruder war da und natürlich Salvatore, der sehr geweint hat, das kannst du mir glauben."

„Das glaube ich dir. Das Ganze ist schon sehr traurig. Und zusätzlich hatte sie noch das Problem mit ihrem

Ehemann, der sich von ihr scheiden lassen wollte. Manche Menschen würden sagen, sie war vom Pech verfolgt. Dann werden wir allerdings doch noch mal nachhören müssen, ob Petro wusste, dass sie ihm den Schmuck gönnte. Denn sonst hat er wirklich auch noch ein Motiv, vielleicht nicht so ein starkes wie die anderen, denn in Österreich war er weit weg vom Schuss und musste nicht befürchten, dass sie ihm hinterherreiste. Und wenn er wirklich so hart und skrupellos ist, wie es aussieht, dann kann er möglicherweise sogar mit dem schlechten Gewissen leben."

„Ich kenne ihn auch ein bisschen, Abigail. Er ist wirklich sehr hinter dem Geld her. Und ich glaube, er ist auch immer eifersüchtig auf seinen jüngeren Bruder gewesen. Natürlich war er auch neidisch auf ihn, weil ihn alle für klüger hielten. Ich weiß nicht, eigentlich traue ich ihm keinen Mord zu, aber wer weiß, wozu manche Menschen in bestimmten Situationen fähig werden. Auf jeden Fall suche ich dir noch einmal alle Namen und Adressen heraus, die irgendwie für die Aufklärung wichtig sein könnten. Jetzt werde ich meinem Antonio ein besonders schmackhaftes Abendbrot zubereiten."

„Verdient hat er es nicht", lautete meine Antwort.

„Dann wünsche ich dir trotz allem einen angenehmen Abend und bis bald, Maria!"

„Bis bald, liebe Abigail, und ich hoffe, dass wir bald einmal andere Gesprächsthemen haben können."

***

18. Kapitel

Auf dem Weg zu Giuseppe sah ich den Ätna in seiner vollen Größe. Dunkel und rätselhaft erhob er sich vor mir, ein leichter Rauch kräuselte sich über einem der Krater. In meinen Gedanken sah ich Etnikus, den uralten Riesen, der das Land ringsumher in seiner Gewalt hatte. Die Natur und scheinbar auch einige Menschen? Was für ein majestätischer Berg! Ich sah an der Bergwand hoch, suchte mit den Augen die Einbuchtungen von Höhlen, konnte aber keine entdecken. Ob es wirklich einem Menschen gefiele, sich dort zu verstecken? Die Vorstellung, sich in einem Vulkan aufzuhalten, verursachte in mir ein unangenehmes Gefühl im Magen.

Noch stand der Ginster in flammendgelber Blüte, es sah aus, als habe der Ätna kleine helle Flammen in die Gegend gespuckt.

Adrano lag im Licht der untergehenden Abendsonne, der Ort schmiegte sich scheinbar Schutz suchend ins Tal, aber, wie ich vermutete, nahe genug am Ätna, um in seinen grollenden Stunden ausgelöscht zu werden.

Leicht fand ich den Weg zu Giuseppes Haus.

Als er mir die Tür öffnete, sah ich in sein freudig überraschtes Gesicht.

„Das ist nett, dass Sie mich einmal besuchen kommen. Wie geht es meiner kleinen Theresa?"

„Bis gestern hat sie noch eifrig an einer neuen Skulptur gearbeitet, dem Etnikus, der den lebenden Ätna als Berggott darstellen soll. Sie hat ihn als alten Mann dargestellt, der Ihnen sogar ein bisschen gleicht."

Er lächelte und führte mich in ein bescheidenes Wohnzimmer, in dem einfache Möbel dem Raum eine schlichte Atmosphäre gaben.

„Mögen Sie einen Schluck Wein?" bot er mir an.

„Lieber nur Wasser oder Saft, ich bin ja mit dem Auto hier."

„Wenn Sie mögen, können wir auch lieber in den Garten gehen, unter die Zitronenbäume. Es wird zwar schon langsam dunkel, aber ich habe Lampen draußen, das würde für uns reichen."

„Gern", stimmte ich ihm zu. „Ich liebe die Sommerabende draußen im Garten."

Er stellte Getränke, die Gläser und einen Teller mit Gebäck auf ein Tablett und führte mich durch eine kleine Terrassentür in den Garten.

Giuseppe holte mir ein Kissen für den harten Gartenstuhl und eine Decke, falls es mir in der Abendluft zu kalt würde.

Nachdem wir, begleitet von einem „Salute" mit unseren Gläsern einen feinen Zusammenklang verursacht und sich Giuseppe mit dem ersten Schluck gestärkt hatte, wagte ich es, ihm die neue Situation zu schildern.

„Theresa ist heute Morgen fort, und wir wissen nicht wo sie sich aufhält. Sie teilte uns nur kurz mündlich und mir brieflich mit, dass Giorgio sie um Hilfe gebeten habe. Nun müssen wir geduldig warten, bis sie sich irgendwie und irgendwann wieder meldet. Oder haben Sie eine Ahnung, wo sie sich aufhalten könnte?"

„Nein, leider nicht. Man weiß ja nicht, wo sich Giorgio im Moment aufhält. Sie selbst hatte schon ein paar Lieblingsplätze."

„Natürlich wollen wir Theresa und Giorgio nicht in Gefahr bringen, deswegen halten wir uns auch nach außen hin zurück. Wir versuchen nicht, sie auf ihrem Handy zu erreichen und wir fahren ihr auch nirgends hinterher, selbst wenn wir Anhaltspunkte finden. Das kann ja auch wirklich überall sein, sogar auf dem

Festland oder im Ausland. Sie wird ja nicht gesucht, sie steht nicht auf einer Fahndungsliste."

„Natürlich könnte sie an einem ihrer Lieblingsplätze sein, weil sich Giorgio mit ihr früher dort auch getroffen hat. Einer ist an der Küstenstraße, in der Nähe von Taormina, eine einsame, kleine Bucht. Ein anderer Lieblingsplatz ist oben am Ätna, wo die alte Skischule war. Und ein weiterer in der Nähe von Syracusa. Aber Sie haben Recht, es wäre viel zu gefährlich für die beiden, wenn man die Polizei auf ihre Fährte lockte. Vor allen Dingen weiß man nie, wie Giorgio reagiert, wenn ihn die Polizei findet. Vielleicht nimmt er dann Theresa als Geisel."

„Aber ich dachte, er liebt sie so sehr. Dann wird er ihr doch nichts antun."

„Ich bin übrigens der Giuseppe, und Theresa hat mich immer Pepi genannt. Da Sie eine Freundin von ihr sind, können wir „Du" zueinander sagen."

„Ich bin Abigail, danke für das Vertrauen."

Er hob das Glas in meine Richtung. „Man weiß nie, was Menschen in solchen Situationen machen, Abigail. Wenn Giorgio sieht, dass er nichts mehr zu verlieren hat ... Die ganze Entwicklung macht mich wirklich jetzt sehr traurig. Ich hatte gehofft, dass Theresa in Deutschland gut aufgehoben ist, gut und ohne Gefahr. Aber seit sie irgendwo hier ist, bin ich in Unruhe um sie."

Ich nickte verstehend. „Ja, in den letzten Tagen musste man sich keine Gedanken machen, da war sie bei mir und meinen Freunden gut aufgehoben, das kannst du mir glauben, aber jetzt kann sie natürlich überall sein. Ich weiß noch nicht mal, ob es wirklich Giorgio war, der ihr eine Nachricht geschickt hat. Es könnte ja auch irgendjemand sein, der sie in eine Falle locken will."

„An wen dachtest du zum Beispiel, Abigail?"

„Es kann Leute geben, die wütend auf sie sind, weil sie Giorgios Freundin war. Ich habe zum Beispiel gerade heute von zwei jungen Männern erfahren, die die beiden Neffen von der ermordeten Luciana waren. Einer von den beiden, er heißt Salvatore und lebt in Österreich, hat diese Frau sehr geliebt. Er könnte sich zum Beispiel an Theresa rächen wollen."

Er schmunzelte. „Du hast bestimmt früher viele Mafia-Filme gesehen und vermutlich auch den „Paten". Es ist heute nicht mehr ganz so schlimm mit den Rachegedanken, jedenfalls nicht bei den einfachen Leuten. In gewissen Kreisen von Politik und Polizei munkelt man zwar noch allerhand, aber nicht jeder Sizilianer bringt direkt jemanden aus Rache um. Deswegen würde ich mir keine Gedanken machen. Ich mache mir eher Gedanken um die verletzliche Seele von Theresa."

Ich sah ihn erstaunt an. „Das verstehe ich nicht so ganz. Was kann ihr denn jetzt da passieren?"

„Ich weiß ja nicht, wie gut du sie bereits kennst, aber du kannst mir glauben, sie ist ungeheuer sensibel. Hast du einmal beobachtet, wie sie ihre Skulpturen erschafft?"

Ich nickte. „Es ist wirklich faszinierend. Sie ist dann so vertieft in ihre Arbeit, sie nimmt sie bitterernst und ist Kind und Frau und Göttin zugleich. Sie ist Diva, aber auch eine zarte Naturfee, sie hat wirklich von allem etwas. Sie liebt ihre Arbeit, und sie liebt ihre Werke."

Ich erinnerte mich plötzlich an die Scherben. „Ach, gut dass wir darüber reden, Giuseppe. Da wollte ich dich auch noch etwas fragen. Ich war dort am Haus in Catania, wo Theresa zuletzt gelebt hat. Und ich habe auch den Schuppen, die Werkstatt gesehen, in der sie gearbeitet hat. Ich habe dort Scherben gesehen von Figuren. Und zwar handelt es sich da um Körperteile von einigen kleinen Skulpturen und offenbar um die Scherben von einer großen Figur. Kannst du dir vorstellen, woher die sind?"

Giuseppe schüttelte den Kopf. „Nein, überhaupt nicht. Eins weiß ich hundertprozentig, Theresa hätte niemals eine Figur von sich freiwillig zerstört."

„Auch nicht, wenn sie ihr nicht gefiel, wenn irgendetwas daran falsch war?"

„Aber nein!" protestierte er. „Auf gar keinen Fall. Sie liebte zwar besonders die schönen Sachen, in die hat sie sich geradezu verliebt. Aber auch die anderen fehlerhaften hätte sie niemals selbst zerstört. Sie hatte da eine eigene Einstellung. Sie sagte, in der Natur gibt es nichts, was fehlerfrei und völlig gerade ist. Sieh dir nur mal einen Baum an, wie knorrig er wächst, wie ungerade jeder Zweig ist. Nichts ist gleich, alles, was es gibt in der Natur, ist ein Unikat. Manchmal hat sie besonders die Skulpturen mit den Fehlern geliebt, die hat sie dann gehätschelt und fast ein bisschen Mitleid mit ihnen gehabt, wie man es bei Sorgenkindern oft empfindet."

Ich staunte. „Das alles habe ich nicht gewusst. Dann hat sie diese Figuren also auf keinen Fall mit Absicht zerstört. Aber da war doch im letzten Jahr zu Weihnachten ein Erdbeben, könnte es da gewesen sein, dass die Figuren den Naturgewalten zum Opfer fielen?"

„Oh nein, das ist völlig unmöglich, davon hätte sie mir erzählt und vermutlich eine Trauerzeremonie für ihre zerstörten und getöteten Kinder gehalten. Ja, ihre Werke waren für sie wie Kinder, die sie geliebt und die sie gehätschelt hat."

„Aber was kann denn dann passiert sein? Wer kann denn sonst Zugriff auf Figuren von ihr gehabt haben, und hat sie dann vielleicht nach ihrer Abreise nach Deutschland zerstört und dort in ihren Schuppen gebracht? Nein, das ergibt doch alles gar keinen Sinn. Obwohl, da fällt mir gerade etwas ein. Die ermordete Luciana besaß ein paar kleinere Figuren von Theresa. Vielleicht hat sie die Figuren fallen lassen oder zerstört oder irgendwo aufbewahrt, wo das Erdbeben walten konnte?"

Er überlegte. „Das kann ich mir nicht vorstellen. Natürlich kann Luciana Wut auf Theresa gehabt haben, und aus Wut zerstört man manchmal etwas. Aber wie kommen diese Scherben dann in den Schuppen. Giorgios Frau ist doch schon tot, sie kann doch nicht als Geist mit den Scherben in die Werkstatt gegangen sein."

„Und wenn das Ganze vorher passiert ist? Wenn diese Luciana die Figuren aus Wut zerstört hat, und sie vielleicht sogar Theresa in den Schuppen gebracht hat? Das wäre doch eine Möglichkeit, so etwas ist doch denkbar."

„Nein, Abigail, dass ist ganz unmöglich. Theresa war bis kurz vor Lucianas Tod fast jeden Abend bei mir. Sie hätte mir davon etwas erzählt. Du kannst dir nicht vorstellen, was für ein Drama das für sie gewesen wäre. Das waren ja keine Figuren für sie, das waren Lebewesen. Sie hat sie wirklich geliebt."

„Ja, diesen Eindruck hatte ich auch gehabt. Ich versuche noch einmal, ganz logisch zu denken. Also zuerst ist Giorgio in der Mordnacht geflohen. Dann ist Theresa aus Messina zurückgekommen. Da war aber doch Luciana schon gefunden worden. Theresa hat dann ihre Sachen zusammengepackt und hierher gebracht, also war sie die letzte, die von den Dreien im Schuppen war. Also muss sie auch von den Scherben in ihrem Schuppen gewusst haben. Vielleicht schaust du sie dir mal in den nächsten Tagen an, Giuseppe. Vielleicht erkennst du an den Scherben, um welche

Figuren es sich handelte. Kennst du denn alle ihre Skulpturen?"

„Auswendig natürlich nicht, aber ich habe Fotos von ihnen im Computer gespeichert. Natürlich könnte man, wenn es nötig ist, die Kisten hier öffnen und vergleichen, welche Skulpturen fehlen. Über die, die sie verkauft hat, haben wir nämlich immer peinlich genau Buch geführt. Ich habe ihr dabei geholfen. Es ist also leicht festzustellen, welche Figuren fehlen."

„Das ist ja fantastisch", freute ich mich. „Und ich hatte schon gedacht, wir müssten nachts heimlich in den Schuppen gehen, um das herauszufinden. Dann müsstest du nur in den Kisten nachschauen, welche Skulpturen bei dir sind und welche nicht, und schon könnten wir herausfinden, was für Scherben da liegen."

„Was ich natürlich nicht machen werde, weil ich nicht so einfach Theresas Kisten durchsuche. Es ist ja auch viel einfacher, wenn du sie einfach darauf ansprichst, Abigail."

„Ja, da hast du natürlich Recht. Eigentlich wollte ich sie nicht darauf ansprechen, um sie nicht zu sehr aufzuregen, weil sie ja so ein enges Verhältnis zu diesen Figuren hat, aber vermutlich mache ich mir hier einfach zu viele komplizierte Gedanken, und die Lösung ist am Ende total einfach."

Er sah mich erleichtert an. „Da bin ich aber froh, ich hatte schon befürchtet, du würdest von mir erwarten, dass ich die Kisten öffne."

„Entschuldige, dass ich dich jetzt so genervt habe, Giuseppe. Es ist manchmal ganz schlimm mit mir, wenn ich mich in irgend so einen Gedanken verbeiße. Ich weiß selbst nicht, warum ich ständig an die Scherben denken muss. Ja, vielleicht weil ich fühle, wie schlimm so etwas für Theresa ist, wenn etwas in Scherben geht. Ich habe sie schon sehr in mein Herz geschlossen, sie ist eine ganz besondere Frau. Sie hat mir übrigens auch verraten, dass sie hierher gezogen ist, um ihren leiblichen Vater zu finden, und sie bedauert es sehr, dass du nicht ihr Vater bist."

„Ja, das bedaure ich auch. Vor allen Dingen, weil sie mir so ähnlich ist und weil ich bei ihr immer das Gefühl habe, sie könnte meine Tochter sein. Aber ich hatte wirklich nie einen Flirt oder eine Affäre mit einer Deutschen. In der Regel habe ich mich von Touristinnen ferngehalten, das war nicht meine Art."

„In der Regel? Gab es denn da eine Ausnahme?"

„Ja, einmal gab es eine Ausnahme. Ich hatte früher ein kleines Fischerboot, mit dem bin ich öfter mal herausgefahren aufs Meer. Da hat mich am Hafen eines Morgens eine junge Französin angesprochen, sie war wunderschön. Ihren Namen weiß ich noch, sie hieß Madeleine. Sie wollte unbedingt mit mir aufs Meer hinaus fahren. Aber, obwohl sie mir sehr gefiel, wollte ich sie nicht zum Fischfang mit hinaus nehmen. Ich bat sie, am Abend noch einmal wiederzukommen, wenn ich wieder zurückkam. Als ich am Abend zurückkehrte, war sie nicht da. Natürlich war ich enttäuscht. Am anderen Morgen stand Madeleine wieder da. Sie erschien mir noch schöner als am ersten Tag und sie fragte mich, ob ich sie dieses Mal mitnehmen könnte zum Fischfang. Und obwohl ich mich über mich selbst ärgerte, sagte ich wieder „Nein". Ich versuchte es noch einmal und bat sie, doch am Abend zum Hafen zu kommen, ich versprach ihr, sie zum Tanzen zu führen. Du kannst dir schon denken, wie es weiter ging. Als ich am Abend zurückkehrte, war sie nicht da. Und obwohl es sich sehr unglaubwürdig anhört, sie stand am dritten Morgen wieder da. Irgendwie kam mir das seltsam vor, und ich erinnerte mich an alle Märchen, die ich in meiner Kindheit kannte. In diesem Märchen kamen die guten Feen immer drei Male mit dem Hinweis, dass sie nach dem dritten Male niemals mehr wiederkehrten. Vielleicht errätst du jetzt, was ich tat?"

Ich lächelte ihn an. „Du hast sie dieses Mal mitgenommen, stimmt's?"

„Ja, natürlich. Ich hatte solche Angst, dass sie sonst für immer verschwinden würde. Sie sagte, wenn du mich mitnimmst, dann gehe ich heute Abend mit dir tanzen. Natürlich habe ich mich sofort in sie verliebt, wie du dir denken kannst. Ich dachte, sie wollte mir beim Fischfang zuschauen. Aber als wir mitten auf dem Meer waren, holte sie eine Dose aus ihrer Tasche. Und ehe ich noch wusste, was geschah, verstreute sie den Inhalt der Dose ins Meer. Ich sah sie fragend an, und sie sagte mir, dass sie die Asche ihres Vaters hier ausgestreut hatte."

„War er vielleicht Italiener gewesen?" erkundigte ich mich.

„Nein. Er war Franzose wie sie. Hugo soll er geheißen haben, das stand auch auf der Dose drauf. Natürlich fragte ich sie auch nach dem Grund, und sie erzählte mir, dass ihr Vater ein großer Liebhaber von Goethe gewesen sei. Er hätte alle Bücher von ihm besessen und viel über seine italienische Reise gelesen. Diese Reise bis Sizilien habe er selber immer einmal vorgehabt, aber er sei nun ziemlich früh an einer schweren Krankheit gestorben, sodass er diese Reise nicht mehr hatte antreten können. Auf seinem Sterbebett soll er zu ihr geflüstert habe: „Das Meer, Sizilien". Da wusste sie, dass sie unbedingt ihrem Vater diesen letzten Willen erfüllen musste."

„Was für eine wunderschöne Geschichte, Giuseppe! Wie ist sie weitergegangen?"

„Am Abend sind wir dann tatsächlich zusammen tanzen gewesen. Aber irgendwie haben wir nicht dieselben Schritte gemacht. Wir sind uns gegenseitig auf die Füße getreten, aber wir haben darüber gelacht. Ich habe mich bei ihr entschuldigt, doch sie meinte nur, es sei ihr auch viel lieber, wenn wir ein bisschen zusammen am Strand spazieren gingen. Es war so ein wunderschöner warmer Abend. Als wir so über den Sand liefen, fanden sich plötzlich unsere Hände. Beim Laufen hatten wir den gleichen Rhythmus. Das war auch gut so, denn der Mond hatte sich hinter die Wolken verkrochen, und es wurde ziemlich dunkel. Irgendwann ist sie dann gestolpert, aber ich habe sie aufgefangen. Und mit einem Mal lagen wir im Sand und küssten uns. Wir fanden zueinander in einer wunderschönen Liebesnacht. Sie war so zärtlich, so einfühlsam, eine solche Frau hatte ich vorher noch nie getroffen. In der Nacht wurde es plötzlich kühl, wir beeilten uns, zur Stadt zurückzukommen. Ich wollte sie zu ihrem Hotel bringen, aber sie sagte: „Das geht nicht. Ich bin mit meiner Tante hier, sie ist sehr streng und darf dich nicht sehen, und sie mag keine Italiener, eine wirklich dumme und schreckliche Tante!" Und plötzlich, in der Stadt, da entwischte sie mir. Und das hat sie auch sehr schlau angestellt. Sie bat mich vor einem kleinen Restaurant zu warten, weil sie einmal auf die Toilette müsse. Ich wartete und wartete, ich weiß gar nicht mehr, wie lange. Endlich ging ich hinein und fragte nach ihr. Aber da erfuhr ich, dass sie zu einer anderen Tür wieder hinausgegangen war."

„Sie war wohl sehr raffiniert", stellte ich fest. „Und wie ging es dann weiter?"

„Der nächste Tag war ein Sonntag. Aber ich ging trotzdem zum Hafen und hoffte, dass sie dort stehen würde. Sie war nicht da, stattdessen fand ich an meinem Schiff einen Zettel auf dem stand nur „Adieu" und auf Französisch „Merci, ich werde dich niemals vergessen"."

„Wie traurig! Und hast du diese Madeleine irgendwann einmal wieder gesehen?"

„Nein, niemals. Wir wussten auch sonst nichts voneinander. Aber ich habe mir dann später zusammengereimt, dass sie vielleicht verlobt oder verheiratet gewesen ist. Ich habe sie dann am anderen Tag überall gesucht, ich bin in jedes Hotel gegangen, in jede Pension. Aber nirgends kannte man eine Französin, und auch nirgends eine Madeleine. Sie muss wohl privat irgendwo bei Verwandten gewohnt haben. Aber obwohl sie mir so wenig verraten hat, so viele Dinge verschleiert geblieben sind, so echt war doch ihr Gefühl. Denn so, wie sie sich mir gab, war sie auch in mich verliebt, leidenschaftlich und doch zärtlich, und alles an ihr war so aufregend für mich, dass ich von da an die Kunst entdeckte. Denn schon in den nächsten Tagen versuchte ich, sie aus dem Gedächtnis heraus zu malen, ihr Gesicht, ihren Körper. Ich habe es immer wieder versucht, und später auch noch eine Skulptur angefertigt. Sie ist mir bis heute nicht aus dem Kopf gegangen."

„Wie schön, Giuseppe! Sie war deine Muse, deine Inspiration. Hast du vielleicht noch eins von diesen Bildern?"

Er nickte. „Irgendwo hab ich noch eins, in einer alten Mappe. Ich werde es einmal heraussuchen, und wenn du das nächste Mal kommst, dann kannst du es dir mal ansehen."

„Oh ja!" freute ich mich. „In Gedanken habe ich mir bereits ein Bild von deiner Madeleine gemacht, und nun bin ich neugierig, ob es Ähnlichkeit hat mit der echten."

„Sie hat ein bisschen Ähnlichkeit mit Theresa. Deswegen habe ich am Anfang auch geglaubt, Theresa sei meine Tochter und ich sei der Vater, den sie suchte. Aber Madeleine kam aus Frankreich und hat perfekt Französisch gesprochen."

Ich dachte nach. „Ach, Giuseppe! Du kennst noch nicht meine Fantasie! Sie geht bis in alle Winkel. Kann es nicht sein, dass sie dir nur vorgespielt hat, eine Französin zu sein und Madeleine zu heißen? In sehr vielen Schulen in Deutschland lernt man auch Französisch. Vielleicht war sie auch Dolmetscherin und hat deswegen alles in die französische Sprache übersetzen können. Und wenn es nun doch Theresas Mutter war? Hat dir denn mal Theresa ein Foto von ihrer Mutter gezeigt?"

Giuseppe schüttelte den Kopf. „Nein, so weit ist es gar nicht erst gekommen. Sie fragte mich, ob ich einmal etwas mit einer Deutschen gehabt habe, und ich sagte ihr, „Nein". Da war für sie der Fall erledigt, und ich hatte keinen Grund, ihr etwas von Madeleine zu erzählen. Meinst du wirklich, dass so etwas möglich ist?"

„Natürlich. Wenn diese Madeleine nicht entdeckt werden wollte, dann hat sie sich einen falschen Namen ausgesucht. Deswegen konntest du sie vielleicht auch nicht in den Hotels und Pensionen finden. Wer weiß, wenn du damals nach einer Deutschen gesucht hättest, möglicherweise hättest du Erfolg gehabt."

Er wiegte den Kopf hin und her. „Dass ich da nicht selbst drauf gekommen bin! Ich hatte mich so daran festgebissen, dass sie eine Französin ist, dass sie mir die Wahrheit gesagt hat. Sie wirkte so ehrlich, alles an ihr war rührend und ehrlich. Auch die ganze Geschichte mit der Asche ihres Vaters. Das hat mich schon sehr berührt."

„So, wie du sie mir beschreibst, erinnert sie mich wirklich sehr an Theresa. Ich habe sie öfter mal beobachtet, wie zärtlich sie ihre Figuren anfasst, wie zärtlich sie Menschen anfasst. Sie hat eine besondere Aura, und in ihren Händen schwingt eine Energie, so als sei sie mit einer sanften, stimulierenden Elektrik verbunden."

Er lachte. „Aha, ich kenne diese Maschinen. Als ich einmal Rheuma hatte, habe ich bei einem Orthopäden solch eine Behandlung bekommen. Du meinst also diese Impulse, die aus ihren Fingern kommen."

„Ja, mit solchen Händen habe ich mir immer die Liebesgöttin Venus vorgestellt. Es ist der feindosierte Druck der Finger, die nicht zu fest zupacken, aber auch nicht einfach nur kitzelnd berühren."

Er wusste es besser. „Es ist ihr pulsierendes Blut, das man spürt, in dem auch ihre Seele mitschwingt."

Ich nickte. Genauso war es, ja, so konnte es nur ein Künstler empfinden und beschreiben.

Ich erwachte wie aus einem Traum. „Ach, jetzt ist es doch schon spät geworden. Ich muss zurück zu meinen Freunden. Und du willst bestimmt auch zu Bett gehen. Es war ein wunderschöner Abend bei dir, ich werde gern wiederkommen und bin auch schon sehr neugierig auf das Bild deiner Madeleine."

„Normalerweise gehe ich früh zu Bett", berichtete er mir. „Aber bei so einem lieben Besuch bleibe ich gern etwas wach."

Ich stand auf, und er erhob sich ebenfalls und begleitete mich bis zum Tor.

Unbemerkt war es inzwischen dunkel geworden. Wir verabschiedeten uns mit einer herzlichen Umarmung, und er wünschte mir eine gute Heimfahrt.

Beschwingt von dem besonderen Abend stieg ich in Marisas Auto und fuhr in Richtung Catania. Als ich kurz vor der Stadt ankam, bot sich mir ein Blick, den ich in mein Gedächtnis zu heften versuchte. Die Silhouette und die Lichter der Stadt zeigten sich vor mir wie ein prachtvoll leuchtendes Gemälde. Auch über dem Berg schien ein heller Schein. Lichtreflexe über dem Meer schwebten wie Nebel am Himmel. In diesem Moment beneidete ich die Maler, die solch ein Bild zu Papier bringen konnten. Und ich dachte auch an den Puppenspieler Jérôme Tessier, den ich einmal in Sankt Augustine kennengelernt hatte. Dieser grandiose Komponist würde aus diesen Lichtschwingungen bestimmt eine magische Musik zaubern.

Während der Weiterfahrt wanderten meine Gedanken wieder zu Susi. Wo mochte sie jetzt sein, und wie mochte es ihr gehen? Ob sie sich wohl inzwischen einmal gemeldet hatte?

Als ich an Robertos Haus angekommen war, sah ich noch einmal auf mein Handy, aber ich fand noch keine Nachricht von ihr. Stattdessen entdeckte ich ein paar Worte von Rolf, der mich vermisste: „Bist du schon mit Ermanno durchgebrannt?"

Im Wohnzimmer fand ich Marisa, Roberto und Ermanno, erwartungsvoll sahen sie mich an.

„Hier gab es nichts Neues", teilte mir die junge Kindergärtnerin mit. „Aber du siehst aus, als hättest du eine ganze Menge zu erzählen."

Ich nickte, setzte mich zu ihnen und berichtete ihnen von meinen Erlebnissen.

***

19. Kapitel

Nachdem ich am Abend noch lange Gespräche mit Rolf und Adelaide geführt hatte, versuchte ich etwas Ruhe zu finden und zu schlafen, was mir nicht recht gelingen wollte.

Zu viel kreiste in meinen Gedanken, zu viele Fragen tauchten immer wieder auf.

Irgendwann spät in der Nacht sank ich in den Schlaf, wurde aber schon früh wach, als in der Nachbarschaft ein heiserer Hahn krähte.

Von überall hörte ich das Läuten der Glocken und ich erinnerte mich, dass es Sonntag war. Ein Blick aus dem Fenster zeigte mir, dass sich auch der Himmel in ein festliches Blau gekleidet hatte.

Nach dem Frühstück mit Ermanno und Roberto, besuchte uns Marisa.

„Kann ich euch irgendwie helfen? Es ist zum Glück Sonntag, da habe ich keine Arbeit."

Roberto nickte. „Wenn du Zeit hast, kannst du hier mit mir Pläne schmieden, wie wir beide am besten weiter vorgehen sollen, Abigail und Ermanno fahren nämlich gleich ein bisschen in der Gegend umher, weil sie sich Immobilien anschauen. Dann bin ich nicht allein."

Sie sah ihn überrascht an. „Ich dachte, du wolltest heute mit einem Freund die Höhlen ansehen. Habt ihr euer Programm geändert?"

Roberto sah sie betrübt an. „Leider! Mein Kumpel hat sich den Fuß verstaucht. Also müssen wir unseren Plan verschieben."

Marisa strahlte ihn an. „Du musst gar nichts verschieben. Ich werde mit dir in die Höhlen gehen."

„Wirklich?" Er freute sich. „Dann lass uns gleich losgehen."

Während sich die beiden einen Rucksack für ihren Ausflug packten, sammelten wir unsere Prospekte für die Immobiliensuche ein.

Wenige Minuten später verließen wir das Haus.

„Es wird sicher wieder heiß heute", vermutete Ermanno und öffnete das Verdeck seines Sportwagens. „Das hätte ich mir vor ein paar Tagen noch nicht zu träumen gewagt. Mit dir hier in Catania auf Immobiliensuche."

Ich lachte. „Und alles ist ein großes Theater. Ich hätte nie gedacht,, dass ich einmal in solch einer Tragödie eine Rolle spielen würde."

Er grinste. „Du siehst wieder einmal, viele Menschen sind von Natur aus Schauspieler."

Ermanno lenkte den Wagen durch die verschiedenen Stadtteile von Catania. Aufs Neue konnte ich die alten Bauwerke bewundern.

Am Ostrand der Stadt, ganz nah am Meer, fanden wir das erste interessante Gebäude, das zum Verkauf angeboten wurde. Wir parkten den Wagen und bewunderten die Aussicht aufs Meer. Frisch renoviert strahlte uns das kleine, weiße Haus entgegen.

„Das könnte mir schon gefallen", verriet mir Ermanno.

Ich benutzte mein Handy, um ein paar Bilder zu machen. „Nicht schlecht. Aber ich denke, in echt würde auch unser Geld nicht dafür reichen."

Er nickte. „So gern ich es auch wollte, ich könnte es dir auch nicht bieten. Dafür muss man schon ein dickeres Portmonee haben. In etwa das von Gianni Pozzo."

„Beim nächsten Objekt sollten wir den Preis vorher erfragen", schlug ich vor. Ermanno sah die Kataloge durch. „Hier ist eine kleine Wohnung ganz in der Nähe von Lucianas Haus. Von hier aus ist es nur ein Katzensprung, das könnten wir uns einmal ansehen. Der Vermieter wohnt im selben Haus und hat sogar angegeben, dass er immer über Handy erreichbar ist. Sollen wir?"

Ich nickte, und er wählte die Telefonnummer. Tatsächlich meldete sich am anderen Ende direkt jemand, und er vereinbarte einen Termin in wenigen Minuten.

„Da haben wir Glück gehabt, es waren gerade andere Interessenten da, und der Verkäufer befindet sich im Augenblick in der Wohnung."

Wenige Minuten später standen wir vor dem ebenfalls frisch renovierten, zweistöckigen Haus. Von hier hatte man einen ähnlich guten Blick auf das Meer.

„Ich hätte nicht gedacht, dass es hier noch so viele schöne Objekte gibt", teilte mir Ermanno mit. Der Besitzer des Hauses erwartete uns schon in der Haustür. Er begrüßte uns höflich und führte uns in die saubere, kleine Wohnung im oberen Geschoss.

„Es sind eine ganze Menge Interessenten daran", teilte uns der Besitzer mit. „Sie dürfen mich also nicht zu lange mit einer Antwort warten lassen." Freundlich führte er uns durch alle Räume und beantwortete uns alle Fragen. Nachdem er mir auch noch ein paar Komplimente gemacht hatte, die seiner sizilianischen Höflichkeit und seinem Charme entsprangen, bedankten wir uns und verließen das Haus

„Was hältst du davon, Abigail? Wäre das nicht etwas für uns?"

Ich lächelte. „Diese Wohnung könnte mir schon gefallen, und wenn wir ein Paar wären, würde ich es mir überlegen. Vergiss es, Ermanno!"

Er sah mich an, wie ein kleiner Junge, der sich etwas von seinen Eltern erbetteln möchte. „Wir haben eigentlich für heute schon genug getan. Haben wir uns jetzt nicht ein Bad am Meer verdient?"

„Seit wann bist du so faul?" fragte ich scherzend zurück. „Wir sollten uns schon ein bisschen besser umsehen. Pozzo glaubt uns bestimmt nicht, dass wir gleich das erstbeste Objekt nehmen wollen."

Er grinste mich an. „Man kann sich ja auch gleich beim ersten Blick verlieben." Da ich nicht darauf einging, seufzte er und öffnete mir die Autotür zum Einsteigen. Während wir uns in der Stadt mehrere Objekte ansahen, genoss ich auf den Fahrten den Blick auf kunstvolle Bauten und idyllische Winkel.

„Und jetzt, schöne Frau?" fragte er mich, als wir alle Projekte aus den Prospekten angeschaut hatten, einige sogar von innen.

„Lass uns ein bisschen zum Ätna hinauf fahren! Dort oben weht ein erfrischender Wind."

Er war damit einverstanden und lenkte den Wagen die schmalen Straßen hoch, die sich in sanften Kurven den Berg hinaufwanden. Es dauerte eine ganze Weile, bis wir oben waren, vorbei an den krustigen Erdwänden aus Lavagestein.

Wir hielten auf dem Parkplatz des Refugio Sapienza, der 1900 Meter hoch an der Südseite des Berges lag. Von dort gab es eine Seilbahn, mit der man weiter nach oben fahren konnte. Aber für heute reichte mir der Ausblick auf das Meer aus dieser Höhe.

Ein traumhafter Blick bot sich uns: Klein, wie in einem Spielzeugland lag die Küste mit ihren Ortschaften vor uns, dahinter zog sich der Streifen eines schmalen hellen Strandes, ab da streckte sich das leuchtend blaue Meer bis an den Horizont.

Die Sonne sandte ihre heißen Strahlen, ein sanfter Wind brachte uns Erfrischung. Eine Weile spazierten wir den Wanderweg entlang,

„Jetzt brauche ich aber auch eine Stärkung", teilte mir Ermanno mit.

Ich schaute wieder einmal auf mein Handy, ob eine Nachricht von Susi gekommen war, aber es tat sich nichts.

„Gern. Ich habe von Wieland noch ein paar Reisespesen übrig. Soll ich dich irgendwohin einladen?"

„Nein. Das ist heute meine Sache", entschied er. „Lass dich überraschen!"

Wir wanderten zurück, stiegen ins Auto, und Ermanno lenkte den Wagen sorgsam den Berg hinunter und zurück nach Catania.

Offenbar hatte er sich in den letzten Tagen etwas informiert, denn er führte mich zielstrebig zum Fischrestaurant „La Baracca" auf der „Viale Kennedy". Dort gab es Sitzplätze im Freien, die zum großen Teil belegt waren. Der Kellner wies uns einen freien Tisch, wo wir uns nach unserem bewegungsreichen Tag ausruhten. Ich überließ Ermanno die Auswahl in der Speisekarte und erfreute mich dann an den Köstlichkeiten aus Fisch, die er ausgesucht hatte. Der Weißwein, den er dazu wählte, rundete das Geschmackserlebnis ab.

Ich ertappte mich dabei, dass ich mir wünschte, mein Verlobter Rolf säße mir an Ermannos Stelle gegenüber, aber ich schickte diesen Gedanken schnell wieder fort. Es ging jetzt um Susi und die Aufklärung des Mordfalls. Das war jetzt wichtiger als romantische Stunden.

„Wie gehen wir jetzt weiter vor?" wandte ich mich nach dem Cappuccino an Ermanno.

„Ich werde zuerst gleich morgen Pozzo um einen Termin bitten. Wenn du magst, kannst du dann bei der Gelegenheit dein Spiel mit der Verdächtigung weiterspielen, damit wir ihn aus der Reserve locken. Von da an muss ich dich aber besser überwachen. Du darfst nirgendwo mehr allein hinfahren, Abigail."

„Gut, dann werde ich morgen noch einmal zu Giuseppe fahren, auf jeden Fall vor dem Termin, denn da habe ich noch einiges Wichtige zu klären."

„Du willst klären, ob Giuseppe Susis Vater ist, nicht wahr?"

Ich fühlte mich ertappt. „Ja, das wüsste ich zu gern. Und außerdem geht mir die ganze Sache mit den Scherben nicht aus dem Kopf. Hast du eigentlich den Dietrich von Giorgio wieder in den Kasten gesteckt?"

Er grinste. „Natürlich, den habe ich wieder zurück getan. Aber ich habe selbst so etwas Ähnliches in der Tasche. Willst du in eine Bank einbrechen, damit wir uns das hübsche weiße Haus kaufen können?" scherzte er.

„Das nicht gerade. Aber es wird ja schon dunkel, und ich würde mir zu gern zwei oder drei markante Scherben aus Susis Werkstatt holen und sie mit zu Giuseppe nehmen."

Er grinste. „Es ist doch Sonntag."

„Das artet doch nicht in Arbeit aus", beruhigte ich ihn.

Er nickte zustimmend und bezahlte die Rechnung, von der ich annahm, dass sie ebenso hoch war wie die Speisen delikat.

Etwa eine Viertelstunde später standen wir in Lucianas Garten.

Ermanno fand eine neue, ungewöhnliche Art, in die Werkstatt hineinzukommen, indem er von hinten zwei Verschlagbretter löste. Also wir in das Innere einstiegen, landeten wir direkt neben den Scherbenhaufen.

Er leuchtete mit einer winzigen Taschenlampe. „Such dir davon die Stücke aus", riet er mir.

Das war leichter, als ich dachte. Von den kleinen Figuren gab es zwei halbe, gut erhaltene Köpfe und von der großen Skulptur ein größeres Viertel, ebenfalls aus dem Kopf, an dem sich ein Auge mit der Augenbraue sehr gut erkennen ließ und auch ein Teil vom lockigen Haar, durch das sich ein geflochtenes Band zog.

„Das sind sehr markante Stücke", fand ich. „Ich vermute, dass Giuseppe sie erkennen kann."

Ermanno nickte. „Da hast du wirklich Glück gehabt, solch große Scherben zu finden. Die meisten sind so klein, dass man gar nicht mehr erkennen kann, von was sie stammen."

Ich packte sie vorsichtig in Taschentücher ein und verstaute sie in meiner Handtasche. Leise kletterten wir zurück aus der hinteren Öffnung des Schuppens, und Ermanno gelang es, fast geräuschlos, die Lücke mit den Holzbrettern wieder zu verschließen.

Obwohl der Mond jetzt plötzlich hell aus den Wolken hervortrat, gelang es uns, unbemerkt durch das Hoftor wieder herauszutreten und leise bis ans Auto zu kommen. Im Wageninneren atmeten wir erleichtert auf.

„Das haben wir schon einmal geschafft", freute ich mich. „Sollen wir jetzt aufs Ganze gehen?"

Er startete den Motor und fuhr los. „Was meinst du damit?"

„Was hältst du davon, wenn ich mir morgen ein neues Handy zulege und sowohl dem Briefträger Carlo, als auch Marias Mann Antonio eine anonyme Nachricht zukommen lasse, in etwa so: „In Lucianas Haus gibt es etwas, dass Sie brennend interessieren wird. Wenn Sie daran interessiert sind, melden Sie sich!". Entweder, sie melden sich darauf wirklich, oder sie versuchen, nachts in das Haus einzubrechen, wobei Antonio eigentlich auch die Gelegenheit hat, tagsüber einmal kurz dort vorbeizuschauen."

„Nein, Abigail, dazu ist es noch zu früh. Ich muss erst mit Roberto dafür sorgen, dass das Haus Tag und Nacht überwacht wird. Glücklicherweise hat er sich für Susi dazu bereit erklärt, seinen gesamten Urlaub jetzt zu nehmen, damit er intensiv helfen kann. Das muss ich mit ihm erst noch besprechen und ein bisschen planen. Allerdings brauchst du dazu kein neues Handy, wenn es dann in den nächsten Tagen so weit ist, werden wir mein Handy benutzen. Das ist mir lieber. Es ist auch nicht mein privates Handy, ich habe es immer für solche Fälle bei mir."

Ich staunte. „Du bist ja fast schon ein Profi. Du siehst, es geht mir schon wieder einmal nicht schnell genug. Aber, versteh das bitte, jetzt haben wir den ganzen Tag wieder nichts von Susi gehört."

„Du musst dir keine Sorgen machen! Das kann auch ein gutes Zeichen sein. Vermutlich halten sich die beiden irgendwo in einem sicheren Versteck auf. Roberto wird es uns gleich sagen können."

***

20. Kapitel

Ermannos Vermutung traf nicht zu. Roberto, der gerade mit Marisa von der Wanderung zurückkam und mit uns an der Haustür zusammentraf, hatte zwar von seinem Kollegen eine Nachricht erhalten, dass Giorgio noch nicht gefasst sei, aber er konnte ebenso wenig wie jeder andere von uns sagen, ob es Giorgio und Susi gut ging in einem wohlbehüteten Versteck.

„Wir haben leider nichts gefunden", berichtete Marisa. „Wir waren in zwei Höhlen und in der Alcantaraschlucht, sie ist wirklich sehenswert, aber von den beiden keine Spur! Schade, Abigail, dass du nicht einfach so zum Urlaub hier bist. Es gibt ja so viel zu sehen und zu entdecken. Du musst unbedingt einmal mit der Schmalspurbahn rund um den Ätna fahren, sie nennt sich Circumetnea, das ist ein ganz besonderes Erlebnis, es wird dir gefallen."

„Ich bin sicher, dass ich wiederkomme. Diese Insel ist so zauberhaft, so ganz einmalig", schwärmte ich.

„Ja, das finde ich auch. Magst du mit mir in die Küche kommen? Ich möchte uns allen schnell das Essen wärmen. Wir haben noch so viel von gestern übrig. Und wir haben vom Wandern einen riesigen Hunger."

„In die Küche komme ich gern mit, aber mit uns kannst du nicht mehr rechnen zum Essen. Ermanno hat mich ins Fischrestaurant eingeladen, da gab es fantastisches Essen. Nicht so gut wie deins hier, aber für ein Restaurant eben sehr gut."

Sie lachte. „Danke für das Kompliment. Ich hatte mir übrigens von unserem Spaziergang mehr erhofft, wie du dir denken kannst. Einmal vielleicht eine Spur von Giorgio und Susi, und zum anderen, dass wir uns vielleicht etwas näherkämen, Roberto und ich. Aber er ist im Moment absolut total vernarrt in diese Künstlerin. Jedes zweite Wort von ihm ist „Susi". Da bin ich schon etwas frustriert. Ich habe keine Lust, immer nur der gute Kumpel zu sein."

„Das kann ich gut verstehen, Marisa. Es ist natürlich wichtig, dass du ihm jetzt hilfst, und wir alle sind auch sehr froh, dass du dich mit darum bemühst, Susi wieder zu finden, aber vielleicht wäre es schlau, wenn du nach Susis Rückkehr einfach mal unerreichbar für Roberto bist. Dann kann er auch einmal sehen, was er an dir hat und was du ihm bedeutest. Es ist dir bestimmt nicht neu, dass man oft die Menschen erst wertet, wenn man sie vermisst."

„Es wird mir schwerfallen, Abigail. Aber ich werde es tun, sobald sie wieder da ist. Du kannst mich ja dann immer informieren, ob ich bei ihm noch irgendwelche Chancen habe."

„Ich denke, die Zeit wird wiederkommen. Ich bin ganz sicher, dass Susi ihn nicht liebt."

Ihre großen Augen blickten mich bittend an. „Ich hoffe, du hast Recht."

Als das Essen die richtige Temperatur hatte, trugen wir die Schüsseln und Schalen ins Wohnzimmer.

Ermanno und ich setzten uns zu Roberto und Marisa und leisteten ihnen beim Essen Gesellschaft.

Roberto wandte sich an mich. „Ermanno hat mir von deinem Plan mit den Kurznachrichten an Carlo und Antonio berichtet. Aber irgendetwas müssen wir daran noch ändern. Denn selbst wenn sich beide darauf einlassen, in Lucianas Haus nach den Unterlagen zu suchen, die für sie negativ sein könnten, dann ist das immer noch kein Beweis, dass einer von beiden der Mörder war. Sicherlich möchte Carlo an die Beweisstücke seiner Unterschlagung kommen, und ganz bestimmt sucht Antonio die Liebesbriefe an Luciana. Leider ist das noch kein Beweis für einen Mord. Natürlich können wir trotzdem damit erst einmal eine Angel auslegen, von dem Ergebnis dürfen wir uns aber noch nicht zu viel versprechen."

Ich verzog das Gesicht. „Ja, vermutlich nimmt das Antonio keiner übel, wenn er im Haus seiner Schwägerin etwas herumsucht. Aber wenn Carlo in das Haus einbricht, macht er sich schon etwas verdächtig. Ich denke, ich muss doch wieder den persönlichen Lockvogel spielen. Ich muss beiden gegenüber behaupten, dass ich von allem weiß, und auch die Beweismittel an mich genommen habe. Dann muss der Mörder doch reagieren, oder?"

„Ermanno könnte auch den Lockvogel spielen", schlug Roberto vor.

„Ach nein, vor dem hätten die beiden bestimmt Angst, vielleicht würden sie sogar denken, er sei von der

Polizei. Aber mich kennen die beiden Männer als hilflose Frau, die neugierig ist und sich in alles einmischt. Bei mir hätten sie weniger Skrupel."

Ermanno runzelte die Stirn. „Das gefällt mir nicht. Ich weiß noch, wie du in den Bergen von Norditalien auch einmal den Lockvogel gespielt hast. Hinterher hat es uns beiden fast das Leben gekostet. Das ist mir zu gefährlich für dich. Wir müssen uns weiter vortasten, langsam und überlegt. Gut ist es auf jeden Fall, dass du schon mal im Umkreis der Verdächtigen bist, so kannst du uns immer informieren."

„Na schön", gab ich nach. „Dann warten wir noch ein bisschen mit dieser Aktion. Ich denke halt immer an Susi und hoffe, dass ihr nichts passiert, deswegen bin ich auch immer in Eile."

Roberto berichtete uns von einigen ähnlichen Fällen, die ihm von seiner Arbeit bekannt waren. Wir lauschten ihm gespannt und es tröstete uns, dass er einige Erfahrung besaß.

Nach dem Espresso begann Marisa zu gähnen. Wir stellten fest, dass uns alle der Tag etwas ermüdet hatte, und so entschlossen wir uns bald, schlafen zu gehen. Die junge Kindergärtnerin verließ das Haus als erste, Ermanno, der noch einige Fragen ein Roberto hatte, folgte ihr wenig später.

„Wie geht es dir jetzt, Roberto?" fragte ich den Polizisten, als wir alleine waren.

„Ich darf gar nicht daran denken, was mit Susi alles passiert sein kann. Ich bin sonst wirklich ein mutiger Mann, der keine Angst kennt. So kennen mich alle auf meiner Dienststelle. Egal, ob beim Bankraub oder anderen Verbrechen, ich habe mich niemals feige gedrückt, mitten in das Geschehen hineinzugehen. Aber das jetzt, mit Susi, das ist etwas anderes. Sie ist eine so zarte, hilflose Frau, die einfach beschützt werden muss.

Und außerdem ist sie die Frau meines Lebens. Du verstehst mich bestimmt, auch wenn ich das vor den anderen nicht so zeige, ich mache mir große Sorgen um sie."

„Manchmal hilft es auch zu beten", riet ich ihm. „Besonders, wenn wir selbst nicht mehr weiter wissen, und uns selbst nicht mehr helfen können."

Er nickte. „Ich bin ein gläubiger Mensch. Ich habe heute schon in einer Kirche für Susi eine Kerze aufgestellt, und ich hoffe, dass es ihr hilft."

„Das ist gut. Ich glaube fest daran." Ich wünschte ihm eine gute Nacht und begab mich selbst zur Ruhe.

Als ich gerade ein wenig eingenickt war, machte sich mein Handy bemerkbar. Ich schreckte hoch und erwartete eine Nachricht von Susi. Aber es war Rolf, der mir eine gute Nacht wünschen wollte.

„Es war schon so spät, da habe ich mich nicht mehr getraut, dich anzurufen", entschuldigte ich mich bei ihm.

„Du darfst mich jederzeit wecken", versprach er mir. „Wenn ich mir vorstelle, dass du so viele Kilometer von mir entfernt bist, dann möchte ich am liebsten sofort meine Koffer packen."

„Ich hätte nichts dagegen. Ich weiß schon gar nicht mehr, wie du aussiehst. Dagegen müssen wir schnellstens etwas tun."

Er ließ sich von mir berichten, was inzwischen alles geschehen war und gab mir auch von seiner Arbeit ein paar Eindrücke wieder.

Und obwohl mir die Augen schon wieder zugefallen waren, beteiligte ich mich noch intensiv an den üblichen, unzähligen Telefonküsschen.

In dieser Nacht fand ich wenigstens einen kurzen, festen Schlaf und freute mich am anderen Morgen, dass uns der Himmel wieder ein Sonnenwetter bescherte.

Als ich in die Küche kam, war Roberto schon fort. Er hatte mir einen Zettel hinterlassen, auf dem er mir kurz mitteilte, dass er eine Verabredung mit einem Kollegen habe, den er nun mehr in den Fall einbeziehen wollte.

Ermanno hatte mir ebenfalls eine Nachricht hinterlassen, allerdings auf dem Handy und teilte mir mit, dass er mit seinem Wagen Schwierigkeiten hatte und beabsichtigte, eine Werkstatt aufzusuchen. Außerdem wolle er wie besprochen, einen Termin mit dem Rechtsanwalt Pozzo vereinbaren.

Nach einem kleinen Frühstück verpackte ich noch einmal die Scherben in einen gesonderten kleinen Karton und fuhr mit Marisas Auto nach Adrano.

Wie bei den vergangenen Malen begeisterte ich mich an den malerischen Aussichten ringsumher, einen kleinen Augenblick lang konnte ich meine Sorgen um Susi vergessen.

Als ich an Giuseppes Haustür klingelte, blieb es heute still. Ich beschloss, eine Weile im Auto zu warten. Möglicherweise war er nur kurz einkaufen.

Nach etwa einer Stunde kam er zurück und berichtete mir, dass er zu einer Kontrolluntersuchung beim Arzt gewesen sei.

„Komm mit rein, Abigail. Ich habe sogar einen Kuchen mitgebracht. Irgendwie habe ich geahnt, dass wir uns bald wiedersehen." Er lachte. „Nun kennen wir uns schon ganz gut. Wir sind beinahe schon alte Freunde."

Ich lachte mit und half ihm, den Kuchen auf die Teller zu verteilen. Dazu servierte er mir frisch gepressten Orangensaft.

Bevor ich den appetitlich aussehenden Kuchen probierte, öffnete ich den mitgebrachten Karton. „Mein Freund und ich, wir waren gestern Abend noch einmal in Theresas Werkstatt. Mir hat die ganze Sache keine

Ruhe gelassen, und ich habe von den Scherben ein paar besondere mitgebracht."

Ich reichte ihm die einzelnen Fundstücke.

Giuseppe betrachtete sie genau, und dann schüttelte er eine Weile stumm den Kopf. „Das kann ich jetzt gar nicht glauben. Das ist eigentlich unmöglich. Ja, die zwei kleinen halben Köpfe, die gehören zu den vier kleinen Figuren, die Luciana von ihr erworben hatte. Diese vier hießen: „Jahreszeiten". Da gab es, wie du dir denken kannst, den Frühling, den Sommer, den Herbst und den Winter. Hier hast du einen halben Kopf vom Sommer und einen vom Herbst. Theresa hat sie niemals selbst zerstört, und dass alle vier auf einmal herunterfallen, ist auch sehr unwahrscheinlich, weil man sie nicht direkt nebeneinander stellt. Außerdem waren sie sehr stabil, man muss sie schon mit Gewalt irgendwo hingeworfen haben. Aber dieser andere Kopf, dieses Stück davon, das gehört zu einer Doppelskulptur von Venus und Mars, der Liebesgöttin und ihrem Liebhaber. Sie nannte die beiden aneinandergeschmiegten Figuren: „Die Liebe". Das war ihr wertvollstes Stück, das sie am meisten von allen geliebt hat. Das war ihr Lieblingskind, sie hat es gehätschelt und behütet. Niemals hätte sie das zerstört. Und ich kann mir vorstellen, dass es ihr das Herz brach, als es zerstört wurde. Das wirft tatsächlich große Fragen auf."

Ich sah ihn überrascht an. „Ihre Lieblingsfiguren wurden zerstört? Wie konnte das geschehen? Wer hat das getan?"

„Wenn ich das wüsste, Abigail! Ich bin sicher, dahinter steckt eine böse Geschichte. Weißt du, wann sie die Figuren erschuf?"

„Nein, keine Ahnung. Ich kannte sie nicht. Bisher kannte ich nur den Bronzo und den Etnikus."

Giuseppe stand auf und holte aus einer Schublade der Kommode ein Foto. Er reichte es mir, und ich entdeckte darauf dieses kleine Stück vom Kopf wieder. Es gehörte zu einer Zweiergruppe, bestehend aus einer zierlichen, schönen Frau mit einem geflochtenen Band im Haar und einem Mann, der sie liebevoll umarmte. Beide waren unbekleidet und standen auf einer Halbkugel. „Dieses Werk hat sie geschaffen, als sie Giorgio kennenlernte. Und wenn du dir die beiden Figuren einmal genau anschaust, dann erkennst du auch die beiden Gesichter. Das Gesicht der Frau gleicht dem von Theresa, und sein Gesicht gleich Giorgio, von dem ich einmal flüchtig ein Foto gesehen habe, in der Zeitung, als man ihn bereits suchte. Deswegen bin ich auch felsenfest davon überzeugt, dass sie Giorgio liebt."

Ich war total verwirrt. „Aber, wenn sie ihn doch geliebt hat, dann hat er vielleicht auch davon gewusst und auch seine Frau selbst umgebracht?! Und dann sind die beiden vielleicht jetzt längst in Brasilien oder irgendwo auf der Welt, wo man sich verstecken kann."

„Möglich ist alles. Nicht umsonst hat sie mir alle Kisten, alle ihre Werke hier untergestellt. Aber das löst immer noch nicht das Rätsel, wie die Scherben entstanden sind."

„Vielleicht wollte sie ein ganz neues Leben anfangen. Vielleicht wollte sie mit dem alten Leben abschließen und die Zerstörung war ein Zeremoniell dazu."

Er protestierte energisch. „Niemals, Abigail. Das würde Theresa nie im Leben tun. Gerade diese Figur war ihr Lieblingskind. Ich bin sicher, es war das Symbol der Liebe zu Giorgio und der Liebe von Giorgio zu ihr. Das war sozusagen auch der Talisman, der Glücksbringer dieser Liebe. Den hätte sie niemals zerstört."

„Auch nicht, wenn Giorgio etwas Böses verbrochen hat? Wenn er ihr nicht mehr treu war oder ihr irgendetwas anderes Böses angetan hat? Wenn er mit irgendetwas diese Liebe zwischen ihnen zerstört hat?"
Giuseppe schüttelte den Kopf. „Das hat er nicht. Die ganze Stadt wusste es, dass er, solange er noch da war, Theresa über alles geliebt hat. Das war jedem bekannt, er hat sich nicht gescheut, es jedem zu erzählen. Da haben sich dann auch die Leute in zwei Parteien gespalten, das hat sie mir öfters erzählt, auch an dem Tag, als sie nach Messina fuhr. Die einen haben mit dem Liebespaar gefühlt, und den beiden ihre Sympathie geschenkt, die anderen haben mit seiner Frau Mitleid gehabt und sie bedauert und waren wütend auf Giorgio."
„Oh nein! Nicht noch mehr Leute mit Emotionen und Motiven. Ich bin so schon etwas überfordert und muss ständig versuchen alles auseinanderzuhalten. Da gibt es dann nachher viel zu viele Verdächtige. Wie soll man das jemals auseinanderhalten und den Fall lösen."
Er lächelte. „Nein. So schlimm war es nun auch wieder nicht. Zu einem Mord gehört schon mehr dazu, als nur ein bisschen Wut oder Mitgefühl. Wenn du mich fragst, ich glaube immer noch, es war Giorgio, der irgendwie die Kontrolle verlor. Ab und zu hat er auch mal gern was getrunken. Und im Alkoholrausch passiert so manches. Das kann man jetzt noch nicht einmal mehr nachweisen. Es war nicht gut, dass er sich davongeschlichen hat."
„Mir hat Theresa immer gesagt, dass es Giorgio auf keinen Fall war. Aber vielleicht war er es doch, und er hat es ihr später gesagt, vielleicht jetzt hier, als sie nach Catania kam. Und nun sind die beiden vielleicht wirklich fort, irgendwo in der Welt. Wenn sie nicht diese liebevolle und zärtliche Frau wäre, wie ich sie

kennen gelernt habe, dann würde ich, wie bei jedem anderen auch annehmen, dass sie den Mord gemeinsam geplant haben und ihn Giorgio dann ausgeführt hat. Aber so, nein. Sie ist ein so wundervolles Geschöpf, ein wertvoller Mensch mit so viel Liebe in sich. Sie ist auf jeden Fall zu nichts Bösem fähig."

Er nickte. „So denke ich auch. Sollten die beiden wirklich zusammen fort sein, dann bin ich sicher, dass sie sich irgendwann einmal bei dir oder bei mir melden wird, damit wir wissen, dass es ihnen gut geht. Aber jetzt probier einmal von dem Kuchen, du siehst ja schon ganz blass aus."

Ich lächelte. „Das war auch alles sehr erschreckend. Ich muss tatsächlich erst einmal umdenken. Schließlich hat Theresa mir gegenüber immer behauptet, dass sie im Moment niemanden liebt. Aber auf der anderen Seite könnte ich mir so auch gut zusammenreimen, warum sie in den letzten Tagen ihren Verehrer abblitzen ließ. Aber, warum das ganze Theater? Sie hätte mir doch ruhig sagen können, dass sie Giorgio liebt."

„Das konnte sie dir nicht erzählen", vermutete Giuseppe. „Dann hättest du vielleicht von Anfang an Giorgio für den Täter gehalten und wärst niemals mit ihr hier nach Catania gekommen, wo sie dich ablenkte, bis sie auf glaubwürdige Art und Weise verschwinden konnte."

„Ich kann es immer noch nicht fassen. Was war ich doch dumm! Bei diesen zärtlichen Händen musste sie doch auch Liebe in sich spüren. Oder können auch Menschen erotisch sein, die gar nicht lieben können?"

Er lachte. „Da fragst du mich aber etwas. Manche Menschen denken vielleicht, Erotik ist die feine Form von Sex, Sex auf etwas höherer Ebene. Aber ich denke schon, dass außer einer großen Sinnlichkeit, zu einer besonderen Erotik auch noch etwas Esprit und Herz dazu kommen müssen. Ein Mensch, kalt wie Stein, kann meines Erachtens nicht erotisch sein."

Ich begann, mich zu beruhigen und versuchte, mich auf den Kuchen zu konzentrieren, so wie es mir Theresa gezeigt hatte. „Sie ist eine ganz besondere Frau mit Herz und Seele."

Er stand noch einmal auf, holte von seinem Schreibtisch eine Zeichnung und reichte sie mir wortlos.

„Oh, wie schön! Du hast Theresa gezeichnet, das wusste ich noch gar nicht. Das ist dir wundervoll gelungen, sie sieht genauso echt aus wie in Wirklichkeit. Wann hast du das gemalt?"

Er sah mich bedeutungsvoll an. „Vor fast 20 Jahren nach einer kleinen Skizze, die ich mir aufgehoben hatte. Und da war Theresa noch gar nicht hier in Catania."

Ich begriff. „Das ist Madeleine! Madeleine ist Theresas Mutter. Sie hatte dir die ganze Geschichte mit der französischen Herkunft nur vorgeschwindelt. Wann hast du das entdeckt?"

„Heute, bevor ich zum Arzt ging, da hat die Kontrolle gerade gepasst. Du kannst dir denken, dass es mich sehr aufgeregt hat. Dadurch hat sich für mich natürlich einiges erklärt. Ich weiß, woher meine Kleine das große Talent hat. Ich war so überglücklich heute Morgen, das kannst du mir glauben. Und ich wünsche mir nur noch, dass sie irgendwo mit ihrem Giorgio sehr glücklich wird."

„Das kann ich verstehen. Leider ist Theresas Mutter schon verstorben, vielleicht hatte sie die Krankheit ihres Vaters geerbt oder die Veranlagung dazu. So wirst du deine Madeleine nicht mehr wiedersehen können hier auf dieser Erde. Aber ich bin sicher, dass Theresa sich irgendwann wieder meldet. Denn sie selbst hat mir gesagt, dass du ihr bester Freund bist."

„Das ist leider sehr traurig. Es tröstet mich natürlich schon etwas, dass unsere Liebe so wunderbare Früchte getragen hat. Natürlich muss es erst noch amtlich bestätigt werden, aber ich bin jetzt schon ganz sicher, dass Theresa wirklich meine Tochter ist."

Ich nickte. „Ja, ihr beide müsst auf jeden Fall sofort einen Test machen lassen, wenn sie wieder zurück ist. Vielleicht wird doch noch alles gut, ich wünsche mir immer ein Happy End. Vielleicht ist Giorgio nicht der Mörder, vielleicht ist es einer der anderen Verdächtigen, da haben wir ja genug. Dann könnten die beiden auch wieder hier in deiner Nähe zur Ruhe kommen."

Er sah mich zweifelnd an. „Ein Mord es etwas sehr Einschneidendes. Ich denke nicht, dass man da ganz darüber hinwegkommen kann, besonders nicht, wenn man am Ort des Geschehens bleibt. Weißt du, und ich bin nicht sicher, ob du mich verstehen kannst, überhaupt zu wissen, dass ich ein Kind habe, das macht mich glücklich."

„Doch, ich kann dich sehr gut verstehen. Ich selbst habe einen Sohn, der auf den Weltmeeren herumfährt, den ich so gut wie nie sehe. Aber zu wissen, dass es ihn gibt, macht mich auch glücklich. Und so versuche ich auch Theresa zu verstehen. Ihre Werke, die Skulpturen, die hat sie geboren aus ihrer Seele heraus und mit ihren Händen, deswegen hat sie sie auch geliebt wie Kinder."

Wieder erhob sich Giuseppe und kam mit dem Laptop zurück. Er suchte ein wenig darin herum und zeigte mir die Seiten mit Fotos, auf denen Theresas Skulpturen zu sehen waren."

Ich staunte und bewunderte die Ausdruckskraft dieser Figuren. „Es ist unglaublich, auch wenn sie nicht alle naturgetreu und realistisch sind, so ist jedoch jede von ihnen beseelt. Unglaublich! Theresa ist ein Genie."

Er nickte. „Die schönsten Figuren hat sie geschaffen, seit sie Giorgio kennt. Da hat sie durch ihn in sich noch ganz besondere Energien entwickelt, durch die Kraft der Liebe."

„Ich wundere mich immer noch, Giuseppe. Sie hat mir so glaubhaft versichert, er sei nur ein Freund. Aber, nun ja, du wirst es besser wissen. Wenn sie jeden Tag bei dir war und sie es dir gesagt hat."

„Sie hätte es mir nicht einmal sagen müssen, ich sah ihre glänzenden Augen und ihr glückliches Lächeln, ich hatte das Gefühl bei jedem Ausatmen, floss auch dieses innige Liebesgefühl aus ihr heraus. Das habe ich vorher noch bei keinem Menschen so erlebt. Sie selbst erschien mir wie die Venus, wie eine Liebesgöttin, als sie liebte."

Ich reichte ihm den Laptop zurück. „So gern ich jetzt auch noch ein wenig bei dir geblieben wäre, ich muss doch zurück. Ich vermute, dass mein Freund schon auf mich wartet, der mit mir weiter Licht in das Dunkel bringen möchte."

Wir standen gleichzeitig auf, Giuseppe brachte mich zum Auto. Er umarmte mich zum Abschied. „Hoffentlich bringst du das nächste Mal eine gute Nachricht!" wünschte er.

***

21. Kapitel

Zwei Stunden später saßen Ermanno und ich in der kleinen Osteria und warteten auf Gianni Pozzo.

„Wie hast du es bloß geschafft, diesen Anwalt so schnell herbeizulocken, Ermanno?"

Er grinste. „Das war ganz leicht. Ich habe mich deiner Masche bedient. Zuerst habe ich ihm berichtet, dass uns die Wohnung in dem Zweifamilienhaus am Ostrand der Stadt am besten gefällt. Natürlich gab ich vor, dass wir es sehr eilig haben. Das hat ihn noch nicht sonderlich beeindruckt, und er schlug einen Termin in einer Woche vor. Aber du glaubst gar nicht, wie schnell er umgeschaltet hat, als ich ihm berichtete, du habest entdeckt, dass das Haus in der Nähe des Tatorts liegt, wo der Mord geschehen ist. Ich sagte, da wären nun bei dir noch einige Fragen aufgekommen, und die denke ich, wirst du dank deiner Fantasie bestimmt gleich einige erfinden."

„Liebend gern. Du kannst dir nämlich vorstellen, wie sehr ich mir wünsche, dass Pozzo der Täter ist, nachdem ich dir eben erzählt habe, wie Theresa und Giorgio wirklich zueinander standen."

Ermanno nickte. „Ehrlich gesagt, ich gönne es Theresa auch, dass sie mit dem Mann ihrer Träume glücklich wird. Sogar aus ganz realistischen Gründen. Es gibt so viele Künstler, die produktiv werden aus dem Unglück heraus und aus Sehnsucht. So wie es Giuseppe aber beschreibt, läuft Theresa zu Hochform auf, wenn sie liebt. Dabei wäre es doch sehr schade, wenn Giorgio für einige Jahre hinter Gitter kommt."

Auf die Minute pünktlich erschien der Anwalt Signore Pozzo und begrüßte uns mit einem formvollendeten Zeremoniell. Höflicher hätte er auch die Queen Elisabeth nicht empfangen können.

Nachdem er sich zu uns gesetzt und sich einen Kaffee bestellt hatte, reichte er Ermanno eine Mappe. „Ja, hier habe ich Ihnen schon einmal alles zusammengetragen, was für den Kauf wichtig sein wird. Es befindet sich darin auch eine Visitenkarte des mir befreundeten Gutachters, der sich mit Ihnen gemeinsam noch einmal die Wohnung ansehen kann. Möglicherweise wirkt sich das dann auch noch einmal auf den Preis aus." Er wandte sich an mich. „Wie ich bis jetzt feststellen konnte, sind Sie eine sehr intelligente Frau, Frau Mühlberg! Jetzt gratuliere ich Ihnen auch noch zu Ihrem guten Geschmack. Zu Ihrer Wahl der Immobilie gratuliere ich Ihnen ebenfalls, sie passt ausgezeichnet zu Ihnen beiden als Paar. Ich kann mir gut vorstellen, dass Sie sich darin sehr wohl fühlen werden.

Was kann ich denn jetzt für Sie tun? Ihr Verlobter deutete an, dass Sie noch ein wenig verunsichert sind wegen der geringen Entfernung zwischen Ihrer Immobilie und dem Haus, in dem die unglückselige Tragödie geschah. Wenn Sie mir sagen, wo da genau Ihr Problem liegt, dann kann ich Ihnen vielleicht behilflich sein."

Einen Moment lang hatte ich bei dem Wort „Verlobter" gestutzt, aber ich wusste, diese Lüge diente der guten Sache. Ich sah in Pozzos Gesicht und hatte das Gefühl, eine Maske vor mir zu sehen, die aufgesetzte, übertriebene Freundlichkeit schrie mich geradezu an wie das Grinsen eines Clowns.

„Sehen Sie, ich bin nicht so naiv, dass ich nicht weiß, so etwas kann jederzeit und überall geschehen. Aber wenn man mit so etwas so nah konfrontiert wird, ist es in der Praxis doch etwas anders als in der Theorie. Ich habe mich in der Gegend ein bisschen ungehört, und interessanterweise sogar einige Personen kennen gelernt, die die Ermordete kannten und sich im Umkreis des Hauses bewegen. Es sind Personen, die auch als Verdächtige oder Zeugen bei der Polizei verhört wurden. Tatsächlich gibt es doch noch eine ganze Reihe von Personen, die ein Mordmotiv gehabt haben. Sie alle laufen dort frei herum. Ich werde einfach keine Ruhe finden, bis man definitiv weiß, wer der Mörder ist. Deswegen habe ich mich auch ein bisschen mit dem Fall beschäftigt, und ich muss sagen, es gibt da noch einige Ungereimtheiten."

Seine Maske fiel ab, und er sah mich durchdringend an. „Überlassen Sie das besser der Polizei", riet er mir. „Die ist dafür zuständig und macht ihre Sache sehr gut. Möglicherweise wagen Sie sich auch da auf ein gefährliches Terrain. Es könnte diesen Menschen gar nicht gefallen, wenn Sie zu tief in ihre Lebensgeschichten und Probleme schauen. Ich gebe Ihnen den guten Rat, sich da herauszuhalten. Jetzt haben Sie so eine schöne Immobilie", und von diesem Augenblick an setzte er wieder sein höfliches Lächeln auf, „da sollten Sie ganz andere Gedanken haben. Überlegen Sie einmal, wie schön man diese Wohnung einrichten kann. Das ist eine wunderschöne Aufgabe, sehr angenehm, das weiß ich aus eigener Erfahrung. Ich kann Ihnen gern den Namen einiger Einrichtungshäuser nennen, da kenne ich die allerbesten."

„Das ist wirklich sehr nett von Ihnen", antwortete ich höflich. „Das wird mir sicherlich auch sehr viel Freude machen, uns beiden natürlich. Ich möchte Ihnen auch für Ihre besonderen Bemühungen sehr danken, Sie sind wirklich sehr hilfsbereit. Trotzdem möchte ich Sie doch noch einmal auf mein Anliegen ansprechen. Sie und mein Verlobter, sind beide mutige und starke Männer, gewohnt sich in schwierigen Situationen zu verteidigen. Vielleicht verstehen Sie mich doch ein bisschen. Vielleicht bin ich zu ängstlich, das mag schon sein, aber das sind Frauen oft. Ist Ihre Frau denn anders?"

„Nein, meine Frau hat auch mehr Angst als ich. Gut, ich werde mich einmal selbst um diese Sache kümmern. Wozu bin ich schließlich Anwalt. Vielleicht geben Sie mir einmal eine Liste mit den Namen aller Verdächtigen. Dann kann ich Sie bald davon überzeugen, dass Sie sich keine Sorgen machen müssen. Ich werde mir jeden einzelnen Verdächtigen vorknöpfen und kenne auch einige sehr hilfsbereite Leute, die mir dabei helfen können. Diesen Vorschlag mache ich Ihnen. Ist das so in Ordnung für sie?"

Ich tat so, als ob ich überlegte. „Ja, ich glaube, das ist eine gute Idee. Ich sammle zuerst einmal die Namen und Adressen aller Verdächtigen, höre mich noch einmal um und gebe dann vertrauensvoll die Liste in Ihre Hände."

„Gut, dann geht die Sache in Ordnung", versprach er mir. „Es ist mir doch wichtig, dass Sie sich in unserer Stadt wohlfühlen. Sie sind ja bald genauso Mitbürger von Catania wie ich selbst, da muss doch einer dem anderen helfen. Also werde ich mich jetzt von Ihnen verabschieden, falls Sie keine anderen Fragen mehr haben."

Er sah uns beide nacheinander an.

„Danke, Signore Pozzo", antwortete Ermanno. „Im Augenblick haben Sie mir alle Fragen beantwortet."

Ich nickte. „Ja, vielen Dank! Ich bin auch erst einmal zufrieden. Und ich danke Ihnen, dass Sie so viel Geduld mit mir haben!"

Er schenkte uns noch einmal sein nichtssagendes, aufgesetztes Lächeln, legte einen größeren Geldschein neben seine Kaffeetasse und verabschiedete sich dann genauso förmlich, wie er uns begrüßt hatte.

„Das hast du prima gemacht", lobte mich Ermanno. „Zuerst war er ganz schön nervös. Und er ist nun wirklich darauf angesprungen."

Ich überlegte. „Ja, selbst wenn er nicht der Mörder ist. Er will bestimmt nicht, dass die Sache mit der Erbschaft durch Maria wieder hochkommt, wenn ich sie dort hervorkrame."

„Verständlicherweise. Ich kann mir gut vorstellen, dass es eine Person gibt, die liebend gern mit ihm abrechnen würde, Abigail."

„Wen meinst du?"

„Diesen Petro aus München. Denn schließlich ist er letzten Endes auch um das Geld betrogen worden. Und vielleicht hätte er dann auch seinen Sportwagen bekommen."

Ich überlegte. „Es ist mir sowieso etwas unklar, warum er dem Rechtsanwalt nicht selbst auf die Pelle gerückt ist."

„Es könnte sein, dass ihn Luciana gar nicht richtig aufgeklärt hat über die ganze Sache. Vielleicht hat sie ihm nur gesagt, sie erwartet Geld, möglicherweise eine Erbschaft, und als es dann nachher nicht klappte, hat sie ihn vielleicht nur informiert, dass sie sich geirrt hat. Möglicherweise hat er aber auch gar nichts von dieser eventuellen Erbschaft gewusst. Vielleicht weiß Maria da etwas Genaueres."

Ich schrieb eine Kurznachricht an Maria. „Wusste Petro etwas von der Erbschaft?"

Kurze Zeit darauf schrieb Maria zurück. „Nein. Luciana wollte ihn überraschen, wenn sie die Erbschaft hatte. Habe mich heute in der Nähe vom Haus meiner Schwester aufgehalten, versteckt. Antonio war zweimal während seiner Arbeitszeit circa eine Stunde dort. Sucht bestimmt die Unterlagen von Carlo."

Ich seufzte. „Wenn sie wüsste, was Antonio dort sucht, die Arme!"

„Ja, obwohl an ihrer Theorie mit dem Briefträger auch etwas dran sein kann. Es ist auch nicht ganz von der Hand zu weisen, dass Antonio mit Carlo unter einer Decke steckt. Möchtest du noch hierbleiben?"

„Nein, ich denke, wir haben hier unsere Aufgabe erledigt."

Nachdem der Kellner uns verraten hatte, dass Pozzo auch unsere Getränke bezahlt hatte, verließen wir die Osteria und fuhren zu Roberto, der uns schon zu erwarten schien, während Marisa in der Küche das Essen zubereitete.

Ermanno und ich setzten uns zu dem Polizisten ins Wohnzimmer und berichteten kurz von den Ereignissen des Tages.

„Ich habe euch auch sehr überraschende Neuigkeiten zu erzählen", begann er.

„Tatsächlich hat es sich gezeigt, dass mein Kollege Dino eine gute Hilfe für uns sein kann. Ich denke, durch ihn sind wir heute ein ganzes Stück weitergekommen, ihr werdet staunen."

„Jetzt spann uns bitte nicht so sehr auf die Folter", bat ich ihn.

Er grinste. „Es lohnt sich aber! Heute Morgen haben wir zusammen noch einmal den ganzen Fall durch diskutiert. Dino lobte uns, weil wir so fleißig sind und so gut zusammenarbeiten, aber er fand, dass wir auf unsere Art und Weise, doch nur verhältnismäßig langsam vorankommen. Und so hatte er eine Idee, die wir gleich in die Tat umsetzten. Es begann, dass er sagte: „Natürlich ist es gut, Köder auszulegen, so wie ihr das bis jetzt getan habt, aber warum fangt ihr nicht am anderen Ende an, das eigentlich das logische wäre?"."

„Ach Roberto, kannst du bitte mal Klartext reden!" bat ihn Ermanno. „Wir sind doch so gespannt. Was habt ihr gemacht?"

Das Grinsen des Polizisten wurde breiter. „Wir haben die Alibis genau untersucht. Aber wenn ihr es genau wissen wollt, außer dem Rechtsanwalt Gianni Pozzo hat überhaupt keiner ein Alibi."

„Was?" fragten Ermanno und ich wie aus einem Mund.

„Ja, ihr habt richtig gehört. Pozzo war wirklich in Kalifornien. Aber bei ihm wussten wir ja sowieso, dass er sich die Hände nicht selber schmutzig macht. Die Alibis aller anderen sind zerplatzt wie die Seifenblasen. Antonio hat vorgegeben, in dieser Nacht für seinen Chef in seinem Supermarkt gearbeitet zu haben. Aber der Kollege, der in dieser Nacht mit ihm dort gearbeitet haben soll, gab jetzt bei einer erneuten Befragung zu, dass er mehrere Stunden geschlafen habe, was er natürlich vertuschen wollte, da ihm sein Chef die ganzen Stunden der Nacht ausbezahlt hat. Und so kann Antonio in der Zeit, in der sein Kollege schlief, ohne weiteres Luciana ermordet haben."

„Und weiter?" drängte ich ihn.

„Wir haben uns das Krankenhaus angesehen, in dem Carlo gelegen hat. Nur der Vordereingang ist überwacht durch eine Videokamera. Es gibt aber tatsächlich an einer Seite einen anderen Eingang, und zwar zu einer größeren Küche im Erdgeschoss, in die auch morgens die Essen für die Patienten geliefert werden. In dieser Küche ist spätabends niemand. Diese Tür kann man mit einem entsprechenden Werkzeug leicht auf- und zumachen. Dort kann also Carlo unbemerkt hinaus und wieder hinein gelangt sein. Zeit genug hatte er in dieser Nacht, da die Nachtschwester ihm recht früh die Schlaftablette gebracht hat, die er vermutlich nicht wirklich hinuntergeschluckt hat."

„Darauf hätten wir auch gleich kommen können", bedauerte Ermanno. „Schließlich ist er nicht dumm und ganz schön dreist, so wie er sich an Marias und Lucianas Geld bereichert hat."

„Wir haben auch direkt einmal wegen Petro recherchiert, für alle Fälle", fuhr Roberto fort. „Auch er hat kein Alibi. Er hat behauptet, in dieser Woche irgendwo in Bayern an einem See gezeltet zu haben, und dort will er bei einem Dorffest gewesen sein. Aber er war allein dort, und er kann auch niemanden nennen, der ihn dort gesehen hat."

„Du hast ihn selber gefragt?" erkundigte ich mich.

„Hast du ihm denn gesagt, um was es geht?"

„Eigentlich wollte ich ihn nur als Zeugen befragen. Aber Dino ist da nicht so zimperlich. Der hat direkt heute Morgen mit einem deutschen Kollegen telefoniert, der dann auch sofort in München in die Pizzeria hineinspaziert ist und Petro befragt hat, wo er in der Mordnacht war. Allerdings hat sich Dino kurz vorher noch mit dem Kriminalkommissar kurzgeschlossen, der den Fall von Luciana bearbeitet. Und als er von ihm grünes Licht bekam, hat er sofort gehandelt. Nun weiß Petro auch etwas von der Erbschaft."

„Das ist ja sagenhaft", staunte ich. „Ihr habt eine Arbeit geleistet, die andere in drei Wochen nicht schaffen."

„Das ist noch nicht alles, Abigail. Giorgio ist natürlich weiterhin verdächtig, weil er im Haus war, weil er geflohen ist und sich bis heute versteckt hält. Er wird weiter gesucht, mittlerweile auch im Ausland. Aber auch Susi hat leider kein Alibi mehr, es ist ebenfalls geplatzt."

„Wieso? Aber du glaubst doch nicht im Ernst, dass sie etwas mit dem Mord zu tun hat?!"

„Natürlich nicht. Keiner von uns traut ihr so etwas zu. Sie ist ein Engel. Aber ein Alibi hat sie leider nicht. Sie hat angegeben, dass sie die ganze Nacht in Messina war. Tatsächlich war dort nur ihr Auto die ganze Nacht in einer abgeschlossenen Garage. Sie selbst hat man zum Abendbrot gesehen und dann erst wieder am anderen Morgen zum Frühstück. Sie kann also schon mit irgendeinem anderen Verkehrsmittel nach Catania gekommen und wieder zurückgefahren sein. Nicht überall wird alles überwacht beim Schienenverkehr und bei den Mautstellen. Es hat sich einfach niemand an sie erinnert. Aber sie könnte sich auch verkleidet haben."

„Warum hat man darüber nicht eher nachgedacht?" fragte Ermanno.

„Susi ist gar nicht so in Verdacht geraten", verriet Roberto. „Für die Polizei war es ziemlich klar, dass Giorgio der Täter war. Es war das Naheliegendste. Vor allen Dingen, weil Susi allen so glaubhaft versichert hat, dass sie Giorgio nicht liebt. Aber Dino war da anderer Meinung, obwohl ich ihm versichert habe, dass man Susi einen so kaltblütigen Mord wirklich nicht zutrauen kann. Er sagte einfach zu mir: „Wollt ihr den Mord nun aufklären oder nicht? Für mich ist jeder verdächtig, der mit Luciana zu tun hatte."

Ich zögerte einen Moment lang. „Es tut mir leid für dich, Roberto. Es gibt noch etwas, das du wissen musst. Heute hat mir Giuseppe glaubhaft versichern können, dass Susi Giorgio sehr geliebt hat und vielleicht jetzt immer noch liebt."

Marisa, die gerade aus der Küche gekommen war, blieb erschrocken im Raum stehen. „Ist das wirklich wahr?"

Ich nickte und erzählte alles, was ich am Morgen bei Giuseppe erlebt und von ihm erfahren hatte. Ich erzählte von den Scherben, von der Skulptur der Liebe und auch von der Vermutung, dass Giuseppe Susis Vater war.

Robertos Enttäuschung war ihm deutlich anzumerken. „Das habe ich nicht gewusst. Sie war einfach so liebenswert, man muss sie einfach lieben."

„Ja, das ist wahr", stimmte ich ihm zu. „Ich glaube, jeder von uns hat sie gern. Sie hat so viel Liebe zu vergeben, einfach für alle. Und vermutlich hast du das ein bisschen missverstanden. Ich nehme an, dass sie dich auch auf eine besondere Art geliebt hat, aber anders, als du sie liebst."

Sein Gesicht drückte Unverständnis aus „Ich kann das alles noch nicht glauben. Dann könnte sie ja sogar davon gewusst haben, wenn Giorgio der Täter ist. Wenn sie Giorgio geliebt hat, war ihr Luciana auch im Weg. Aber dass sie es selbst war, das glaube ich niemals. Nein, das Ganze ist absurd. Susi hat nichts damit zu tun."

„Hatte sie denn wirklich Termine in Messina?" erkundigte sich Ermanno. „Habt ihr das herausgefunden?"

Roberto nickte. „Ja, sie hatte wirklich Termine an diesen Tagen. Aber kein Mensch kann sagen, ob sie tatsächlich dort in Messina im Bett geschlafen hat oder hierher nach Catania gekommen ist."

„Jetzt ist schon so viel Klarheit in die Sache bekommen, ich bin sicher, dass ihr morgen weiter kommt, du und Dino", wandte sich Marisa an Roberto.

„Obwohl es momentan eher noch verworrener aussieht", kommentierte Ermanno.

Marisa trug das Essen auf und bat uns zum Tisch.

„Es tut mir leid, ich habe keinen Hunger", behauptete Roberto und hielt einen kurzen Moment lang die Hände vors Gesicht.

Sie strich ihm leicht über den Arm. „Ich kann dich gut verstehen. Aber es ist besser für dich, wenn du jetzt eine Kleinigkeit isst. Wenn du morgen mit Dino weiter recherchieren willst und ihr wieder so viel leistet wie heute, dann ist es besser, du hältst dich fit."

„Marisa hat Recht", fand auch Ermanno. „Lasst uns alle etwas essen, dann können wir auch morgen alle mit neuem Mut weitermachen."

Roberto folgte uns an den Tisch und bemühte sich, ein paar Bissen des schmackhaften Essens hinunterzubringen.

Eine Weile hing jeder seinen Gedanken nach, bis Marisa die Stimmung zu lockern begann und von ihren Plänen für den morgigen Tag erzählte.

„Ich habe mir auch frei genommen, weil ich mich mit den Kindern auch gar nicht konzentrieren konnte. Es hat keinen Zweck, wenn ich versuche mit den Kindern zu spielen, aber mit meinen Gedanken ganz woanders bin. Ich werde noch ein paar Höhlen untersuchen. Vielleicht haben sich die beiden doch dort versteckt."

Roberto horchte auf. „Das machst du nicht", befahl er ihr. „Du gehst nicht allein in die Höhlen. Das ist viel zu gefährlich. Es reicht doch schon, dass wir uns um Susi Sorgen machen. Sollen wir uns jetzt vielleicht auch noch um dich Sorgen machen?!"

Sie gab nach. „Gut, wenn du meinst. Natürlich will ich euch nicht auch noch beunruhigen. Ich möchte aber unbedingt helfen. Vielleicht finde ich jemanden, der mit mir geht."

„Ich denke, ich könnte mit dir gehen, Marisa", schlug ich ihr vor. „Allerdings natürlich nur gemeinsam mit einem Führer. Gibt es da jemanden, Roberto?"

„Ich werde mich morgen einmal umhören. Aber bitte geht noch nicht allein. Zuerst habe ich morgen noch eine Besprechung mit Dino und dem Kriminalkommissar. Da werden wir erfahren, wie es jetzt weitergeht, denn ich denke, dass alle Verdächtigen noch einmal zur Polizei geladen werden. Jetzt, wo die Alibis fehlen. Es muss einfach noch einmal in alle Richtungen ermittelt werden. Das ist notwendig."

„Das sehe ich auch so", Ermanno wandte sich an Roberto. „Die Idee, die Alibis zu überprüfen, war ausgezeichnet. Das ist mir so auch viel lieber. Abigail hatte sich nämlich in den Kopf gesetzt, den Köder zu spielen für alle Verdächtigen. Das können wir zum Glück nun erst einmal sein lassen."

„Oh, ich nehme an, auch Rolf wird dir dafür sehr dankbar sein", fügte ich hinzu.

„Jetzt müssen wir aber unbedingt noch einen Schlaftrunk zu uns nehmen", schlug Roberto vor.

Er wartete keine Antwort von uns ab, sondern ging in den kleinen Verschlag, der als Keller diente und brachte zwei Flaschen von seinem besten sizilianischen Wein.

Er schenkte uns reichlich Wein in die Gläser ein und füllte sich selbst mehrmals nach. Und obwohl wir versuchten, ihn, so gut es ging, über seinen Kummer hinwegzutrösten und etwas abzulenken, es gelang uns nicht. In jedem Satz betonte er, wie sehr ihm Susi am Herzen lag.

Erst als ihm die Augen öfters zufielen, gelang es Ermanno, ihn dazu zu überreden, schlafen zu gehen.

Marisa fand es nun an der Zeit, sich ebenfalls zu verabschieden und sah mich an der Haustür traurig an.

„Roberto hat so viel Liebeskummer, er tut mir sehr leid. Für mich habe ich da im Moment wenig Hoffnung. Trotzdem kann und will ich ihn jetzt nicht allein lassen, in diesem Zustand. Das mit dem großen Rar-Machen muss ich auf später verschieben."

Ich nahm sie in den Arm. „Es wird bestimmt alles wieder. Es ist gut, wenn er sich jetzt erst einmal ausweint. Gib ihm etwas Zeit!"

„Ja, wenn ich Hoffnung habe, dann kann ich warten", versicherte sie mir und entfernte sich winkend.

***

22. Kapitel

Während sich Roberto am anderen Morgen in verkatertem Zustand mit Dino und dem Kommissar traf, beugten sich Ermanno und ich über eine große Karte vom Ätna und seinen Höhlen, die wir auf dem Wohnzimmertisch ausgebreitet hatten.

„Meinst du, es hat Zweck, die restlichen 37 alle anzusehen und zu durchsuchen?" wandte ich mich an den Detektiv.

„Ich kenne sie leider nicht, deswegen kann ich dir auch keine Antwort geben. Am besten warten wir mit der Planung wirklich, bis Roberto wieder zurück ist."

Marisa gesellte sich zu uns. „Ich war auch noch nicht in jeder der Höhlen, obwohl ich hier geboren bin. Aber wir sollten es wenigstens versuchen, so viele wie möglich zu durchsuchen."

„Tagsüber müssten die beiden schon besser drinnen bleiben", überlegte Ermanno. „Schließlich gibt es um die meisten Höhlen herum kaum Vegetation, da könnten Giorgio und Susi anderen Personen auffallen. Nur in der Nacht könnten sie sich neue Vorräte besorgen."

„Nicht unbedingt", widersprach Marisa. „Wenn sie sich so benehmen wie Touristen, dann fallen sie auch am Tag nicht auf, wenn sie um den Berg herumklettern."

„Susi ist eine Verkleidungskünstlerin. Sicher wird ihr etwas einfallen, wie man sie nicht erkennt", teilte ich den beiden anderen meine Vermutung mit.

Marisa seufzte. „Die ganze Sache ist an vielen Ecken und Enden überhaupt nicht logisch. Ich meine jetzt nicht unsere Suche in den Höhlen. Ich meine Susis Verhalten, es ergibt alles irgendwie keinen Sinn. Warum hat sie uns nicht verraten, dass sie Giorgio liebt. Wir waren doch ehrlich zu ihr und Freunde, da konnte sie doch auch ehrlich zu uns sein."

„Sie wollte sich eben auf keinen Fall verdächtig machen", antwortete Ermanno. „Denn sobald sie zugibt, dass sie ihn liebt, gerät sie auch automatisch in den Verdacht, Luciana umgebracht zu haben. Damit hat sie sofort ein Motiv."

Marisa schüttelte den Kopf. „Nein, von uns traut es ihr sowieso keiner zu, und verschwiegen sind wir auch."

Ermanno überlegte. „Wenn wir Profis wären, würden wir Susi auch verdächtigen, spätestens jetzt. Immerhin hat sie jetzt ein Motiv und kein Alibi. Aber, obwohl ich sonst ein sehr sachlich und kühl denkender Mensch bin, in diesem Fall bin ich ganz deiner Meinung: Ich kann mir nicht vorstellen, dass diese Frau jemanden umgebracht hat."

In diesem Augenblick öffnete sich die Haustür und Roberto eilte zu uns.

„Es gibt eine Neuigkeit, die uns der Kommissar verraten hat. Er will jetzt ganz eng mit uns zusammenarbeiten. Aber das ist nicht die Neuigkeit. Der Fall wird nämlich immer mysteriöser. Man hat nämlich in den letzten Tagen wegen Giorgios kleinem Motorboot recherchiert, das einige Rätsel aufgibt."

„Ein Motorboot? Wieso?" wollte Marisa wissen.

„Tja, und damit hängt wieder eine rätselhafte Geschichte zusammen. Die Polizei wusste, dass Giorgio ein Motorboot besitzt, das recht neu ist und auch sehr schnell fährt. Daher waren sie auf die Idee gekommen, dass er vielleicht mit dem Boot irgendwohin verschwunden sein könnte. Genau das ist aber nicht der Fall. Dieses Boot liegt an einer Stelle im Bootshafen, wo es normal nicht hingehört, also nicht an seinem üblichen Liegeplatz. Sie beobachteten daraufhin das Boot Tag und Nacht, weil sie vermuteten, dass er vielleicht tags oder nachts einmal dorthin geht, um da zu schlafen.

Aber es tat sich nichts, er kreuzte dort nicht auf. Warum also lag das Boot an einem anderen Platz? Wenn er damit hätte fortfahren wollen, hätte er längst dazu Zeit gehabt. Es musste also einen anderen Grund für den falschen Liegeplatz geben. Also haben die Kollegen die vergangene Zeit rekonstruiert und geschaut, wann das Boot wo gelegen hat.

Und jetzt kommt die große Ungereimtheit:
Dieses Boot ist am Tag vor der Tatnacht nach Messina gebracht worden. Natürlich fiel jetzt der Verdacht sofort auf Giorgio oder Susi. Die Polizei überlegte, ob Giorgio das Boot zu Susi gebracht hatte, damit sie in der Nacht schnell nach Catania kommen konnte. Daher erkundigte sie sich, ob die beiden für die Zeit der Bootsfahrt ein Alibi haben. Und, ja! Sie haben beide ein hieb- und stichfestes Alibi für diese Zeit. Wer aber hat das Boot dann nach Messina gebracht? Nach der Mordnacht fand sich das Boot überraschenderweise dann wieder hier im Hafen ein, und zwar nicht an seinem üblichen Liegeplatz, sondern an einer anderen versteckten Stelle. Zu dieser Zeit, also in der Mordnacht, haben beide kein Alibi. Wer aber kann es nach Messina gebracht haben, wenn nicht einer von den beiden, und warum? Darüber zerbricht sich die Polizei jetzt den Kopf?"

„Das Ganze kann auch eine völlig harmlose Erklärung haben", wandte ich ein. „Vielleicht hat Giorgio das Boot einfach nur an diesem Nachmittag an jemanden verliehen, ohne dass es etwas mit dem Mord zu tun haben muss. An irgendeinen Freund, Arbeitskollegen, Bekannten oder Verwandten."

Roberto schüttelte den Kopf. „Das glaubt die Polizei nicht, sie hat nämlich genau diesen Personenkreis schon abgeklopft. Wie ihr seht, war sie auch nicht untätig bisher. Verdächtig ist außerdem die Tatsache, dass das

Boot nicht an seinem normalen Landesteg festgemacht wurde. Da geht die Polizei davon aus, dass der Führer des Bootes nicht gesehen werden wollte. Es ist nämlich ganz sicher, dass alle Schlüssel, die zu dem Boot gehören, in Giorgios Haus sind. Wer auch immer das Boot aus Messina wieder zurück gefahren hat, es muss dann in der Mordnacht gewesen sein, der war auch im Haus, wo er dann die Schlüssel jemanden gegeben oder selbst dort deponiert hat."

„Und was ist jetzt an dem Boot so wichtig?" erkundigte sich Marisa. „Warum konzentriert sich die Polizei jetzt so stark darauf?"

„Der, der das Boot gebracht hat, kann auch der Mörder sein. Natürlich konzentriert sich die Polizei nicht nur auf das Boot. Gerade jetzt haben sie auch angefangen und alle zu Verhören eingeladen, die jetzt wieder durch die fehlenden Alibis verdächtig geworden sind. Trotzdem nehmen sie die Spur, die mit dem Boot zusammenhängen könnte, sehr wichtig. Es verschwand immerhin am Nachmittag vor dem Mord, wurde dann in Messina gesehen und muss in der Mordnacht wieder zurückgekommen sein. Da vermutet man schon irgendeinen Zusammenhang."

„Hat man denn auch schon Spuren gesichert?" erkundigte sich Ermanno.

„Ja, diese Sonderkommission hat den Namen des Bootes „Vesuvio", und sie haben darin eine Menge Spuren gefunden. Von Giorgio und seiner Frau, von Susi und von einigen fremden Personen, die nicht in Giorgios Bekanntenkreis gehören, jedenfalls nicht in den engen, den wir kennen."

„Ihr habt auch schon die Spuren von Susi?" fragte ich erstaunt.

„Natürlich. Sie hat nach dem Mord sogar freiwillig das Stäbchen genommen und uns zur Probe überlassen.

Vermutlich wurde sie der Polizei auch dadurch weniger verdächtig.

Wer unschuldig und sich keiner Schuld bewusst ist, der kann auch ohne weiteres eine Speichelprobe abgeben."

Marisa sah ihn fragend an. „Warum heißt eigentlich Giorgios Boot „Vesuvio" und nicht „Ätna"?"

„Das haben wir uns natürlich auch gefragt. Bisher haben wir aber in Giorgios persönlichen Bereich keinen Grund dafür gefunden. Möglicherweise hatte es den Namen schon, als er es kaufte. Das haben wir aber noch nicht überprüft, weil es uns noch nicht wichtig genug für den Mordfall erschien. Im Moment ist es uns aber wichtig, herauszufinden, wer das Boot nach Messina und zurück nach Catania lenkte."

Sein Handy meldete sich. „Das ist Dino", teilte er uns mit und verschwand in der Küche. Von dort hörten wir seine aufgeregte Stimme, scheinbar sprach er in einem schnellen sizilianischen Dialekt, denn wir konnten kein Wort verstehen. Wenige Minuten erschien er in heller Aufregung wieder bei uns im Wohnzimmer. „Sie haben Giorgio geschnappt. Tut mir leid, ich muss sofort los. Ich werde euch auf dem Laufenden halten."

Wir starrten ihn an. „Wirklich?" rief ich aus. „Und Susi? Was ist mit Susi?" „Wenn ich mich nicht verhört habe, war sie nicht bei Giorgio", antwortete Roberto erleichtert.

„Giorgio wollte bestimmt nicht, dass man sie da mit hineinzieht, und hat ihr bestimmt schnell ein Versteck gezeigt oder hat sie fortgeschickt", vermutete Marisa. „Wenn er sie so liebt, dann will er sie vor der Polizei schützen."

„Das können wir ihr nun leider nicht mehr ersparen", bedauerte Roberto. „Dadurch, dass sie auch kein Alibi hat, gehört sie nun auch zu den Personen, die noch einmal verhört werden müssen. Ab sofort ist man auch auf der Suche nach ihr. Willst du sie einmal anrufen, Abigail? Es wäre besser, wenn sie sich jetzt auch von allein meldet."

„Sie hat sicher längst ein anderes Handy von Giorgio bekommen. Es bringt gar nichts, wenn ich jetzt anrufe. Außerdem könnte man mir das dann nachher so auslegen, als hätte ich sie warnen wollen. Nein, ich denke, es ist besser, wir warten alle einmal ab."

„Gut, dann sehe ich einmal bei der Polizei nach, was nun wirklich los ist. Ich gebe euch Bescheid, sobald ich mehr weiß."

„Können wir inzwischen etwas tun, Roberto?" fragte Marisa.

„Nein, im Moment hat es wirklich wenig Sinn, wenn ihr irgendetwas unternehmt. Im Augenblick ist die Polizei am Zug: die Verhöre der Verdächtigen, die Untersuchung der Kommission „Vesuvio" und jetzt vermutlich ein Verhör von Giorgio. Natürlich werden wir Giorgio befragen, was er von Susi weiß und wo sie jetzt ist. Ich halte euch auf jeden Fall auf dem Laufenden. Aber ich schlage euch vor, dass ihr euch heute einen schönen Platz am Meer sucht zum Baden. Es ist weniger heiß draußen und am Meer geht sowieso ein frischer Wind. Ich rufe euch an."

Er verschwand eilig.

Marisa sah in die Runde. „Und jetzt? Wollt ihr schwimmen gehen? Ich habe jetzt keine Lust dazu. Sollen wir nicht doch lieber in den Höhlen suchen gehen?"

„Lieber nicht", meinte Ermanno. „Es ist zu gefährlich ohne jemanden, der sich da auskennt." Er wandte sich an mich. „Und du, Abigail? Hast du Lust, dich am Meer etwas zu entspannen?"

„Im Moment auch nicht. Vielleicht denken wir doch noch einmal gemeinsam nach, ob uns etwas zu der ganzen Sache einfällt."

Marisa versorgte uns mit Kaffee, Zitronenlimonade und geröstetem Brot mit Olivenöl.

„Ich habe das Gefühl, dass beide hier in der Nähe waren, Giorgio und auch Susi", verriet sie uns. „Und mein Gefühl sagt mir auch, dass Susi jetzt nicht weit von hier ist. Gerade jetzt, wo wir wissen, dass sie ihn liebt, ist es doch auch logisch, dass sie sich irgendwo hier in seiner Nähe aufhält."

Ich gab ihr Recht. „Vermutlich muss die Polizei gar nicht suchen. Wenn sie Giorgio liebt, wird sie von selbst kommen und bei ihm sein wollen. Jetzt muss sie ja kein Versteck mehr spielen, wir wissen ja alle Bescheid über sie. Ich glaube, dass sie uns auch nicht mehr länger anlügen wollte. Sie selbst war es, die mich zu Giuseppe geschickt hat, der genau wusste, wie sehr sich die beiden liebten."

Eine Weile saßen wir still da und dachten nach.

Als die Mittagsglocken läuteten, stand Marisa auf. „Gut, ich gebe es ungern zu, aber ich merke, wir kommen jetzt nicht weiter. Ich lass euch dann für eine Weile allein und mache für ein paar Stunden in meinem Haushalt ein bisschen Ordnung. Das habe ich in den letzten Tagen stark vernachlässigt. Und ihr könnt ja, wenn ihr wollt, doch noch ein bisschen an den Strand gehen. Es gibt übrigens im Kühlschrank noch genug Essen zum Aufwärmen. Heute Abend backe ich wieder frische Pizza."

Ich brachte sie zur Haustür, wo wir uns verabschiedeten.

„Leg dich lieber ein bisschen hin und ruh dich aus", empfahl ich ihr. „Du siehst müde aus."

Sie lächelte mich an. „Mach dir keine Sorgen! Das wird schon alles wieder."

***

23. Kapitel

Es war schon Nachmittag, als Roberto zurückkam.
Er holte eine Flasche Limoncello und drei kleine Gläser, die er zur Hälfte mit dem trüben, zartgelben Likör füllte.
„Hier, etwas für uns alle zur Stärkung. Im Prinzip sind wir bis jetzt noch nicht weitergekommen. Giorgio streitet die Tat ab. Er behauptet, dass Luciana, als er aufwachte, tot neben ihm gelegen habe, von einer Waffe keine Spur. Da habe er es mit der Angst zu tun bekommen und sei geflohen. Die meiste Zeit habe er sich bei einem Freund auf Stromboli aufgehalten, der ihn dort versteckt habe. Das hat allerdings nicht so ganz geklappt, denn ein Nachbar hat ihn gesehen und die Polizei gerufen."
„Wie ist er denn dorthin gekommen? Sein Boot war doch hier", warf Ermanno ein.
„Angeblich ist er mit einem Bus nach Palermo gefahren, und dort soll ihn sein Freund zur Insel abgeholt haben."
„Konntest du ihn auch befragen, warum sein eigenes Boot unterwegs gewesen ist?" erkundigte ich mich.
„Ja, der Kommissar ließ mich auch einige Fragen an Giorgio stellen. Er behauptet, das Boot seit drei Wochen nicht mehr angefasst zu haben und tat sehr überrascht, als ich ihn darauf ansprach. Angeblich kann er sich gar nicht vorstellen, wer damit gefahren ist. Natürlich habe ich ihn auch gefragt, wo Susi ist. Aber er hat sich stur gestellt und behauptet, das wisse er

nicht. Sie sei doch hier gewesen in Catania. Und er habe seit gestern nichts mehr von ihr gehört."

Ich erschrak. „Oh, wenn das wahr ist, ist sie vielleicht doch in Gefahr. Vielleicht hat sie jemand an irgendeinen unbekannten Ort gelockt, um sich dort an ihr zu rächen."

Roberto sah mich fragend an. „Wer sollte das sein?"

„Ich weiß nicht, vielleicht jemand aus Lucianas Familie, der sie liebt."

Mein Handy meldete sich, es war eine Kurznachricht von Maria, die alles andere als kurz war. Ich las den anderen vor: „Petro und Salvatore sind heute mit dem Flieger aus München gekommen. Petro soll bei der Polizei verhört werden und Salvatore hat in den Unterlagen seiner Tante nach kurzer Suche die Akte mit der Erbschaft gefunden. Es scheint so, als ob die beiden sich etwas gegen den Rechtsanwalt überlegten. Sie wohnen bei mir, und ich werde dich auf dem Laufenden halten. Habe kein gutes Gefühl bei der ganzen Sache. Der Rechtsanwalt ist doch sicher eine Nummer zu groß."

„Wenn die beiden etwas in der Hand gegen den Anwalt haben, dann ist dagegen nichts einzuwenden, wenn sie gegen ihn vorgehen. Wenn sie allerdings etwas Illegales vorhaben, dann sollte man sie wirklich warnen, denn der Rechtsanwalt sitzt am längeren Hebel", fand Ermanno.

Roberto wandte sich an uns beide. „So, ihr Lieben, jetzt habe ich euch erst einmal informiert. Giorgio ist gefasst, und wird weiter verhört, wie auch die anderen Verdächtigen. Ich werde dort wieder gebraucht, es kann spät werden."

Eilig, wie er gekommen war, verschwand er wieder.

Ich dachte nach. „Wenn man nur wüsste, ob Giorgio lügt. Und was hat das mit dem Boot auf sich? Wenn er tatsächlich Susi aus Messina aus welchem Grund auch immer holen wollte, warum hat er dann das Boot am falschen Steg festgemacht, als er zurückkam? Damit hätte er sich doch selbst verdächtig gemacht. Und wenn er mit Susi diese ganze Sache besprochen hatte, und der Mord vielleicht sogar geplant war? Warum sollte sie zuerst in Messina ein Alibi haben und dann doch in der Nacht mit dabei sein? Es ergibt einfach alles keinen Sinn. Da muss noch viel mehr dahinter stecken."

„Ja, da hast du Recht, Abigail. Da muss mehr dahinter stecken. Die Bootsfahrt muss eine andere Bewandtnis haben."

Es läutete an der Tür, und ich öffnete sie.

Überrascht stieß ich einen kleinen, schrillen Schrei aus. Susi stand mir gegenüber.

Ich ließ sie herein und wollte sie umarmen, aber sie wehrte ab.

„Lass mich erst einmal hereinkommen. Wer ist gerade alles hier?"

„Nur Ermanno und ich."

„Ja, das ist gut." Sie sah den Limoncello auf dem Tisch stehen, öffnete die Flasche und trank einen großen Schluck daraus.

„Ich werde euch jetzt meine Geschichte erzählen, wenn du dich, Abigail, neben deinen Freund gesetzt hast."

Ich setzte mich neben Ermanno und wartete gespannt auf das, was sie uns erzählen wollte.

„Ich habe in den Nachrichten gehört, dass Giorgio gefasst worden ist. Jetzt kann ich nichts mehr tun, jetzt kann ich nur noch die Wahrheit sagen, und ich hoffe, dass ihr mir irgendwann einmal verzeihen könnt. Es ist eine ganz schlimme Geschichte, und ich erzähle sie euch von Anfang an: Als ich Giorgio zum ersten Mal sah, habe ich mich sofort in ihn verliebt, und er, wie er mir später gestand, ebenfalls in mich. Wir haben eine

Weile dagegen angekämpft, weil ich mich nicht zwischen Luciana und Giorgio drängen wollte, aber er versicherte mir, dass seine Ehe schon längst keine Ehe mehr sei, und so trafen wir uns oft heimlich, manchmal in meiner Werkstatt, manchmal auch seinem Boot. Aber oft hatte ich ein schlechtes Gewissen und wollte unsere Beziehung beenden. Giorgio tröstete mich und sagte, er wolle sich scheiden lassen. Ich bat ihn, sich das doch lange zu überlegen, damit er keinen voreiligen Entschluss treffe. Aber er versicherte mir, dass er genau wüsste, was er tut, und so stimmte ich ihm schließlich zu, als er mich auch fragte, ob ich ihn nach seiner Scheidung heiraten wolle.

In dieser Zeit habe ich sehr viele Skulpturen gemacht, weil ich sehr glücklich mit Giorgio war, das weißt du sicher schon von Giuseppe, nicht wahr Abigail?"

Ich nickte. „Ja, Giuseppe hat mir alles erzählt."

Susi fuhr fort: „Es war eine wunderschöne Zeit mit Giorgio, in der Zeit, als Luciana noch nichts ahnte. Da war sie sogar sehr nett zu mir und hat mir einmal vier kleine Figuren abgekauft, die hat sie dann im Wohnzimmer auf ihre Fensterbank gestellt. In dieser Zeit habe ich auch die große Skulptur, die „Liebe" erschaffen. Sie war nicht nur das Symbol unserer Liebe, sondern auch unser Talisman, und ich wusste, dass unsere Liebe leben würde, solange auch diese Skulptur lebte. Die beiden, Venus und Mars, das waren wir, wir als Liebespaar und ich fühlte, dass wir auch in den beiden Figuren lebten.

Kurz vor Weihnachten im letzten Jahr bat Giorgio seine Frau dann um die Scheidung. Aber sie machte ein fürchterliches Theater und schwor ihm, sich niemals scheiden zu lassen. Von diesem Tag an machte sie ihm das Leben zur Hölle, jeden Tag von morgens bis abends. Einen Tag vor Weihnachten kam sie zu mir und brachte mir einen Karton als Weihnachtsgeschenk. Darin fand ich die Scherben der vier Figuren, die bei ihr auf der Fensterbank gestanden hatten. Ich war traurig und wütend und unglücklich zugleich, und ich weinte vor Kummer und Zorn.

Der nächste Tag, das war Heiligabend, das war der Tag, als der Ätna Feuer spie, das war der 24. Dezember 2018. An diesem Tag ging ich in die Kirche um Weihnachten zu feiern, für mich ganz allein. Und ich betete dort lange für Giorgio und mich. Als ich zurückkam, fand ich Luciana in meiner Werkstatt. Sie hatte eine Axt in der Hand, und sie sah mich hämisch grinsend an, hämisch und schadenfroh. Da sah ich, was sie getan hatte: Die Skulptur, „die Liebe" lag in Scherben auf dem Boden. Sie hatte unsere Liebe zerstört, und ich wusste, dass das kein gutes Omen war für unsere Beziehung. Ich konnte kein Wort sagen und stand unter Schock, um mich herum schien die Welt zu brennen, der Ätna hatte Feuer gespuckt und die bösen Menschen böse gemacht.

Sie lachte wie eine Hexe oder eine Furie, schwenkte das Beil und freute sich. Dann ließ sie mich mit den Scherben allein.

Ich weinte lange, und als Giorgio später zu mir kam mit einem goldenen Ring, da gelang es ihm fast nicht, mich zu trösten. Erst tief in der Nacht weinte ich mich in den Schlaf, und er blieb bei mir und streichelte mich.

Am anderen Tag ging Giorgio zu seiner Frau und sagte ihr, dass nun alles beschlossene Sache sei, dass er mit mir fortginge und dass er sich scheiden lasse. Natürlich rastete sie wieder aus, und in den nächsten Tagen flüchtete sie sich in allerlei krankhafte Zustände.

In dieser Zeit konnten wir nicht mehr fröhlich sein, denn Luciana quälte ihren Mann, wo sie nur konnte. Nun begann er eifrig, irgendwo nach einer anderen

Arbeit und einer Wohnung zu suchen, damit wir ein neues Leben anfangen konnten.

Dann kam der Tag, an dem ich ein Angebot aus Messina bekam. Ich sollte dort für die Kapelle eines Villenbesitzers eine Madonna anfertigen. Ich fuhr mit dem Auto dorthin, sah mir die Kapelle an, und wollte ein paar Tage da bleiben, um mich dort inspirieren zu lassen. An diesem Nachmittag bekam ich einen Anruf von einer unbekannten Nummer, er war von Luciana.

Sie sagte mir, dass sie mir eine einmalige gute Gelegenheit zu bieten habe. Aber ich müsste alles genauso tun, wie sie mir das vorschreibt. Wenn ich alles so mache, wie sie das will, dann würde sie in die Scheidung einwilligen. Natürlich war ich zuerst skeptisch, aber dann doch sehr hoffnungsvoll. Ich klammerte mich an die Möglichkeit, dass sie doch im Inneren ein guter Mensch sein könnte, der nun einlenkt. Sie hatte Giorgios Boot zu einer Bucht in den Hafen nach Messina gefahren. Von dort sollte ich dann abends, wenn es dunkel war, was es im Winter ja schon recht früh ist, eine bestimmte Route an der Küste entlang bis nach Messina fahren und dann das Boot an einem bestimmten Steg festmachen. Sie wusste übrigens, dass ich die Bootsführerscheine sowohl für die Binnenschifffahrt als auch für die See gemacht habe, damit Giorgio und ich in Zukunft viel mit dem Boot unterwegs sein konnten.

Also tat ich es so, wie sie es mir vorgeschrieben hatte. Ich fuhr mit dem Boot von Messina nach Catania. Aber als ich am späteren Abend bei ihr zu Hause ankam, war alles ganz anders. Giorgio schlief schon, wie ich mir später zusammengereimt habe, nicht ohne ein vermutlich leichtes Schlafmittel, das sie ihm verabreicht hatte. Wahrscheinlich eines von denen, die man hinterher im Blut nicht nachweisen kann.

Sie stellte sich vor mich hin, hielt dabei eine Pistole in ihrer Hand und sagte: „Wenn du schreist, erschieße ich dich und Giorgio sofort. Aber du wirst sehen, ich habe etwas viel besseres vor, als dich jetzt zu erschießen. Du sollst nämlich leben, und zwar im Gefängnis."

Sie trat hinter mich und fesselte blitzschnell erst meine Hände und dann meine Füße jeweils mit einer Strumpfhose. Dann stellte sie sich vor mich, ihre eiskalten Augen blitzten, und sie sagte: „Du hast mir die Liebe meines Mannes gestohlen. Ich werde jetzt Giorgio erschießen und dich wird man für die Mörderin halten."

Es gelang mir tatsächlich eine Hand zu befreien und ich wollte ihr die Pistole aus der Hand reißen. Da nahm sie blitzschnell eine Spritze aus ihrer Jackentasche, die sie dort versteckt hatte und ich vermutete, dass darin entweder ein Betäubungsmittel oder Gift war. So rangelte ich mit ihr, um ihr die Spritze zu entreißen. Die Nadel traf mich, es gelang ihr, mir einen Teil der Spritzenflüssigkeit zu verabreichen, aber mir gelang es, Luciana mit der Spritze wieder fortzustoßen, sodass die Spritze auch sie traf, während wir, inzwischen aufeinanderliegend, miteinander kämpften. Danach verlor ich das Bewusstsein.

Als ich wieder aufwachte, dauerte es einen Augenblick, bis ich mich wieder gefasst hatte und mich erinnerte, was geschehen war.

Es muss so kurz nach Mitternacht gewesen sein. Ich eilte in das Schlafzimmer der beiden und sah die beiden nebeneinander im Bett liegen. Giorgio regte sich nicht, vermutlich wegen des Schlafmittels. Ich wusste nicht, ob er tot war oder nicht, ich wusste nur, wenn er noch nicht tot war, dann musste ich es verhindern. Deswegen trat ich eilig an Lucianas Bett. Sie hatte wohl auch kurz geschlafen, wegen der Wirkung des Betäubungsmittels.

Sie lag da mit der Pistole in der Hand. In dem Augenblick, als ich ihr die Pistole aus der Hand nehmen wollte, bewegte sie sich. Ich nahm die Pistole in meine Hand und in diesem Augenblick drehte sich Luciana und stieß gegen mich. Ich weiß nicht wie es kam, aber in diesem Moment ging der Schuss los, aus nächster Nähe.

Ich stand wie versteinert, unter Schock, und als ich wieder zur Besinnung kam, da stellte ich fest, dass der Schuss tödlich gewesen war. Ich geriet in Panik, nahm die Pistole, sah mich nicht mehr um und ging wie in Trance aus dem Haus. Von dort ging ich quer durch die Stadt bis an den großen Parkplatz, wo auch Fernfahrer übernachten. Ich wusste, die meisten von ihnen, fahren ganz früh morgens los. Ich traf einen deutschen LKW-Fahrer, der mich in den frühen Morgenstunden mit bis nach Messina nahm. Er selbst fuhr dann mit der Fähre von dort aus aufs Festland Richtung Deutschland. In meiner Pension angekommen, ging ich erst einmal unter die Dusche. Aber es half nichts, ich konnte irgendwie noch nicht aus meinem Zustand herauskommen. Erst als ich viel später in die Kapelle ging, fand ich wieder ein wenig zu mir. Dieser heilige Raum schien zu mir zu sprechen: Der Himmel wird dir helfen, der Himmel wird dich behüten, die Engel werden dich nicht verlassen. So blieb ich dort bis zu dem Tag, an dem ich vorgehabt hatte, zurückzukommen. Inzwischen berichteten alle Zeitungen über den Mordfall. Ich fühlte mich immer noch wie in einem seltsamen Traum und wünschte mir, endlich daraus aufzuwachen.

Doch aus diesem Traum habe ich mich dann in einen anderen geflüchtet, und von da an kennt ihr die Geschichte. Natürlich wusste ich von Anfang an, dass Giorgio nicht der Mörder war, und deswegen wollte ich auch verhindern, dass er unschuldig ins Gefängnis kommt. Gestern, als man ihn fand, bin ich aufgewacht und habe gewusst, dass ich endlich sprechen muss. Als ich euch verließ, hier in Robertos Haus, hatte ich vorgehabt, Giorgio selbst zu suchen, aber das war auch eine verrückte Idee von mir gewesen, die nur meiner Fantasie und meinen Hirngespinsten entsprang. Das ist meine Geschichte, die schlimme Geschichte des gefallenen Engels, der Bronzo heißt."

Während ich noch wie erstarrt da saß und kein Wort hervorbrachte, stellte Ermanno einige Fragen an Susi. „Es war also ein Unfall und gar kein Mord? Was ist mit der Waffe geschehen? Und wo ist die Spritze hingekommen?"

Sie sah ihn mit ihren großen, unschuldigen Augen an. „Ich weiß es selbst nicht, ob es ein Unfall oder ein Mord war, das ist es ja, was mich die ganze Zeit beschäftigt hat. Ich war die ganzen Wochen vorher so wütend auf Luciana gewesen, dass ich gedacht habe, ich kann sie umbringen. Und als sie mich dann in das Haus gelockt hatte, und Giorgio ermorden wollte, da war ich noch wütender, und ich glaube, ich habe sie sogar gehasst. Als ich mit ihr gekämpft habe, da war es mir auch gleichgültig, was in der Spritze war, selbst wenn es Gift gewesen wäre, es wäre mir egal gewesen. Aber später, als ich sie da mit der Waffe in der Hand liegen sah, da hatte ich nur den Wunsch, Giorgio und mich zu retten, wenn er vielleicht leblos und noch nicht tot war. Da wollte ich sie nicht umbringen, da hatte ich nur Angst um unser Leben. Als sie sich aber dann bewegte, habe ich befürchtet, dass sie mich sofort erschließt oder Giorgio. Es waren alles nur Reflexe zu diesem Zeitpunkt, ich habe gar nicht mehr nachgedacht. Die Waffe habe ich dann auch gar nicht bewusst mitgenommen. Als ich draußen war, habe ich gemerkt, dass ich sie noch in der Hand hatte. Und seltsamerweise war ich auch so in Trance, dass ich mich gar nicht mehr um Giorgio gekümmert habe. Vielleicht hätte ich einen Rettungswagen rufen sollen, aber ich konnte nicht mehr klar denken. Alles in mir funktionierte nur noch automatisch. Die Waffe habe ich dann irgendwo in der Stadt in einen Kanal fallen lassen, ich weiß nicht einmal mehr, wo das war.

Die Spritze habe ich nicht mehr gesehen, nachdem ich dort aufgewacht war. Ich vermute, dass Luciana sie noch irgendwo entsorgt hat, bevor dann auch bei ihr die Wirkung der kleinen Betäubung einsetzte. Viel Zeit wird sie dazu nicht mehr gehabt haben. Ich vermute, dass sie noch im Haus ist. Wurde sie denn von der Polizei nicht gefunden? Hat Roberto nichts darüber gesagt?"

„Gesagt hat er nichts davon. Aber vielleicht hat man auch nicht genau danach gesucht, weil man davon nichts wusste. Jetzt liegt ja alles ganz anders, bisher ist man ja davon ausgegangen, dass Giorgio der Mörder war, der einfach seine Frau im Schlaf erschossen hat. Welchen Grund sollte da die Polizei gehabt haben, das ganze Haus auf irgendetwas anderes hin, zu untersuchen."

Inzwischen hatte ich mich etwas erholt und fand auch meine Worte wieder. „Normalerweise denke ich schon, dass routinemäßig alles durchsucht wird. Aber möglicherweise hatte Luciana irgendwo auch ein sehr gutes Versteck im Haus. Es ist aber noch nicht zu spät, nach den Resten der Spritze zu suchen."

Susi überlegte. „Ich weiß es nicht. Ich hatte jedenfalls in dieser Nacht gar keine Gedanken daran. Es ist alles für mich immer noch wie ein böser Traum. Daher habe ich versucht, in Deutschland in ein neues Leben zu finden, aber du siehst Abigail, man kann nicht weglaufen, es hat mich alles wieder eingeholt."

„Du hättest mir ruhig alles sagen können, ich hätte Verständnis für dich und deine Situation gehabt", beschwerte ich mich.

„Wärst du dann auch mit mir hierher gekommen? Ich hatte später einfach nur noch den Wunsch, dass Giorgio einen Ort findet, wo er unentdeckt leben kann. Als ich in der Nacht so kopflos floh, war mir nicht bewusst, dass nun Giorgio verdächtigt wurde. Und als ich das erfuhr, war er schon geflohen. Da gab es für mich nur noch die Möglichkeit, alle anderen möglichen Täter bekannt zu machen, damit sich die Polizei mit ihnen beschäftigte und Giorgio Zeit gewann. Ich konnte ja nicht ahnen, dass er sich noch hier in der Nähe versteckte, aber nicht wirklich irgendwohin weit weg fliehen wollte. Wenn er jetzt hört, dass ich der Täter bin, wird er sich von mir abwenden und mich hassen. Da hat nun Luciana doch endlich erreicht, was sie wollte: Seine Liebe zu mir wird enden. Ich habe es schon befürchtet, als ich die Scherben unserer Figur sah."

Ermanno schüttelte den Kopf. „Ich glaube, da bist du zu abergläubisch, Susi. Nichts gegen deine sensiblen Gefühle und deine Intuition. Aber wenn deine Figur auch wertvoll war und unersetzlich ist, so ist sie doch kein Lebewesen und hat vor allen Dingen keinen Einfluss auf deine und eure Zukunft."

Susi sah ihn traurig an. „Das kannst du nicht verstehen. Das ist nicht deine Welt. Aber es gibt eben nicht nur die eine Welt hier auf dieser Erde. Es gibt viele unbegreifliche Dinge auf der nichtmateriellen Ebene. Kunstwerke haben eben eine Seele, das wissen alle Künstler."

Ermanno sah sie zweifelnd an. „Das tut mir leid, Susi. Das kann ich nicht ganz nachvollziehen, obwohl ich schon ein besonders sensibler Mensch bin. Ich liebe die Kunst auch sehr, aber trotzdem mache ich da einen Unterschied zwischen den Lebewesen, also Pflanzen, Tieren und Menschen und allem anderem. Aber ich glaube, das ist jetzt auch gar nicht so wichtig. Wichtig ist nur, wie man dir jetzt helfen kann. Was hast du denn jetzt vor?"

„Natürlich gehe ich zur Polizei, das ist völlig klar. Es muss jetzt endlich über alles gesprochen werden, vor allen Dingen ist es wichtig, dass ich Giorgio endlich entlaste."

„Ich werde Roberto nach einem guten Anwalt für dich fragen", schlug ich ihr vor. „Aber auf keinen Fall Gianni Pozzo. Mit dem werden sicherlich Petro und Salvatore noch abrechnen."

Die Haustür öffnete sich und Roberto trat ein. Als er Susi sah, eilte er auf sie zu und wollte sie in den Arm nehmen, aber sie wehrte ihn ab.

„Warte Roberto, ich habe dir zuerst wichtige Neuigkeiten zu erzählen, ich muss unbedingt mit dir reden. Kannst du bitte mit mir in mein Zimmer kommen?"

Er nickte und folgte ihr ungeduldig.

„Das wird für ihn eine weitere Enttäuschung geben", fürchtete ich. „Damit hatte keiner von uns gerechnet."

Ermanno nickte. „Aber für mich ist sie immer noch keine Mörderin, Abigail. Ich glaube ihr, dass es ein Unfall war."

„Ich glaube ihr auch, dass es ein Unfall war, auch wenn es ihr die Polizei wahrscheinlich erst einmal nicht glaubt, wenn sie von den zerbrochenen Figuren und ihrer Beziehung zu ihren Werken hört. Ich denke, der

Anwalt müsste ihr raten, das zu verschweigen, sonst hat sie ein stärkeres Motiv."

„Genau, und ob es so gut ist, von ihrer großen Liebe zu erzählen, dass das gut wäre, das bezweifle ich auch. Das Motiv wird dadurch viel größer. Es gibt keine andere Lösung, sie braucht einen sehr guten Anwalt. Und natürlich eine sehr gute Kriminalpolizei, die die Tat so rekonstruiert, dass man den ganzen Hergang und den Unfall, der gewissermaßen in Notwehr geschah, rekonstruiert."

Wir überlegten noch eine Weile hin und her, bis Susi und Roberto wieder zu uns kamen.

Der Polizist wandte sich an uns. „Inzwischen weiß ich also auch Bescheid. Susi bleibt heute Nacht hier und morgen früh gehe ich mit ihr gemeinsam zur Polizei. Ich rufe gleich noch einen Freund an, der ist Anwalt und ich glaube, er kann Susi gut vertreten. Wo ist eigentlich Marisa? Ich muss ihr dringend die Neuigkeiten berichten und ihr vor allen Dingen sagen, dass wir nun nicht mehr in den Höhlen suchen müssen."

„Marisa müsste in ihrer Wohnung sein", klärte ich ihn auf. „Soll ich sie anrufen und fragen, ob sie herüberkommen möchte?"

„Das wäre nett von dir, dann kann ich gerade mal für uns alle einen Espresso machen, ich glaube den brauchen wir jetzt." Er verschwand in der Küche und Susi setzte sich neben uns.

Ich wählte mehrmals Marisas Nummer, hatte aber keinen Erfolg, sie meldete sich nicht. „Vielleicht ist sie gerade mit dem Staubsauger beschäftigt und hört meinen Anruf nicht. Ich werde ihr eine Nachricht schicken, dass sie einmal herüberkommen möchte", teilte ich den anderen mit.

Roberto brachte den Espresso. „Was sagt Marisa?"

„Ich habe sie nicht erreicht, Roberto. Vielleicht hat sie den Anruf nicht gehört. Möchtest du einmal zu ihr gehen und ihr Bescheid geben?"

„Ach, nein. Ich will sie nicht stören. Sie kommt sicher gleich, weil sie sich immer darüber freut, wenn sie für uns alle das Essen zubereiten kann. Lass uns noch etwas warten."

***

24. Kapitel

Aber wir warteten vergeblich. Als es anfing, dämmrig zu werden, wurden wir unruhig, und Roberto entschloss sich, einmal nachzusehen, ob es Marisa gut ging.

„Ich habe einen Zweitschlüssel von ihrer Wohnung", teilte er uns mit. „Es ist besser, ich nehme ihn mit, falls ihr etwas passiert ist. Vielleicht ist es ihr schlecht geworden oder sie ist gestürzt."

Er ging eilig fort, während Ermanno, Susi und ich beunruhigt zurückblieben. Die Zeit wurde uns sehr lang und wir versuchten, uns mit einigen Aufräumarbeiten zu beschäftigen. Susi wärmte in der Küche die Reste des Essens auf. Es war genug für alle da, Marisa hatte gut vorgesorgt und für mehrere Tage reichlich gekocht.

Ich deckte gerade den Tisch, als Roberto aufgeregt zurückkam.

„Sie ist nicht da, und ich habe entdeckt, dass an der Garderobe ihre Wanderschuhe fehlen und auch der kleine Rucksack, mit dem wir schon mal auf den Berg gehen. Da ist nämlich allerlei Nützliches drin, auch ein kleines Erste-Hilfe-Set. Das hat sie alles mitgenommen, und ich fürchte, dass sie allein in eine der Höhlen gegangen ist."

Ich erschrak. „Um Himmels Willen, es ist doch schon fast dunkel. Hoffentlich ist ihr nichts passiert. Ob sie wirklich so ganz allein dorthin ist?"

Roberto nickte. „Ich fürchte, ja. Es ist zum Glück im Rucksack auch eine sehr gute Taschenlampe darin, aber damit kann man natürlich weder weit leuchten noch eine große Fläche auf dem Boden ausleuchten. Wenn ich nur wüsste, in welche Höhle sie gehen wollte. Hat sie euch denn etwas erzählt?"

„Leider nicht", bedauerte Ermanno. „Wir haben uns die Höhlen heute Vormittag auf der Karte alle etwas näher angeschaut, aber als du uns dann gesagt hast, dass wir da nicht ohne Führer hineingehen sollen, haben wir erst einmal alle unsere Vorhaben beiseite gelegt. Aber wir können jetzt unmöglich in der Dunkelheit einfach auf einen Verdacht hin 37 Höhlen absuchen."

„Nein, das können wir nicht", stimmte ihm Roberto zu. „Aber ich kenne einen Bergführer. Der ist fast jeden Tag mit Touristen an verschiedenen Höhlen. Vielleicht hat er sie gesehen. Sie kennt ihn nämlich noch aus der Schulzeit, und jedes Mal, wenn sie den Berg hinauf geht, sieht sie einmal bei ihm vorbei und begrüßt ihn. Ich gehe noch einmal in Marisas Wohnung und schaue in ihrem altmodischen Telefonbuch von früher nach. Heute hat man ja alle Telefonnummern im Handy gespeichert. Aber auf ihrer Flurkommode liegt noch immer das Adressbuch von früher. Ich bin gleich wieder da, ich melde mich."

Wenige Minuten später brachte uns Roberto eine neue Nachricht. „Ich habe mit dem Bergführer gesprochen. Paolo hat sie tatsächlich heute Nachmittag gesehen, allerdings hat sie ihm nicht verraten, dass sie in eine Höhle gehen wollte. Er hat sie kurz begrüßt und sie sprach nur von einem Spaziergang, war aber in Richtung der Grotte von Cassone unterwegs. Sie liegt auf der südlichen Bergseite und ist auf einer Höhe von 1600 Metern. Das ist eine Katastrophe, wenn sie dort allein hineingegangen ist. Ich habe sofort einen Trupp beauftragt, das sind drei Männer, die sich dort auskennen, ein Rettungssanitäter ist auch dabei. Eigentlich wollte ich selbst mitgehen, aber der Leiter des Trupps hat mir davon abgeraten. Die Höhlen sind ja eng, und so viele Personen können da gar nicht hinuntersteigen. Er sagte, ich solle hier in der Wohnung warten und man gäbe mir sofort Bescheid, wenn es etwas Neues gibt."

„Das ist ja schrecklich", fand Susi. „Hoffentlich ist ihr nichts passiert! Und alles ist meine Schuld. Was kann ich da nur machen?!"

Roberto setzte sich zu uns. „Es ist nicht deine Schuld. Ich hatte Marisa heute extra noch einmal gewarnt, nichts allein zu unternehmen. Obwohl es total lieb war von ihr, dich suchen zu gehen. Und mutig natürlich auch, aber verdammt unvorsichtig."

Susi stellte die Teller auf den Tisch. „Ich weiß, ihr wollt jetzt alle nichts essen, aber bitte tut es trotzdem. Es ist gut für die Nerven, und ich werde mich auch dazu zwingen. Wer weiß, wie lange wir heute Nacht noch hier sitzen." Sie reichte die Schalen herum, jeder nahm eine kleine Portion und wir stocherten alle mehr oder weniger lustlos auf unseren Tellern herum.

„Wir wollen doch alle nicht hoffen, dass ihr etwas passiert ist", versuchte uns Ermanno etwas aufzumuntern. „Wenn sie wirklich schon einmal dort oben war, kennt sie sich bestimmt auch aus. Und wenn sie eine Taschenlampe dabei hat, dann findet sie sich sicher auch in der Dunkelheit zurecht. Vielleicht hat sie sich nur etwas verspätet."

„Das wollen wir alle hoffen", tröstete ich mich selbst.

Susi zündete eine Kerze an und faltete die Hände. „Ich werde jetzt für Marisa beten, und ihr könnt es auch alle tun."

Es wurde ganz still im Raum. Wir alle saßen da und fühlten die Kraft unserer gemeinsamen Wünsche.

Nach einigen Augenblicken sprang Roberto auf. „Das ist ja nicht zum Aushalten! Dieses Warten macht mich ganz verrückt. Ich hätte doch mitfahren sollen. Jetzt sitze ich hier, und die Zeit will nicht vergehen. Und Paolo meldet sich einfach nicht, er hatte mir doch versprochen, mich anzurufen, wenn der Trupp etwas weiß."

„Dann wissen sie sicher noch nichts. Nimm doch einmal nicht das Schlimmste an! Vielleicht hat sie sich nur verirrt in der Dunkelheit", versuchte ihn Ermanno zu trösten.

„Es ist jetzt viel zu lange her. Da muss etwas passiert sein. Ich habe keine Ruhe mehr, ich werde jetzt noch einmal versuchen, ihn anzurufen."

Er tippte eine Nummernfolge auf dem Display seines Handys. Eine ganze Weile tat sich nichts. Dann schien sich am anderen Ende doch jemand zu melden, denn Roberto sagte: „Was ist denn los? Warum meldet ihr euch nicht?"

Gebannt beobachteten wir seinen Gesichtsausdruck, während er zuhörte, was die Person am anderen Ende der Leitung sprach.

Als er das Handy weglegte, schlug er kurz die Hände vors Gesicht. „Das darf doch nicht wahr sein! Ich habe es doch gewusst. Sie haben sie gefunden, sie lag bewusstlos in der Höhle, und offenbar war sie gestürzt. Sie wird jetzt ins Krankenhaus gebracht, denn sie können noch nichts sagen über die Verletzungen. Ich fahre jetzt sofort zum Krankenhaus. Bitte bleibt hier, ich melde mich sofort, wenn ich Näheres weiß." Er lief davon, ohne eine Antwort von uns abzuwarten. Susi begann zu weinen. „Es ist alles meine Schuld. Es ist so schrecklich, was aus einer ehrlichen Liebe alles entstehen kann! Dabei sollte Liebe doch etwas Schönes sein, etwas Heiliges. Etwas, das Menschen Glück bringt. Aber unsere Liebe hat anderen Menschen und uns nur Unglück gebracht. Ich wünschte, ich könnte alles rückgängig machen. Was soll ich nur tun?"

Ermanno beruhigte sie. „Du konntest es nicht ahnen, dass sich alles so entwickelt hat. Nicht nur du hast etwas falsch gemacht, sondern auch besonders Luciana, das darfst du nicht vergessen. Sie hat dich provoziert. Und dass Marisa jetzt allein in die Höhle gegangen ist, ist auch nicht deine Schuld. Sie hat es gut gemeint, aber sie hat etwas Falsches getan."

Ich nahm Susi in den Arm und streichelte sie. „Es ist alles einfach falsch gelaufen, wie manchmal im Leben, selbst wenn wir glauben, dass Richtige zu tun."

Mein Handy meldete sich, ich hoffte auf eine Nachricht von Roberto, aber es war Maria, die sich nach dem Stand der Dinge erkundigte. Ich lief in die Küche und erzählte ihr alles, was geschehen war, und sie erschrak. „Das ist ja fürchterlich, wirklich tragisch. Ich kann mir gar nicht vorstellen, dass meine Schwester so böse war. Ich habe sie nie so kennengelernt. Und wo ist diese Theresa jetzt? Bei der Polizei?"

„Gewissermaßen ja, in der Wohnung eines Polizisten. Warum fragst du das?"

„Petro und Salvatore sind nicht gut auf den Mörder ihrer Tante zu sprechen und sie haben sich jetzt zusammengetan und wollten gerade selbst recherchieren. Sie wollen morgen früh auch zu Gianni Pozzo gehen und ihn auf die Erbschaft ansprechen. Seit sie sich zusammengeschlossen haben, sind sie richtig rebellisch und gar nicht zimperlich, mir scheint, zu allem bereit. Bei Petro habe ich gar kein gutes Gefühl, er scheint es wirklich ernst zu meinen."

„Danke, Maria, dass du mir das jetzt verrätst, dann werden wir dem Polizisten ein bisschen aufpassen helfen, dass nichts passiert. Es war wirklich ein Unfall, das wird sich sicher auch bei den neuen Untersuchungen herausstellen. Ich denke, die Polizei wird jetzt den ganzen Fall noch einmal aufrollen." Ich dachte einen Augenblick nach und fuhr fort: „Wo sind denn jetzt die beiden, Petro und Salvatore? Kann ich morgen Vormittag einmal zu dir kommen zum Reden?"

„Das kannst du gern versuchen. Komm doch morgen gleich zum Frühstück vorbei, dann können wir uns noch ein wenig unterhalten, und du kannst mir alles noch einmal ausführlich berichten. Ich kann es alles noch gar nicht glauben, das muss man erst einmal verdauen."

Wir verabredeten uns für den Vormittag des nächsten Tages, und ich kehrte zu Ermanno und Susi ins Wohnzimmer zurück.

„Ich werde morgen zu Maria gehen und ihr alles noch einmal genau erklären", versprach ich Susi. „Und ich versuche das auch bei Salvatore und Petro, damit sie sich beruhigen."

Wieder meldete sich mein Handy, ich sah auf dem Display, dass es Roberto war und stellte es auf „Laut", damit die anderen zuhören konnten.

Robertos Stimme klang erstickt und den Tränen nahe, man merkte ihm seine Verzweiflung an. „Marisa wird gerade operiert. Sie hat vermutlich ein Schädel-Hirn-Trauma, es ist sehr schlimm und die Ärzte wissen noch gar nicht, ob sie ihr Leben retten können. Natürlich bleibe ich hier und warte. Ich komme heute nicht nach Hause, aber ich rufe euch an, wenn die OP vorbei ist."

„Sollen wir vorbeikommen und dich ein bisschen unterstützen?" fragte ich ihn.

„Nein, ihr könntet gar nichts tun. Es ist besser, wenn ihr zuhause wartet. Ich war gerade auch schon in der Kapelle und habe eine Kerze angezündet, am besten, wir beten alle für sie."

„Ja, Roberto, das haben wir auch schon getan, dann halte die Ohren steif und melde dich, wenn Einer von uns zu dir kommen soll."

„Ist denn alles in Ordnung bei euch? Kommt ihr drei wenigstens klar?"

„Mach dir um uns keine Sorge! Wir kommen hier schon zurecht, hier ist alles in Ordnung."

„Dann bis später, Abigail und Grüße an die anderen."

Als Robertos Stimme verklungen war, brach Susi erneut in Weinen aus.

Ich nahm Susis Hand. „Wir müssen beten und Gott vertrauen, dass er Marisa hilft. Eigentlich wollte ich es dir nicht verraten, noch nicht jedenfalls. Aber es ist ziemlich sicher, dass auf dich noch eine große Freude wartet. Und ich glaube, es tut dir gut, wenn du dich jetzt ein bisschen freuen kannst."

Sie wischte sich die Tränen ab und sah mich treuherzig an, ihre Stimme klang zaghaft. „Was ist denn?"

„Es hängt mit Giuseppe zusammen", begann ich.

Ein kleines Lächeln huschte über ihr Gesicht. „Will er versuchen, meine Skulptur der Liebe wieder zusammenzusetzen?"

„Nein, das ist es nicht. Es ist etwas viel Schöneres und hängt mit Giuseppe selbst zusammen. Als du fort warst, war ich bei ihm, wir haben viel über dich gesprochen. Wir haben auch darüber gesprochen, dass du ihn ganz am Anfang gefragt hast, ob er einmal mit einer deutschen Frau einen Urlaubsflirt oder eine Affäre gehabt hat. Er hat „Nein" gesagt zu dir, weil er nie etwas mit einer Deutschen gehabt hat, jedenfalls nicht bewusst. Aber er hatte mal etwas mit einer Französin, die Madeleine ließ. Er hat sie kennengelernt, als sie die Asche ihres Vaters hier auf das Meer verstreuen wollte. Er hat sich sehr schnell in sie verliebt, und sie vermutlich auch in ihn. Sie haben am Strand eine romantische und gleichzeitig leidenschaftliche Nacht verbracht Aber leider war diese Madeleine genauso schnell wieder verschwunden, wie sie aufgetaucht ist. Sie hat von einem Vater erzählt, der Hugo hieß."

Susi unterbrach mich. „Mein Großvater hieß Hugo, und meine Mutter unterrichtete in der Schule auch das Fach Französisch. Aber wie kommt er darauf, dass es meine Mutter sein könnte."

„Nachdem er sie traf, hat er seine künstlerischen Talente entdeckt und angefangen zu malen. Aus dem Gedächtnis heraus hat er Skizzen von ihr gemacht und später irgendwann einmal ein Porträt gezeichnet. Das hat er jetzt herausgesucht, und wir haben gemeinsam festgestellt, dass es genauso aussieht wie du. Du musst es dir bei Gelegenheit einmal ansehen, dann könnt ihr noch einen Vaterschaftstest machen lassen."

„Ist das wirklich wahr?" Sie lächelte befreit.

„Ja, er freut sich natürlich unendlich auf dich und ist auch sehr stolz auf dich."

„Wenn das wahr ist! Das kann ich gar nicht glauben, das wäre wunderschön. Dann hätte ich endlich wieder ein neues Zuhause, eine Heimat, eine Familie. Ich habe Giuseppe von Anfang an sehr gern gehabt und mich zu ihm hingezogen gefühlt. Wenn das stimmt, das wäre wirklich ein großes Geschenk. Ja, ich könnte natürlich auch die Talente von ihm geerbt haben. Ich werde gleich morgen mit ihm sprechen und fragen, ob wir einen Test machen können. Oder vielleicht telefonieren. Ich weiß ja nicht, ob man mich sofort einsperrt."

„Das glaube ich nicht", tröstete sie Ermanno. „Roberto besorgt dir einen guten Anwalt, und hier bist du auch ganz gut aufgehoben."

Susi hatte sich etwas beruhigt und wir beschlossen, uns alle für den Rest der Nacht etwas hinzulegen, obwohl wir wussten, dass wir nicht gut schlafen würden.

Wie vermutet, wurde es tatsächlich eine lange, schlaflose Nacht.

***

25. Kapitel

Roberto teilte uns am anderen Morgen mit, dass sich der Zustand von Marisa nicht gebessert hatte. Er blieb weiterhin im Krankenhaus und bat uns, erst einmal von Krankenhausbesuchen abzusehen, da die Ärzte für die junge Frau eine absolute Ruhe verordnet hatten.

Ermanno übernahm die Rolle des Trösters für Susi, die darauf wartete, von Dino zur Polizei zum Verhör gebracht zu werden, und er wollte sie auch bei diesem beschwerlichen Gang begleiten, während ich zu Maria fuhr, die mich in ihrem Haus gemeinsam mit Salvatore erwartete.

Ich lernte ihn als einen netten, freundlichen jungen Mann kennen, von dem ein sonniges Strahlen ausging, sodass es mir nicht schwerfiel, mir vorzustellen, warum er Lucianas Lieblingsneffe gewesen war.

Als ich ihm Susis Lage beschrieb, blieb er ruhig und verständnisvoll und versprach mir, alles Weitere der Polizei zu überlassen.

„Machen Sie sich keine Sorgen, Frau Mühlberg, das wird jetzt alles seinen normalen Gang gehen. Ich war übrigens mit den Unterlagen meiner Tante Luciana heute Morgen schon bei einem hervorragenden Anwalt wegen Gianni Pozzo, und die Chancen stehen gut, dass wir mit einer guten Taktik auch zu unserem Recht kommen. Meine Tante Luciana wird sich im Himmel für uns freuen."

„Das freut mich für Sie! Da wünsche ich Ihnen viel Glück und Erfolg!"

Maria teilte mir mit, dass Petro sich ein privates Gespräch mit mir wünschte, zu dem er mich in Lucianas Haus bat.

„Eigentlich sollten wir jetzt im Moment dieses Haus nicht betreten", überlegte ich. „Es ist wichtig, dass die Polizei erst noch mal die neuen Spuren sucht, wenn Theresa gleich bei der Polizei ihr Geständnis macht. Sie müssen unbedingt die fehlende Spritze suchen und wer weiß, was sonst noch. Es wäre besser, wir könnten uns woanders treffen."

„Ich habe auch keine Ahnung, warum er dich unbedingt dorthin gebeten hat. Vielleicht möchte er dir dort irgendetwas zeigen. Er weiß, dass du Journalistin bist, Abigail."

„Gut, dann will ich das mal hinter mich bringen. Ich habe nämlich später noch vor, eine Freundin im Krankenhaus zu besuchen, der es hoffentlich bis dahin etwas besser geht."

Ich verabschiedete mich von Maria und ihrem Neffen und rief auf dem Weg zu Marias Haus Roberto an, der, wie er mir mitteilte, immer noch in der Klinik war.

„Es geht ihr noch immer nicht besser", teilte er mir mit. „Ich bin total verzweifelt, Marisa ist auch immer noch nicht außer Lebensgefahr und liegt im Moment in einem künstlichen Koma. Ich war die ganze Zeit bei ihr, bin aber zwischendurch immer wieder eingenickt, und im Augenblick hat man sie gerade wieder einmal zu Untersuchungen in ihrem Krankenbett weggebracht. Ich weiß nicht, wie ich das hier aushalten soll. Es darf ihr um Himmels Willen nichts passieren, und ich merke immer mehr, dass es mir hier nicht nur um irgend einen verunglückten Menschen geht, sondern um eine Frau, die mir mehr bedeutet, als ich es bis jetzt ahnte. Sie muss einfach wieder aufwachen! Sie muss es einfach überstehen. Vielleicht werde ich noch einmal in die Krankenhauskapelle gehen, dort fühle ich mich im Moment am wohlsten."

„Das kann ich gut verstehen, Roberto. Dort ist die Hilfe auch am nächsten. Ich hoffe und bete mit dir."

Rolf und Adelaide waren von mir ebenfalls vernachlässigt worden, und so nutzte ich den Weg, den beiden die neuesten Ereignisse mitzuteilen.

Ich traf Adelaide in einer ängstlichen Stimmung an, weil sie sich gerade wieder einmal Sorgen um Moros Gesundheitszustand machte, der momentan alles andere als stabil war. Sie berichtete mir, dass er jetzt vermehrt Untersuchungen beim Arzt habe und sie sehr hoffte, bangte und betete.

Ada versprach, für alle Beteiligten hier ebenfalls mit Gedanken und Gebeten etwas zu bewegen und zeigte mir mit liebevollen Worten, dass sie mich vermisste.

Das Vermissen war auch beim nächsten Gespräch mit Rolf ein großes Thema. Ich war überrascht, wie viele sehnsüchtige Worte mein Verlobter fand, und er erwähnte mehrmals, dass es bestimmt nicht mehr lange dauern würde, bis er in Catania erscheine. Über meine Berichte staunte er. „Das klingt alles sehr abenteuerlich und nicht nach dem wirklichen Leben. Aber so ist das immer, das haben wir schon öfters festgestellt: Das reale Leben ist oft abenteuerlicher und kurioser als ein Roman oder ein Film. Es muss schlimm sein für Susi, den Tod eines Menschen verursacht zu haben, obwohl es auch eine Verkettung unglücklicher Umstände war, die Luciana selbst zum Höhepunkt getrieben hatte. Für deine neue Freundin Marisa tut es mir sehr leid, hoffentlich überlebt sie und wird wieder gesund. Alles andere scheint sich auf wundersame Weise jetzt zu klären. Da geht es ja für dich auch zum Endspurt, diesen letzten kleinen Rest wirst du auch noch schaffen."

„Ja, bestimmt. Dieses Mal habe ich nicht viel zur Klärung beigetragen. Aber dann wird es Zeit, dass wir uns wiedersehen. Italien ist einfach nur halb so schön ohne dich, Rolf."

Er lachte. „Das ist das schönste Kompliment, das du mir machen konntest, denn ich weiß ja, wie sehr du Italien liebst."

Die Abschiedsküsschen per Telefon begleiteten mich eine ganze Häuserreihe entlang. Als ich vor Lucianas Haus stand, trennte ich die Verbindung.

Ich dachte an Marisa und schickte ein kleines Stoßgebet zum Himmel, von dem ich hoffte, dass es erhört würde. Danach hörte ich ein leichtes Rumpeln. Ob das wieder ein Erdbeben war? Ob sich wieder etwas tat bei dem großen Giganten, bei Etnikus?

Wie war das mit den Naturerscheinungen? Hatten sie einen Einfluss auf die Stimmungen der Menschen, zum Beispiel bei Gewitter, bei Vollmond, bei Erdbeben? Sah man nicht auch bei den Tieren Reaktionen als Vorboten auf die Naturereignisse? Irgendetwas lag in der Luft, es erschien mir wie die lähmende Stimmung vor dem Ausbruch eines Gewitters, die Ruhe vor dem Sturm.

Ich drückte auf den Klingelknopf, ein dunkelhaariger Mann mit gebräunter Haut öffnete mir mit einem freundlichen Lächeln die Haustür und stellte sich als Petro, Marias Neffe vor.

Er lud mich ins Wohnzimmer ein, bot mir ein Glas Wasser an und setzte sich mir gegenüber auf den Sessel der Sitzgruppe. Mein Blick fiel auf die breite Fensterbank, die mir leer entgegengähnte.

Die Leere schrie mich an, so als wollte sie mich fragen: „Was für ein Unrecht ist hier geschehen?"

Als ich das Wasser getrunken hatte, wurde ich schläfrig. Zeigte sich jetzt die Müdigkeit der durchwachten Nacht? Ich wehrte mich gegen das Zufallen der Augenlider, aber ihre Schwere übertraf meine Abwehrkraft.

Nicht einschlafen, dachte ich. Ich darf jetzt auf keinen Fall einschlafen. Aber ich spürte, dass ich darüber keine Gewalt mehr hatte.

Ich sank in eine dunkle Leere.

Als ich wieder erwachte, saß ich immer noch auf dem Sofa in Lucianas Wohnzimmer. Petro stand vor mir, sein Lächeln hatte sich verflüchtigt, stattdessen zeigte sich sein Mund in einem breiten Grinsen. In der Hand hielt er eine Waffe.

Ich wollte etwas sagen, wollte ihn fragen, was denn los sei, aber dann merkte ich, dass mein Mund mit einem Klebeband versiegelt war. Als ich mich regen wollte, spürte ich, dass meine Hände auf dem Rücken ebenfalls mit Klebeband aneinander gefesselt und meine Füße mit einem Strick umwickelt und zusammengeknotet waren. Was war geschehen? Was wollte Petro? Nacheinander sprudelten etliche Fragen aus dem tiefen See meiner Gedanken und wollten sich befreien.

„Nimm es nicht persönlich, Abigail. Es geht nicht um dich. Du bist nur das zufällige Opfer. Deswegen wird dir auch nichts geschehen, wenn alle so mitspielen, wie ich das will. Du bist einfach nur eine Geisel, weiter nichts, und ich behalte dich so lange hier, bis man mir die Schuldige hierher bringt. Wer die Schuldige ist, wirst du sicher erraten. Es ist diese Theresa, die meinen Onkel verführt und meine Tante ermordet hat, gemeinsam mit Giorgio. Du bist nur die Geisel, die ausgetauscht werden soll. Ich verlange, dass man mir Theresa hierher bringt, damit sie ihre gerechte Strafe erhält. Sie ist eine Mörderin, deswegen muss sie sterben, denn sie verdient es nicht, weiterzuleben."

Ich wollte etwas sagen, bemerkte aber, dass ich es nicht konnte mit dem Klebeband, ein brummender Laut tönte aus meinem Mund.

„Nein, du kannst noch nicht sprechen. Ich werde dir erst erklären, wie es weitergeht. Wenn ich dir gleich wieder zu reden erlaube, dann musst du genau wissen, dass du nur dann sprechen darfst, wenn ich dich auffordere. Du siehst, ich habe hier eine Waffe bei mir, und glaube mir, ich bin nicht zimperlich.

Wenn du nicht tust, was ich dir sage, schieße ich. Nein, ich schieße noch nicht direkt in dein Herz. Es werden erst mal kleinere Verletzungen seien, die ich dir zur Warnung zufüge.

Du wirst jetzt gleich mit deinem Handy bei Theresa anrufen und sie auffordern, hier herzukommen. Sobald sie ohne Polizei hier drinnen bei mir im Wohnzimmer steht, wirst du frei sein und kannst gehen, wohin du willst.

Du wählst also gleich ihre Nummer und sagst ihr, dass du meine Geisel bist, und dass ich es sehr, sehr ernst meine. Sie darf auf keinen Fall die Polizei benachrichtigen. Sage ihr, wenn sie das tut, bist du tot. Hast du das verstanden?"

Ich nickte.

Er löste mir das Klebeband vom Mund, es schmerzte, aber ich war froh, wieder vom Druck befreit zu sein. Darauf löste er auch das Band, das meine Hände fesselte und reichte mir mein Handy.

„Also los! Ruf sie an und rede mit ihr!"

Einen Moment lang brachte ich keinen Ton heraus. Mit zitternder Hand drückte ich auf das Display und wählte die Nummer von Susi.

Als sie sich meldete, hörte ich im Hintergrund männliche Stimmen, die italienisch sprachen, auch Ermannos Stimme hörte ich in Bruchstücken heraus. Ich vermutete, dass sie gerade bei der Polizei saßen.

Da nahm ich all meinen Mut zusammen. „Ciao Theresa! Bitte erschrick jetzt nicht über das, was ich dir sage. Zuerst muss ich dir sagen, es geht mir gut. Und wenn du genau zuhörst, und das tust, was ich dir sage, dann wird es mir auch weiterhin gut gehen. Petro, der Neffe von Luciana, hat mich hier als Geisel genommen. Ich bin hier gefesselt und sitze im Haus von Giorgio und Luciana. Petro hat eine Waffe, die er benutzen wird, wenn wir nicht das tun, was er sagt."

Ich hörte am anderen Ende einen kleinen Schreckensschrei.

„Reg dich bitte nicht auf!" fuhr ich fort. „Es wird nichts passieren, wenn du die Polizei aus dem Spiel lässt. Das ist die Bedingung von Petro. Er möchte, dass du hierherkommst, dann will er mich freilassen. Ich denke, du weißt, was das zu bedeuten hat."

Ich wandte mich an Petro. „Nein, bitte tun Sie nichts Übereiltes!" versuchte ich, ihn zur Vernunft zu bringen. „Theresa ist unschuldig. Sie werden es noch erfahren: Es war eine unglückliche Entwicklung und ein Unfall."

Bevor ich weiter sprechen oder eine Antwort von Theresa hören konnte, riss mir Petro das Handy aus der Hand. „Das ist genug. Sie weiß jetzt Bescheid und kann sich entscheiden, was sie tut. Er beendete mit einem Fingerdruck das Gespräch.

Nachdem er das Handy in einiger Entfernung auf den Tisch gelegt hatte, fesselte er zunächst wieder meine

Hände auf dem Rücken und klebte mir dann erneut einen Streifen über den Mund.

Was würde Theresa jetzt tun? Wenn sie allein hierherkam, war das mit Sicherheit ihr Tod. Wenn ich in Petros Gesicht sah, konnte ich die eiskalte Entschlossenheit sehen, mit der er seine Tat durchführen wollte.

Angstschauer krochen in mir hoch, die ich mit einem Gebet und einer Atemübung etwas verkleinern konnte. Doch immer wieder wuchsen sie erneut und versuchten mich zu überschwemmen.

Petro holte sich eine Flasche Limoncello aus der Bar des Wohnzimmerschranks und trank in großen Schlucken daraus. Ich hoffte, dass er sich betrank, aber er schien solche Mengen an Alkohol gewohnt zu sein, nichts deutete auf eine verminderte Kontrollfähigkeit hin.

Kurz darauf holte er sich eine alte Zeitung und blätterte scheinbar gelangweilt darin herum, tatsächlich schien er kein bisschen nervös zu sein. Offenbar war er sich sicher, dass Theresa mich retten würde und dass sie ohne Polizei hierherkam.

Was würde sie tun? Hatte die Polizei etwas mitbekommen? Würde Susi der Polizei etwas verraten? Fragen über Fragen.

Ein endloses Warten begann. Waren es Minuten oder Stunden?

Endlich stand Petro auf und ging ans Fenster. Draußen schien sich nichts zu tun. Mein Handy meldete sich mit einem Brummen.

Er löste mit einem Ruck das Klebeband und hielt mir das Handy vor dem Mund.

„Ich bin unterwegs, Abigail", meldete sich Susi. „Ich komme ohne Polizei, ich möchte, dass du frei bist und dass es dir gut. Bis gleich!"

Während er mir die Fessel am Fuß löste und meine Arme vom Klebestreifen befreite, warnte er mich noch einmal eindringlich, zu schweigen und genau das zu tun, was er mir befahl.

Ich nickte stumm.

Als er auf der Straße Schritte hörte, hob er die Hand mit der Pistole hoch und ich spürte die Mündung in meinem Nacken..

„Und jetzt geh vor mir her zur Haustür!" befahl er mir. „Es wird alles ganz schnell gehen. Und du bist frei."

Meine Knie zitterten. Was sollte ich nun tun? Gab es eine Möglichkeit, Susi zu retten? Ich hoffte auf ein Wunder.

Es klingelte an der Haustür und Petro befahl mir, sie zu öffnen. Immer noch spürte ich die Mündung der Waffe in meinem Nacken.

Und dann ging alles ganz schnell, viel schneller, als ich es registrieren konnte. Erst hinterher erkannte ich den Verlauf: In dem Moment, als Petro die Waffe auf die Person richtete, die uns gegenüberstand, wurde ich von ihr zu Boden gerissen, während von der gegenüberliegenden Straßenseite eine Person, die sich hinter einem parkenden Auto versteckt hatte, auf Petro schoss, offensichtlich mit einer Waffe mit Laserpointer. Petro sank zu Boden und die weibliche Person half mir beim Aufstehen. Es war nicht Susi, sondern eine Frau, die sich wie Susi verkleidet und geschminkt hatte. Jetzt eilten von allen Seiten versteckte Polizisten herbei und kümmerten sich um den am Boden liegenden Petro. Die junge Frau, die sich als Susi ausgegeben hatte, stellte sich mir als Polizistin Carla vor und fragte mich, wie es mir ginge.

In dem Moment konnte ich das selbst nicht sagen, offensichtlich befand ich mich noch in einem Schockzustand. Carla beruhigte mich und führte mich zu einem parkenden Wagen, einem Polizeiauto. Nachdem ich darin Platz genommen hatte, setzte sie sich zu mir und schlug mir vor, mich ins Krankenhaus zu fahren. „Das ist nicht nötig", meinte ich. „Mir geht es gut. Ich bewundere ihren Mut. Wenn er sie nun erschossen hätte?!"

„Das ist mein Beruf, er ist immer mit einer gewissen Gefahr verbunden. Aber ich kann Sie beruhigen, ich trage eine schusssichere Weste."

„Trotzdem war es eine gefährliche Situation, auch für Sie", fand ich. „Wo ist denn Susi? Ist sie noch bei der Polizei? Geht es ihr gut?"

„Ja, wir haben sie auch nicht bei uns behalten. Mein Kollege Dino hat sie wieder in Robertos Wohnung gebracht. Wohin soll ich Sie jetzt fahren, besser wäre es doch, wenn ich sie erst vom Notarzt untersuchen lasse."

Ich schüttelte den Kopf. „Wenn Sie mich netterweise wirklich irgendwohin fahren wollen, dann vielleicht doch ins Krankenhaus. Da hätte ich dann auch gleichzeitig die Gelegenheit, meine Freundin dort zu besuchen, die dort nach einem Unfall auf der Intensivstation liegt."

„Aber gern", freute sie sich. „Da kann ich Ihnen wenigstens etwas Gutes tun. Wenn Sie sich morgen wieder besser fühlen, kommen Sie dann bitte für ein Protokoll zu uns zur Polizei. Dino kann Sie dann auch gern abholen."

Ich freute mich und bedankte mich, dann fiel mein Blick auf die Polizisten, die etwas wegtrugen. Wieder lief ein Schauern durch meinen Körper. „Ist das Petro? Ist er tot?"

Sie nickte. „Das war nicht zu vermeiden. Diese Situation war zu gefährlich, um irgendetwas zu riskieren."

Sie griff zu ihrem Funkgerät und verständigte einen Kollegen von unserer Abfahrt. Zügig fuhr sie durch die Innenstadt in Richtung Krankenhaus. Sie hielt kurz vor dem Eingang eines großen Gebäudes, ließ mich aussteigen und wünschte mir alles Gute.

Ich dankte ihr und versprach ihr, mich zu melden. Aber anstatt einen Arzt und eine Ambulanz aufzusuchen, fragte ich nach Marisas Zimmer. Es lag im oberen Stockwerk, wo mir auf dem Flur Roberto begegnete. Als er mich erkannte, lief er freudig auf mich zu. „Sie ist aufgewacht", berichtete er fröhlich. „Und sie ist nicht mehr in Lebensgefahr."

Wir umarmten uns in gemeinsamer Freude. Auf dem Weg zur Intensivstation berichtete er mir, dass die Ärzte den Umständen entsprechend sehr zufrieden mit Marisas Gesundheitszustand seien.

Nachdem ich die üblichen Waschrituale erledigt und mich mit der Schutzkleidung bedeckt hatte, betrat ich den Raum, in dem die junge Frau, versehen mit vielen Schläuchen und angeschlossen an diverse Geräte, mit geschlossenen Augen dalag.

Leise trat ich an ihr Bett, um sie nicht zu stören, aber sie schien es zu bemerken, denn sie öffnete die Augen und lächelte mich matt an.

Ich begrüßte sie und bat sie, ganz ruhig liegen zu bleiben.

Sie nickte leicht und streckte mir lächelnd ihre rechte Hand entgegen, an der ein goldener Ring mit einem leuchtenden Stein steckte.

„Roberto", flüsterte sie und ihre Augen leuchteten heller als der Stein.

***

26. Kapitel

Nach dem Krankenhausbesuch bei der genesenden Marisa ging es mir so gut, dass ich mein Auto vor Marias Haus selbst abholte, um damit zu Robertos Wohnung zu fahren. Ein Klingelton in meinem Handy meldete mir eine Nachricht.

Vielleicht war das etwas Wichtiges? Ich hielt in einer Parklücke an und las eine längere Nachricht von Susi: „Gott sei Dank, Du bist gerettet! Es ist auch hier alles gut gelaufen. Hätte nicht gedacht, dass die Polizei so viel Verständnis zeigt. Dino fährt mich zurück in Robertos Haus. Dort kann ich dann erst mal bleiben, bis der Prozess beginnt. Mein Anwalt ist super. Und stell dir vor, sie haben die Spritze tatsächlich schon im Badezimmer gefunden. Bestimmt mit Spuren. Vermutlich wurde dann Luciana durch den restlichen Inhalt der Spritze auch schnell schläfrig und eilte zum Bett um Giorgio zu erschießen. So habe ich ihm dann doch noch das Leben retten können, weil die Wirkung des Betäubungsmittels rechtzeitig einsetzte. Habe auch schon mit Roberto telefoniert, er ist zuversichtlich, auch in meinem Fall. Bis bald! Theresa" (aha, jetzt nannte sie sich wieder Theresa).

Ich atmete auf. Mit einem guten Anwalt würde Theresa nicht ins Gefängnis müssen. Gott sei Dank! Die dramatischen Ereignisse konnten sich entspannen.

Und Petro? Wäre sein Tod vermeidbar gewesen? Was war nur mit ihm los gewesen? Warum hatte in diesen Minuten sein Verstand so ausgesetzt? Vielleicht hatte er im Haus seiner Tante an sein eigenes Unrecht ihr gegenüber gedacht. Möglicherweise hatte ihn sein schlechtes Gewissen in diese Aggression hineingetrieben. Was auch immer gerade an diesem Ort seine Emotionen hochgetrieben hatte, er würde es uns niemals mehr sagen können.

Ich seufzte kurz. Vor mir tauchte Robertos Haus auf. Ich stellte den Wagen auf den Vorplatz und entdeckte, dass man mich offensichtlich schon erwartet hatte, denn Ermanno stand in der Haustür und winkte mir freudig zu.

Ich stieg aus und ahnte an seinem befreiten Gesichtsausdruck, dass er vermutlich auch große Angst um mich gehabt hatte.

„Wir haben so um dich gezittert", gestand er mir. „Dino, der Susi bei der Polizei betreut hat, hat uns hier immer auf dem Laufenden gehalten. Aber jetzt komm einmal her, jetzt muss ich dich erst einmal in den Arm nehmen und ganz festhalten, damit ich fühle, dass du lebst, und dass dir auch wirklich nichts passiert ist."

Er nahm mich in den Arm und drückte mich fest, ganz plötzlich küsste er mich auch auf den Mund.

„Entschuldige, mio Tesoro (mein Schatz). Das musste jetzt einfach auch sein," versuchte er den Kuss zu verharmlosen.

„Da komme ich ja gerade noch rechtzeitig, um meine Braut aus den Armen meines Rivalen zu reißen", ertönte eine Stimme neben mir.

Als ich mich umdrehte, erblickte ich Rolf, der neben einem Taxi stand, aus dem noch weitere Personen kletterten.

„Tut mir leid, Rolf", entschuldigte sich Ermanno. „Deine Braut befand sich in akuter Lebensgefahr, wir alle haben so um sie gezittert, dass unsere Nerven fast gerissen sind. Du darfst dich auch gern an mir rächen."

Rolf lachte. „Ich verzeihe dir, wenn du das dir nicht zur Gewohnheit machst."

Die beiden reichten sich zuerst die Hand, dann umarmten sie sich freundschaftlich.

Ich sank in Rolfs Arme und es dauerte eine Weile bis ich die Umgebung wieder wahrnahm. Staunend erkannte ich jetzt die Personen, die mit Rolf im Taxi angekommen waren. Adelaide eilte strahlend auf mich zu und Moro Rossini ging bedächtig mit einem Stock langsame Schritte in meine Richtung. Nach einer herzlichen Begrüßung traten wir gemeinsam in Robertos Haus, wo uns Theresa mit gefüllten Sektgläsern empfing.

„Vermutlich stehen wir zwar alle noch unter Schock, aber es hat sich nun doch so Vieles zum Guten entwickelt, dass wir es unbedingt mit einem Glas Sekt begießen müssen."

Sie reichte jedem ein Glas, und nach einem Augenblick der besinnlichen Stille ließen wir die Gläser aneinanderklingen und begannen, uns zu entspannen.

Ich wandte mich an Adelaide. „Wie bist du nur auf die glorreiche Idee gekommen, uns hier zu besuchen?"

Sie lächelte. „Nach Robertos Berichten und Telefonaten brauchtest du wohl dringend Hilfe und Beistand. Wir hatten alle Angst um dich und haben zum Glück sofort einen Flug bekommen. Das war uns Wink des Schicksals genug. Und du glaubst es nicht, gestern ging es Moro noch so schlecht, dass ich Angst um ihn hatte. Aber dann, als ich ihm sagte, ich möchte zu dir nach Catania fliegen, ging eine überraschende Wandlung in ihm vor. Die Aussicht, seine Heimatstadt wiederzusehen, weckte seine Lebensgeister. Er ist während des Flugs um zehn Jahre jünger geworden. Vielleicht ist es die Gelegenheit für ihn, noch einmal seine Heimatstadt zu sehen. Wir haben vor, hier ein paar Tage Urlaub zu machen. Was für ein Glück, dass uns diese Freude noch beschert wird."

„Das ist wirklich ein Geschenk", freute ich mich mit ihr, „nach dieser Zeit der Angst."

Mit vereinten Kräften improvisierten wir eine Mahlzeit für alle Personen und versammelten uns um den Tisch.

Bevor wir zu essen begannen, segnete Ada die Speisen mit einem kleinen Dankgebet, und ich hatte das Gefühl, dass sie jedem von uns aus dem Herzen sprach.

Die Befreiung nach diesen verschiedenen Sorgen und Ängsten zeigte sich auch in unseren munteren Gesprächen, die wir noch bis spät in den Abend führten.

Gegen Mitternacht kam auch Roberto nach Hause. Er berichtete uns, dass die Ärzte nun davon überzeugt seien, dass sich Marisa auf dem Weg der Besserung befinde und dass die Zeit der schlimmen Gefahren vorüber sei. Alle weiteren Untersuchungen vom heutigen Tag hatten ergeben, dass die Verletzung doch nicht so schlimm gewesen sei, wie man es am Anfang annehmen musste.

Wir wünschten uns, nun neuerdings erleichtert, gegenseitig eine gute Nacht.

„Hast du noch einen Platz für mich frei, bella Abigail", fragte Rolf scherzend und nahm mich in den Arm.

„Nicht nur in meinem Zimmer, sondern auch in meinem Herzen", teilte ich ihm mit. In dem schmalen Bett rückten wir ganz eng zusammen und ließen uns die ganze Nacht nicht los.

„Endlich", sagte Rolf noch, bevor ihm die Augen zufielen.

Ich träumte von einem Ausbruch des Ätna, der in hohen Fontänen wahre Feuerwerke versprühte und freute mich beim Erwachen, dass um mich herum alles ruhig und friedlich war.

So begrüßte uns der nächste Tag auch mit festlichem blauen Himmel und Sonnenschein.

Während Adelaide und Moro, Theresa, Rolf und ich ein gemütliches und ausgedehntes Frühstück einnahmen, eilte Roberto wieder ins Krankenhaus.

Theresa freute sich. „Wie schön, dass sich die beiden doch noch gefunden haben. War ich eigentlich ganz unerträglich in der Vergangenheit? Ich selbst bin mit mir nicht mehr klargekommen. Ich wollte nicht mehr die sein, die ich war. Und manchmal hatte ich das Gefühl, mir selbst fremd zu sein."

Ich lächelte. „Ein wenig seltsam warst du schon. Aber wir alle haben es darauf geschoben, dass es eben mit deinem Beruf als Künstlerin und mit dem Mordfall zu tun hatte. Ich freue mich jetzt, dich von einer ganz neuen Seite kennen zu lernen."

Sie lächelte ebenfalls. „Aber meine sinnliche Seite, die ist echt. Die wird dir hoffentlich nicht zu sehr auf die Nerven gehen. Das wird vielleicht auch gar nicht passieren. Am liebsten würde ich hierbleiben, ich fühle, das ich hier in Catania meine Wurzeln finde."

Etwas später hielt erneut ein Auto vor dem Haus. Adelaide, die gerade als nächste an der Haustür stand, öffnete einem Mann die Tür, den ich beim Hereinkommen als Giuseppe erkannte.

Bevor er die Umstehenden begrüßte, eilte er auf Theresa zu.

Ich konnte meine Tränen nicht zurückhalten, als ich sah, wie bewegt die beiden waren, als sie sich in den Armen lagen. Beide weinten vor Glück in der großen Hoffnung, Vater und Tochter zu sein.

„Da haben wir nun wieder etwas zu feiern", stellte Moro fest und öffnete eine Flasche Wein. „Ich denke, wir müssen heute Abend ein echtes sizilianisches Fest arrangieren. Grund genug haben wir dazu."

„Ich schlage vor, dass wir erst einmal nur ein kleines Fest machen", teilte uns Adelaide ihre Meinung dazu mit. „Mit dem großen warten wir am besten, bis Marisa auch aus dem Krankenhaus entlassen ist."

Die Haustürglocke meldete sich erneut.

Dieses Mal erkannte ich den Mann nicht, den Adelaide herein ließ.

„Giorgio!" rief Theresa freudig überrascht aus und eilte auf ihn zu.

Aber er wehrte ab und sah sie ernst an. „Es tut mir sehr leid, Theresa, es ist so viel geschehen. Damit muss ich erst einmal klarkommen. Ich muss das Geschehene erst einmal verarbeiten. Ich fühle, dass ich dich immer noch liebe, wahrscheinlich wird das auch immer so bleiben, aber ich kann unmöglich mit dir zusammen sein. Es ist zu viel passiert. Ich wollte nur noch einmal vorbeikommen und dir das sagen. Dazu hat mir auch Dino deine augenblickliche Adresse gegeben, und ich hoffe, dass es dir recht war. Ich werde jetzt erst einmal ins Ausland gehen, damit ich mich nicht so sehr an alles erinnern muss, was hier geschehen ist. Vielleicht komme ich irgendwann einmal zurück, ich weiß es nicht."

Diesmal waren es keine Freudentränen, die Theresa weinte.

„Ist das wirklich dein Ernst? Kannst du uns nicht eine Chance geben?"

Er schüttelte den Kopf. „Ich bin ganz durcheinander, und ich fühle auch die Schuld, die ich an dieser ganzen Entwicklung habe. Ich kann jetzt nicht so einfach wieder in das alte Leben zurückfinden. Und ich bin sicher, dass ich mir mit meiner Schuld im Moment nicht erlaube, das Leben und die Liebe einfach so zu genießen. Verzeih mir!"

Er wandte sich schnell ab, lief zur Haustür, eilte hinaus und warf die Tür hinter sich zu.

Hilflos sahen wir zu, wie Theresa in sich zusammenfiel und hemmungslos weinte.

Giuseppe eilte auf sie zu, fing sie auf und nahm sie fest in seine Arme.

„Komm mit mir heim, mein Kind. Bei mir bist du zuhause. Egal wie alles kommt. Egal, ob du meine leibliche Tochter bist oder nicht. Deine Sachen sind ja schon bei mir. Alle deine Kinder leben bei mir und warten auf dich, bis du sie wieder befreit hast und ihnen ein angemessenes Leben bietest. Ich werde dir auch dabei helfen, Venus und Mars wieder zum Leben zu erwecken. Du weißt doch, was das bedeutet. Wenn sie erst einmal wieder vereint sind als „Liebe", dann ist alles möglich."

Sie trocknete ihre Tränen und sah ihn hoffnungsvoll an. „Wirklich? Du meinst, er findet wieder mir zurück?"

Er sah sie liebevoll an. „Der Ätna wird ihn wieder rufen mit seinem Grollen, der alte Zauberer. Zeit heilt Wunden und eine wahre Liebe stirbt nie."

Ende

Salvatore Messina

Salvatore Messina

Salvatore Messina

Salvatore Messina

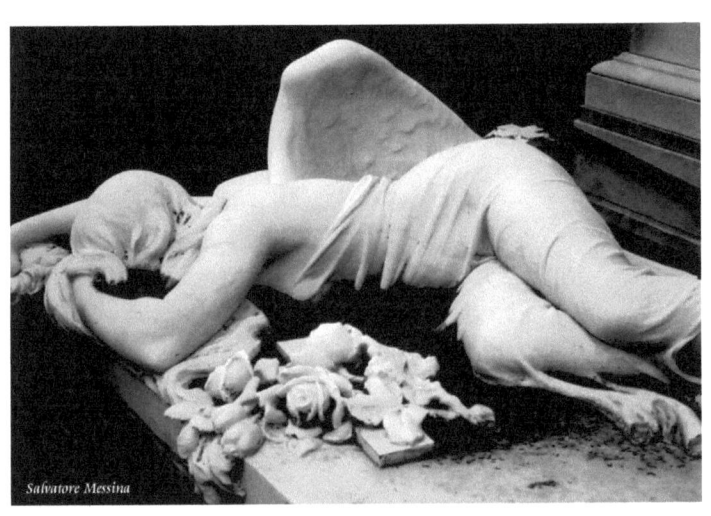

Salvatore Messina